先秦史

社會組織至宗教學術

呂思勉 著

【中國古代歷史的深度剖析，呂思勉的經典之作】

農工商業、衣食住行、政治制度、學術發展
從飲食到交通方式，先秦人民的日常生活面貌
詳細分析和論述不同的歷史階段與時代變遷

豐富多彩的先秦史畫卷，研究歷史不可多得的學術資源
呂思勉對中國古代社會結構與文化變遷的獨到見解——

目錄

第十一章　社會組織

▶ 第一節　昏制

《易》曰：「有天地，然後有萬物；有萬物，然後有男女；有男女，然後有夫婦；有夫婦，然後有父子；有父子，然後有君臣；有君臣，然後有上下；有上下，然後禮義有所錯。」〈序卦〉。若是乎，社會之組織，必以夫婦為之基也。雖然，此非其朔也。社會學家言：動物群居之方有二：一如人之有家，貓、虎、熊、狐則然。牝牡同居，僅以乘匹時為限，子女長成，即與父母分離，此外更各不相涉矣。一如人之結社，犬、馬、猿猴則然。父母子女，永遠同居累代不渙，故其群可以極大。同居時短者，勢不能有語言，而人類之首出庶物，實以語言為根幹，故人必社群動物，而非家庭動物。[001] 人類以男女之事為恥，及其嫉妒之情，皆非本性。婦人之愛孩稚，亦非必己之所生。邃初男女之慾，亦求女，女求男而已，非某男求某女，某女求某男也。又人類生活程度高，一夫婦能鞠育子女，至於成長者實無之，故無論何等家庭，必與社會相維繫。顧家庭之制，在人類極為普遍者，則因古人多以游獵為生。游獵之民，率好劫略，而其時生計貧窘，可掠之物甚鮮，女子遂為劫略者所垂涎。既以劫略得之，則視為財產，必謹守護，弗許他人侵犯。然其守護之也，亦視為財產而已，故苟有所取償，則租借、餽贈，無所不可也。《漢書·地理志》言燕地，「賓客相過，以婦侍宿。」《左氏》襄公二十八年，齊慶封與盧蒲嫳易內；昭公二十八年，晉祁勝與鄔臧通室；皆此俗之遺也。不特此也，男子之壓制女子，使之專屬於己，只施之群以外，而不施之群以內。此尤人為社群動

---

[001]　婚姻：人為社群非家庭動物。

物，而非家庭動物之鐵證也。

　　昏姻之法，非所以獎勵男女之交也，乃所以限制之，使其不得自由。何則？群而有昏姻之法，即不啻曰：非依是法，不得媾合云爾。一切有為之法，悉屬後起，故邃古之世，必有一男女媾合絕無限制之時，特已無可考而已。人之分其群為若干部，而各異其權利義務也，必始於年輩之不同。此乃事勢之自然。大率分為老、壯、幼三級。《禮記‧禮運》曰：「使老有所終，壯有所用，幼有所長。」《論語‧公冶長》曰：「老者安之，朋友信之，少者懷之。」此古之遺言也。男女媾合之禁，亦當始於是，社會學家所謂輩行昏也。[002]《禮記大傳》曰：「同姓從宗合族屬，異姓主名治際會，名著而男女有別。其夫屬乎父道者，妻皆母道也。其夫屬於子道者，妻皆婦道也。謂弟之妻為婦者，是嫂亦可謂之母乎？名者，人治之大者也，可無慎乎？」此所言者，為宗子合族之禮。異姓來嫁者，但主於母與婦之名，而不復別其為誰某之妻，如是而男女即可云有別，此實輩行昏制，遺跡猶存者也。此外如夫兄弟、妻姊妹昏之盛行；象計謀殺舜，而云二嫂使治朕棲，見《孟子‧萬章上》。叔術取邾婁顏之妻，見《公羊》昭公三十一年。孟卯妻嫂，見《淮南‧氾論》。皆夫兄弟婚之遺跡。妻姊妹婚，則其事甚多，不待舉證，娣即其最顯之證也。姊妹俱嫁一夫者，與兄弟之妻稱謂之相同；《爾雅‧釋親》：「女子同出，謂先生為姒，後生為娣。」此謂俱嫁一夫者。又曰：「長婦謂稚婦為娣婦，稚婦謂長婦為姒婦。」此謂兄弟之妻。以及叔嫂避忌之嚴；《禮記‧曲禮》：「嫂叔不通問。」〈檀弓〉：「嫂叔之無服也，蓋推而遠之也。」凡避忌嚴者，其初必多瀆亂，夫兄弟昏，大抵叔可繼嫂，兄不得取弟之妻也。妻之姊妹，至後來猶頗親暱；如〈碩人〉之詩，言「譚公唯私。」又《左氏》莊公十年：「蔡哀侯取於陳，息侯亦取焉。息媯將歸，過蔡，蔡侯曰：吾姨也，止而享之。」亦皆足為左證。

---

[002] 婚姻：輩行昏；

《白虎通義‧號篇》，謂三皇之先，「民知其母，不知其父」，蓋指此時代言之矣。古父母非專稱，蓋凡上一輩人皆有撫育下一輩人之責。後世父兄子弟之稱猶如此。然當此時，一夫一婦之制，亦已萌糵於其間，則內昏制稍變於外昏為之也。[003] 同姓不昏之故，[004] 昔人言之者曰「男女同姓，其生不蕃」；《左氏》僖公二十三年。《國語‧鄭語》，史伯謂「和實生物，同則不繼」即此說。曰「美先盡矣，則相生疾」。《左氏》昭西元年。以今遺傳學及昔時事實按之，皆無根據，蓋非其實。如真謂親族相昏有害，則凡親族相昏皆當禁。然各民族，罕有兼嚴於父族母族者，如中國，舅之子、姑之子、從母之子相昏即極盛，且行之甚久矣，然絕未見其有害也。必求其實，則司空季子所謂「黷則生怨，怨亂毓災，災毓滅姓」者，《國語‧晉語》庶乎近之。《禮記‧郊特牲》曰：「取於異姓，所以附遠厚別。」厚別則所以防黷，附遠則後起兼致之利也。怨亂毓災，古蓋不乏其事，而男子得女子於異部族，私為己有者，其事亦數見不鮮。鑑於爭色之致鬥亂，稍獎彼而禁此，後遂以為大戒矣。古淫與亂有別，見《詩‧雄雉序疏》。淫不為大惡，亂則曰鳥獸行，曰禽獸行，在誅絕之科也。外昏之初，始於劫掠，說已見前。其後鑑於爭奪之不可為常，則稍變為賣買。女權昌盛之地，女子不樂往嫁者，亦以服務昏代之。逮社會益演進，財權皆操於男子之手，乃復變為賣買。而生計益裕，嫁女者不復計人力之損失而求償，而禮亦益文，則又變為聘娶，古所謂六禮也。親迎之必以昏，凡行禮皆用昕，六禮除親迎外，亦皆用昕。昏禮之不用樂，〈郊特牲〉。皆劫掠之遺跡，《世本》言：「大昊制以儷皮為嫁娶之禮。」《禮記‧月令疏》。〈曲禮〉謂：「女子許嫁纓。」纓者，頸飾，其字從貝。纓為王氏筠所謂累增字。初只作賏束帛，儷皮，兩麋鹿皮，見《公羊》莊公二十二年《解詁》。即今之訂昏也。

---

[003]　婚姻：內昏──外昏──夫婦──劫掠──服務、買賣──聘取。
[004]　婚姻：同姓不昏之故。

訂昏之後，乃諏吉日。吉日男氏定之，然必三請於女氏，女氏辭而後告之，示不敢專也。時日請期。及期，父親醮子而命之迎。女氏之主人，筵几於廟，而拜迎於門外。婿執雁入，揖讓升堂，再拜奠雁。舅姑承子以授婿。此語見《坊記》。降出，御婦車。御輪三週，先。婿下車，先行，御者代之執轡。俟於門外。婦至，婿揖婦以入。共牢而食，合巹而酳。時日親迎。質明，贊婦見於舅姑。厥明，舅姑共饗婦。以一獻之禮。奠酬。舅姑先降自西階，婦降自阼階，謂之授室，以著代也。此為適婦之禮，與適子之冠於阼同，庶婦則使人醮之。以上著於禮經，《儀禮·士昏禮》。《禮記·昏義》，為《儀禮》之傳。亦錯見〈郊特牲〉篇中。為北方所行之禮。南方則頗異於是。《公羊》言楚王妻媦，桓公二年，《注》：「媦，妹也。」春秋時晉嫁女於吳，《左氏》襄公二十年。魯亦取於吳，哀公十二年。是南方不禁同姓昏也。[005]《禮記大傳》曰：「六世親屬竭矣，其庶姓別於上，而戚單於下，昏姻可以通乎？繫之以姓而弗別，綴之以族而弗殊，雖百世而昏姻不通者，周道然也。」則殷以前，同姓昏之禁不甚嚴。〈秦策〉：姚賈曰：「大公望齊之逐夫。」《說苑·尊賢》作出夫。《漢書·地理志》：齊襄公淫亂，姑姊妹不嫁，於是令國中：民家長女不得嫁，名曰巫兒，為家主祠；嫁者不利其家。民至今以為俗。以此等風俗為由於政令，自是漢人淺見。其實襄公之姑姊妹不嫁，或反是風俗使然。〈齊策〉有北宮嬰兒子，撤其環瑱，至老不嫁，以善父母，蓋即巫兒。而淳于髡亦為齊贅婿。《史記》本傳。是東南多以女為戶主也。蓋農業本女子所發明。初發明時，是女耕耘而男田牧。斯時田畝、屋廬，皆為女子所有，男子皆就婚女子之家。逮農事益重，所需人力益多，乃更以男子為主。南方土沃民窳，農業演進較晚，女系族制，行之較久，故其昏姻之法，亦與北方不同也。

　　古有兩姓世為昏姻者，如春秋時之齊、魯是也。古雖禁同姓昏，而

---

[005] 婚姻：東南不禁同姓婚多服務婚。

姑舅之子，相為昏姻者反盛，以此。社會學家言，又有所謂半部族昏者(Moieries)，[006] 如以甲乙二姓，各再分為兩部，甲為一、二，乙為三、四，一之昏也必於三，生子屬第二部，其昏也必於四，生子屬第一部，其昏也又必於三。如是，則祖孫為一家人，父子非一家人矣，古昭穆之分似由此。「孫可以為王父尸，子不可以為父尸」，《禮記・曲禮》。殤與無後者，必從祖祔食而不從父，〈曾子問〉。實與「神不歆非類，民不祀非族」之理相通也。左氏僖公十年。

　　群以內，慮其以爭色致鬥亂也，而外昏之制，一時不能遍行，不能人人在部族之外得婦。乃於部族之中，推行一夫一婦之制，使於妃匹之外，不得媾合焉，此為輩行昏轉變為對偶昏制之漸，古所謂合男女也。合男女之文，兩見於《管子・幼官》。一在春時，一在秋時。《禮記・禮運》曰：「合男女，頒爵位，必當年德。」《易》曰「枯楊生稊，老夫得其女妻」；「枯楊生華，老婦得其士夫」；〈大過〉爻辭。蓋即合男女而不當其年者。[007] 譬諸枯楊復生，為妖孽，此對偶昏制後於輩行昏制之徵也。《管子》九惠之政，五曰合獨，「取鰥寡而和合之，予田宅而家室之，三年然後事之」。入國。《周官》媒氏之職：「凡男女自成名以上，皆書年、月、日、名焉。令男三十而娶，女二十而嫁。凡取判妻入子者皆書之。中春之月，令會男女，於是時也。奔者不禁，若無故而不用令者罰之，司男女之無夫家者而會之。凡嫁子取妻，入幣純帛無過五兩。禁遷葬者與嫁殤者。凡男女之陰訟，聽之於勝國之社。其附於刑者歸之於士。」蓋對偶昏之制，初本以公意干涉而成，後遂設官以理其事也，唯昏姻為公意所干涉，故昏年、昏時，亦皆有其定則焉。昏年之說：《禮記・曲禮》、〈內則〉及《穀梁》文公十二年。、《周官》，媒氏。皆謂男年三十，女年二十。此說最為通行，

---

[006]　婚姻：古半部族昏遺跡。
[007]　婚姻：合男女婚年婚時。

儒家皆祖述之。《尚書大傳》、《白虎通義·嫁娶篇》、《詩·摽有梅疏》引《五經異義·禮大戴說》。然大戴別有一說，謂大古男三十而室，女二十而嫁，而三十取、二十嫁為中古之制。〈本命〉。《左氏》謂國君十五而生子。《異義》引《古春秋左氏說》。按《左氏》本文，見襄公九年，《淮南·氾論》云：「禮三十而取，文王十五而生武王，非法也。」《墨子·節用》，謂聖王之法，男年二十，女年十五。《韓非·外儲說右下》同。〈越語〉勾踐之令，則男年二十，女年十七。《吳越春秋·勾踐伐吳外傳》同。蓋古昏姻之法不嚴，男女之交，不必在嫁娶以後，嫁娶或為血氣已衰後事，故為時可以較遲；後世非夫婦不許同居，則為時不得不早矣。羅維（Robert Lowie）《初民社會》（*Primitive Society*），言巴西之波洛洛人（Bororo），必年長然後結昏。未昏男子，率共居一處，掠少女為淫佚。案男女同居，本為互相輔助，此必血氣既衰，慾念已淡，然後可以有恆。少年時殊難責以專一。波洛洛人之法，實較合於人之本性也。呂叔湘譯。商務印書館本。男三十，女二十，自係為之限極，使不可過。其可以嫁娶之年，則為男十六，女十四。古以男八歲而齔，二八十六而精通；女七歲而齔，二七十四而精通；《大戴本命》、《白虎通義·嫁娶》、《素問·上古天真論》：男子八八六十四而天癸絕，女子七七四十九而天癸絕：故男子六十閉房，妾雖老，年未滿五十，必與五日之御。至七十大衰，非人不暖，則復開房。〈內則〉所謂「夫婦之禮，唯及七十，同藏無間」也。又云：「七年男女不同席，不共食。」蓋古習俗，限制男女交際，始於毀齒之年，迄於大衰之日。自茲以往，則任為人父母。大平之世，不急急於蕃育，而聘娶鞠育，皆不能無待於資財，故限極較寬，俾得從容措辦。唯貴族席豐履厚，不以乏財為慮者，其配合即在能施化之年。凶荒札喪之日，急於蕃育人民，則其限極較促，墨子、韓子所言是也。《國語》言十七者？《漢書·高帝紀》二年《注》引孟康說：「古者二十而傅，三年耕有一年儲，

故二十三而後役之。」越王之令，意蓋同此。令於始化之後，得稍事措辦
也。昏時：《荀子・大略》曰：「霜降逆女，冰泮殺止。」《繁露・循天之道》
同。《詩》言「士如歸妻，迨冰未泮」，其說是也。古者農民冬則居邑，春
則居野。見《公羊》宣公十五年《解詁》，《漢書・食貨志》同。田牧之世，
分散尤甚。故嫁娶必始秋末，迄春初，雁來而以為禮，燕來則祀高禖，
皆可見嫁娶之時節。媒氏仲春奔者不禁，蓋以時過而猶不克昏，則必乏
於財，故許其殺禮。《周書・糴匡》言荒政曰「嫁娶不以時」，意正同此。
鄭玄以二月為昏之正，非也。昏時、昏年，今古文及毛、鄭異說，詳見
《詩・摽有梅》、〈綢繆〉、〈東門之楊〉三篇及《周官・媒氏疏》。

　　離昏之法，儒家有七棄、五不娶、三不去之說，[008] 見於《公羊》莊公
二十七年《解詁》，其說曰：「嘗更三年喪不去，不忘恩也。賤取貴不去，
不背德也。有所受無所歸不去，不窮窮也。喪婦長女不取，無教戒也。世
有惡疾不取，棄於天也。世有刑人不取，棄於人也。亂家女不取，類不正
也。逆家女不取，廢人倫也。無子棄，絕世也。淫佚棄，亂類也。不事舅
姑棄，悖德也。口舌棄，離親也。盜竊棄，反義也。嫉妒棄，亂家也。惡
疾棄，不可奉宗廟也。」《大戴記・本命》略同。《白虎通義・嫁娶篇》，僅
有五不娶之說。皆男權盛張，家族特重時之法而已。妻之於夫，必義絕乃
得去。所謂義絕者，悖逆人倫，殺妻父母，廢絕綱紀是也。《白虎通義・
嫁娶篇》。其不平等可謂已甚。然古禁止離異，初不甚嚴。女子再嫁，尤
視為恆事。〈郊特牲〉曰：「一與之齊，終身不改，故夫死不嫁。」《注》：「齊
謂共牢而食，同尊卑也，齊或為醮。」案作醮與齊意大異，作齊，意謂不
得以妻為妾，作醮則謂不得再嫁矣。古通行之語，往往並無確詁。如「君
子有終身之憂，無一朝之患」《孟子》引以證橫逆之來三自反，〈離婁下〉。
〈檀弓〉則引以證「喪三年以為極，忘則勿之忘」是也。一與之齊，終身不

[008]　婚姻：離昏。

改，蓋本戒男子不得以妻為妾，後乃變為禁女子不得再嫁。意義既變，遂改齊為醮，並於其下增入「故夫死不嫁」五字矣。[009] 觀鄭《注》絕不及夫死不嫁義可知其所據本，猶無此五字，齊雖或改為醮，猶以不改者為正也。《儀禮・喪服》、〈繼父同居傳〉，謂「夫死妻稚，子無大功之親」，則「與之適人」。此所言者，為士大夫之家，小民之不諱再嫁可知。貞婦二字，昉見《禮記・喪服四制》，觀〈芣苢〉、〈柏舟〉、〈大車〉之序於《詩》，皆見《列女傳》，劉向治魯詩。儒家亦未嘗不加以稱美，然此如忠臣義士，殺身成仁，謂責人人必以是為庸行，儒家固無是說也。尤有進者：古婦入三月而後廟見。「未廟見而死，歸葬於女氏之黨，示未成婦也。」《禮記・曾子問》。不親迎者亦婦人三月然後婿見。〈士昏禮〉。《公羊》莊公二十四年《解詁》曰：「禮：諸侯既娶，三月，然後夫人見宗廟，見宗廟然後成婦禮。父母使大夫操禮而致之。必三月者？取一時，足以別貞信也。」然則未三月而離異，猶可謂之未成昏，並不足以言離昏矣。[010] 〈曾子問〉曰：「昏禮，既納幣，有吉日，女之父母死，則如之何？孔子曰：婿使人吊。如婿之父母死，則女之家亦使人吊。父喪稱父，母喪稱母，父母不在則稱伯父世母。婿既葬，婿之伯父，致命女氏曰：某之子有父母之喪，不得嗣為兄弟，使某致命。女氏許諾而弗敢嫁，禮也。婿免喪，女之父母使人請，婿弗取而後嫁之，禮也。女之父母死，婿亦如之。」一造相待三年，一造反可隨意廢約其事殊不近情，故後人多有疑之者。然一造相待三年，一造猶可廢約，則當一造遭喪之際，一造之得廢約可知。所謂免喪而猶使人請，僅彼造無意廢約時為然耳。此文女氏許諾而弗敢嫁之語，頗有語病，苟不以辭害意，其說實無足疑也。在行對偶昏制之日，離昏總非公意所欲，故總必略有限制。《管子・大匡》謂「士庶人毋專棄妻」，〈小匡〉謂「士三出

---

[009]　婚姻：「故夫死不嫁」乃竄入。
[010]　婚姻：未三月為未成昏。

妻，逐於境外；女三嫁，入於舂穀」是也，然其限制，亦不過如是而已。

　　昏禮本意，「在於男不親求，女不親許」。《公羊》莊公十四年《解詁》。非徒以防黷亂也，既為昏姻，則其身若其子孫，權利義務，咸有關係，故必有人焉居間以證明之。「男女非有行媒，不相知名；非受幣，不交不親；故日月以告君，齊戒以告鬼神，為酒食以召鄉黨僚友」，〈曲禮〉。其意皆不外此而已。然此亦特儀文，配匹之際，固未嘗不顧本人之願欲。[011]《左氏》昭西元年，鄭徐吾犯之妹美，公孫楚聘之矣，公孫黑又使強委禽焉。犯請於二子，請使女擇焉，即其徵也。哀公十一年，晉悼公子憖亡在衛，使其女僕而田。大叔懿子止而飲之酒，遂聘之。則男女固未嘗無交際，亦未嘗禁其相愛悅，特不當不用媒妁，如魯季姬徑使鄫子來請己而已。《公羊》僖公十四年。昏禮不稱主人，又隱公二年。特禮之文而非其實。昏姻全不問本人之願欲與否，乃後世之流失，非古禮本然也。

　　人類群居，亦有家族社群二者，而家族實為女子之敵，以其禁錮女子必甚也。[012]〈內則〉日：「禮始於謹夫婦，為宮室，辨外內，男子居外，女子居內。深宮固門，閽寺守之。男不入，女不出。」其極，遂至夫人既嫁，非有大故不得歸矣。《公羊》莊公二十年。案《戰國・趙策》：觸讋謂趙大後日：「媼之送燕後也，持其踵，為之泣，念悲其遠也，亦哀之矣。已行，非弗思也，祭祀必祝之。祝日：必勿使反。」則此禮當時列國皆行之，非空談也。此固唯貴族之家為然。然《管子・八觀》言：「閭閈無闔，外內交通，則男女無別矣。」又日：「食穀水，巷鑿井，場圃接，樹木茂，宮牆毀壞，門戶不閉，外內交通，則男女之別無自正矣。」《漢書・地理志》，謂鄭「山居穀汲，男女亟聚會，故其俗淫。」則民間之防閒，亦未嘗不嚴也。所以然者，家必自私，自私者恐其種類之亂，又慮其財產之失，而二者皆非禁

---

[011]　婚姻：古婚姻許用本人意。
[012]　婚姻：禁錮女子。

錮女子不可，故淫佚、盜竊，並列於七出之條也。〈曾子問〉曰：「取婦之家，三日不舉樂，思嗣親也。」〈郊特牲〉曰：「昏禮不賀，人之序也。」〈昏義〉曰：「成婦禮，明婦順，又申之以著代，所以重責婦順焉也。婦順也者？順於舅姑，和於室人，而後當於夫，以成絲麻布帛之事。以審守委積蓋藏。是故婦順備而後內和理，內和理而後家可長久也。」家族自私之心，昭然若揭矣。夫如是，則女子自不得不以順為正，《孟子·滕文公下》。以三從為德。未嫁從父，既嫁從夫，夫死從子，見《儀禮·喪服傳》、《公羊》成公九年、《穀梁》隱公二年、成公九年。「子甚宜其妻，父母不說，出；子不宜其妻，父母曰：是善事我，子行夫婦之禮焉，沒身不衰。」〈內則〉。則既屈於其夫，又屈於其夫之家審矣。夫孰使女子屈伏於羈軛之下，而喪失其天賦之人權也？則以其不繫於群而繫於家。孰使之不繫於群而繫於家？則以其所作之事，皆非以為群，而特為男子之輔助故也。故欲張女權，必自破除家族始，欲破除家族，必自人人為其群執事始。

　　妾之緣起有二：[013] 一曰姪娣。此為昏姻之特異者。常人本只可取一妻，男女之數，大略相等，此為生物定律。既行對偶婚制，勢必使人人有妻，故無論何族，大多數人，皆行一夫一妻制。貴者則兼及其娣，又下漁及於其姪。更推廣之，則取一國二國往媵，媵又各以姪娣從，是為諸侯之一聘九女。《公羊》莊公十九年。古之酋長，蓋皆止於此。其後說者以天子同於諸侯為未安，乃又益之為十二焉。見《春秋繁露·爵國篇》。《白虎通·嫁娶篇》，以此列為或說。又《公羊》成公十年《解詁》，亦謂天子娶十二女。《疏》云：《保乾圖》文。大夫功成受封者，得備八妾，蓋同於諸侯。不則一妻二妾，有媵而不備姪娣。士一妻一妾。說見《白虎通義·嫁娶篇》。然〈爵篇〉云「庶人稱匹夫者？匹，偶也，與其妻為偶」，而〈禮器〉言「匹士大牢而祭謂之攘」；又〈內則〉言「卜士之妻，大夫之妾，使

---

[013] 妾之緣起。

食子」；〈大匡〉言「諸侯毋專立妾以為妻，士庶人毋專棄妻」；則士本無妾。[014]《國語·周語》：密康公之母，言「王御不參一族」。韋《注》：一族，父子也，取異姓以備三。管氏有三歸，孔子譏其不儉，《論語·八佾》。《集解》：包曰：娶三姓女。則大夫不得取三姓。〈士冠禮記〉：「無大夫冠禮而有其昏禮？古者五十而後爵，何大夫冠禮之有？」五十而後娶，其為再娶可知。古者諸侯不再娶，《公羊》莊公十九年。以其一娶九女也，大夫若有妾，安得再娶？則其初亦無妾也。《鹽鐵論·散不足》曰：「古者一男一女而成家室之道。其後士一妾，大夫二，諸侯有姪娣，九女而已。」則諸侯初亦無妾。此蓋隆古之世，與民並耕而食，饔餐而治之君，故其昏姻之禮，初無以異於常人也。一為妾媵。此所謂媵者，與取一國二國往媵之媵異。彼當往媵之初，已有夫婦之義，此則女氏之送女者耳，猶男氏之御也。媵亦以男子為之。因男權無限，家中女子，凡所欲者，皆可姦通，於是自妻家來者，則謂之媵，家中所固有者，則謂之妾。妻以外得相交之女子，總不越此二類，故古恆以妾媵並稱。後世送女之制已廢，則媵之名亦廢，而但稱為妾也。《說文·辛部》：「妾，有罪女子給事之得接於君者也。」古臣妾即後世之奴婢，初蓋唯以俘虜、罪人為之。其後貴賤之別漸夷，貧富之分益顯，則一變而為奔，再變而為賣矣。古有所謂遊女者，實與遊士無異，皆民之窮無所歸者也。[015]遊士之有才技者，或為貴人食客，下者乃為奴僕。女則無事可以自效，遂皆為人婢。主人慾淫其婢，法俗皆不之禁，故古婢妾無別。然其初，固求執事以自食，非來求薦寢也。民已窮無所歸，而法俗尚未許賣買人口則為奔；逮其公然行之，則奔亦變為賣矣。〈曲禮〉曰：「買妾不知其姓則卜之。」〈檀弓〉曰：「子柳之母死，子碩請具。子柳曰：何以哉？子碩曰：請粥庶弟之母。」《韓非子·內儲說下》：

---

[014]　婚姻：士、大夫本無妾。
[015]　婚姻：遊女同遊士 —— 僕婢。

「衛人有夫妻禱者，而祝曰：使我無故，得百匹布。其夫曰：何少也？對曰：益是，子將以買妾。」可見買妾之事，自貴族至庶人皆有之。《戰國·秦策》：「賣僕妾鬻乎閭巷者，良僕妾也，出婦嫁鄉曲者良婦也。」又曰：「去貴妻，賣愛妾。」妻妾一可賣，一不可賣，則等級之制為之也。

古文經說之喪心害理者，莫如《禮記·昏義》末節。[016] 其說曰：「古者天子後立六宮、三夫人、九嬪、二十七世婦、八十一御妻，以聽天下之內治，以明章婦順，故天下內和而家理。天子立六官、三公、九卿、二十七大夫、八十一元士，以聽天下之外治，以明章天下之男教，故外和而國治。」夫六官乃古文經說，三公、九卿、二十七大夫、八十一元士，則今文經說，二者絕不相蒙，今乃糅合為一。且三公、九卿、二十七大夫、八十一元士，自來無與內官相對照者，今則憑空造作。世婦、女御之名，取諸《周官》，然《周官》不言其數。〈昏義〉乃〈士昏禮〉之傳，此節所言，事既與經無涉，文亦不類傳體，謂非竄附可乎？《漢書·王莽傳》：莽備和、嬪、美、御。和人三，位視公。嬪人九，視卿。美人二十七，視大夫。御人八十一，視元士。竄附者為何等人，又不待言而明矣。鄭玄《檀弓注》云：「帝嚳而立四妃矣，象后妃四星，其一明者為正妃，餘三小者為次妃。帝堯因焉。至舜不告而取，不立正妃，但三妃而已，謂之三夫人。夏后氏增以三三而九，合十二人。《春秋說》云：天子取十二，即夏制也。以虞、夏及周制差之；則殷人增以三九二十七，合三十九人。周人上法帝嚳，立正妃，又三二十七為八十一人以增之，合百二十一人。其位，后也，夫人也，嬪也，世婦也，女御也，五者相參，以定尊卑。」穿鑿附會，真可發一大噱。

既有妻妾之制，則嫡庶之別，不得不嚴，[017] 蓋妾唯貴族之家有之，而

---

[016] 婚姻：〈昏義〉末節之繆。
[017] 婚姻：道庶之別。

貴族繼嗣之際，恆啟爭奪之端，不得不防其漸也。《春秋繁露·三代改制質文篇》：謂主天者法商而王，立嗣予子，篤母弟，妾以子貴，妾為夫人，特廟祭之，子死則廢，見《公羊》隱公五年《解詁》。主地者法夏而王，立嗣與孫，篤世子，妾不以子稱貴號。蓋古自有此兩法，而《春秋》之張三世，則所以調和之者也。古所稱三代異禮，實為民族之殊俗，或不容偏廢，或可以相矯，故儒家並存之。《白虎通義·嫁娶篇》，謂嫡夫人死得再立，不以卑賤承宗廟；又列或說，謂嫡死不更立，明嫡無二，防篡殺；亦此二說之引伸而已。其〈姓名篇〉，謂嫡長稱伯，庶長稱孟。《左氏》襄公十二年（西元前 561 年），靈王求後於齊，齊侯問對於晏桓子，桓子述禮辭曰：「夫婦所生若而人，妾婦之子若而人。」昭公三年（西元前 539 年），齊侯使晏嬰請繼室於晉，曰：「猶有先君之適及遺姑姊妹若而人。」則古男女，嫡庶出者，似皆異長，與蒙古人同。蓋子女舊屬於母，故雖當男系盛行之時，隨其母為貴賤之習，猶卒不易改也。

　　倡伎之制，[018] 世皆謂始於齊之女閭，恐非也。女閭之說，見於《戰國·東周策》，謂「齊桓公宮中七市，女閭七百，國人非之，管仲故為三歸之家，以掩桓公非，自傷於民」。案《周官》內宰，佐後立市。《左氏》昭公二十年，晏子亦謂齊「內寵之妾，肆奪於市」。《商君書·墾令》曰：「令軍市無有女子，輕惰之民，不遊軍市，則農民不淫。」則古女子與市，關係頗深。《商君書》軍市女子，似即後世倡伎之倫，齊桓宮中七市，則不得以此為例。《史記·貨殖列傳》，謂中山之女子，鼓鳴瑟，跕屣，遊媚貴富，入後宮遍諸侯。古貴族外淫甚難。如陳佗、晉幽公皆見殺，見第九章第八節。齊桓公說宮市之女，而召之入宮則可矣，若樂宮市而過之，度亦不過如衛靈公之所為，《史記·孔子世家》：「靈公與夫人同車，宦者雍渠參乘出，使孔子為次乘，招搖市過之。」此乃縱遊觀之樂，非縱淫也。謂失人君之

[018]　婚姻：倡伎。

體則有之，遽以宮市為後世之倡伎則過矣。女閭，蓋即《漢志》所謂巫兒。〈東周策〉之意，蓋亦如《漢志》之譏襄公，而言之未悉，擬諸後世之倡伎，更非其倫也。〈貨殖列傳〉又言：「趙女鄭姬，設形容，揳鳴琴，揄長袂，躡利屣，目挑心招，出不遠千里，不擇老少者奔富厚也。」觀不擇老少一語，則所接者非一人，此或與《商君書》軍市之女子，同為後世倡伎之倫耳。

▶ 第二節　族制

人類為社群動物，而非家庭動物，上章已言之。孔子言大道之行也曰：「人不獨親其親，不獨子其子；使老有所終，壯有所用，幼有所長，鰥寡孤獨廢疾者，皆有所養。」《禮記・禮運》。富辰亦曰：「大上以德撫民，其次親親，以相及也。」《左氏》僖公二十四年。固知「各親其親，各子其子」，非人性之本然也。

然則人何以不合天下為一家，而家云國云，有此疆彼界之分也？曰：此由所處之境為之限。推人類之本性，[019] 其相人偶，本可以至於無窮，然情意之相通，亦必有其所憑藉。古者山無徯隧，澤無舟梁，既有以限制其往來；而語言之不同，風俗之各異，亦若為其合約之障；此其所以有國云家云之林立也。然人固無不鄉大同之途而行。非必聖哲，即恆人，其所行者，雖若日爭奪相殺，然其本心，未嘗不有一天下為公之念，潛伏於其中。特道阻且長，非一日所能至；又其前進也，常取曲線，或不免倒行逆施耳。鳥飛準繩，固不容拘丈尺以論曲直，此識者所以深觀其微，而不為一時之幻象所惑也。

人與人相親惡乎始？曰：始於母子。社會一切現象，皆為後起，唯母之撫育其子不然。不如是，人固無由存也。人之所以異於禽獸者曰善推。知有母，則知有同母之人焉；又知有母之母焉；又知有與母同母之人焉。

[019] 人性大同。

親族關係，自茲而昉。田牧之世，男子日賓士於外，撫育子女，皆由其母任之；又女子多有定居；故子女恆屬於母。於文，女生為姓，職是故也。斯時之匹合，男子恆人居女子之家。〈喪服〉為舅緦，為從母小功，後人曲為之說，終屬未安。若知女系氏族，夫從婦居，則何足異？斯時之從母，正如今之世叔父；舅之於甥，則如姑之於姪耳。夫從婦居之制，人類初知農業時則然，以斯時土地屋廬，率為女子所有也。及生事益進，農業之所繫益重，亦以男子為之主，則財權漸人男子手中；又男子或為酋長，或為將帥，或為巫祝，權力聲望，稍與人殊，不復樂以服務求昏，昏禮複變為聘娶，而女子始隸屬於男子。至於田牧之族，本以劫掠、賣買為婚者，更無論矣。有財產者，率欲傳之於子。職業地位，亦多父子相傳，與人交者，皆當求知其父，而不必求知其母，於是始以姓表見其為某母之子者，今則以姓表見其為某父之子焉，而母姓始易為父姓。如黃帝二十五子，得姓者十四人，《史記·五帝本紀》。顯是各從其母，而禹之後為姒姓，契之後為子姓，稷之後為姬姓，則皆從其父是也。此女系氏族所由易為男系也。今所謂氏族，即古所謂姓。

　　古九族之制，見於《白虎通義》者：日父屬四：父之姓為一族，《五經異義》作五屬之內。父女昆弟適人有子為一族。身女昆弟適人有子為一族。身女子子適人有子為一族。母族三：母之父母為一族。母之昆弟為一族。《五經異義》作母之父姓為一族。母之母姓為一族。母之女昆弟與其子為一族。妻族二：妻之父為一族。妻之母為一族。此為今《戴禮》、《歐陽尚書》說，亦見《五經異義》。《詩·王風葛藟疏》引。然《白虎通義》又有一說，謂堯時父、母、妻之族俱三，[020]周乃貶妻族以附父族，則此說猶非其朔也。《異義》述古文說，以上自高祖，下至玄孫為九族，則誤以九世當之矣。族類之無服者謂之黨，《禮記·奔喪》鄭《注》。《白虎通義·嫁

---

[020]　宗族：堯時父母妻之族俱三。

娶篇》，謂《春秋傳》譏娶母黨今三傳皆無其文，古經說傳固不能盡載也。
則古母姓之不通昏，[021] 正如後世之父姓也。

　　《白虎通義》曰：「族者，湊也，聚也，謂恩愛相流湊也。生相親愛，
死相哀痛，有會聚之道，故謂之族。」蓋純論情誼者也。又曰：「宗者，
尊也。為先祖主者，為宗人之所尊。」則有督責之意矣。宗有大小之分，
說見《禮記大傳》。《大傳》曰：「別子為祖，繼別為宗，繼禰者為小宗。
有百世不遷之宗，有五世則遷之宗。宗其繼別子者，百世不遷者也。宗其
繼高祖者，五世則遷者也。」《喪服小記》略同。《注》曰：別子為祖，「謂
公子若始來在此國者，後世奉以為祖」。繼別為宗，「別子之世適也。族人
尊之，以為大宗」。繼禰者為小宗，「父之適也。兄弟尊之，謂之小宗」。
又曰：「小宗四，與大宗凡五。」蓋諸侯不敢祖天子，大夫不敢祖諸侯，
故諸侯之子，唯適長繼世為君，適長而外，悉不敢禰先君，其後世遂奉以
為祖，是為別子。別子之世適，謂之大宗，百世不遷。世適而外，是為小
宗。其子繼之，時曰繼禰小宗。其孫繼之，時曰繼祖小宗。其曾孫繼之，
時曰繼曾祖小宗。其玄孫繼之，時曰繼高祖小宗。繼禰者親弟宗之，繼祖
者從父昆弟宗之，繼曾祖者從祖昆弟宗之，繼高祖者從曾祖昆弟宗之。更
一世絕服，則不復來事、而自事其五服內繼高祖已下者，所謂五世則遷
也。然則一人之身，當宗與我同高、曾、祖、父四代之正適，及大宗之宗
子，故曰：小宗四，與大宗凡五也。[022] 夫夫但論親族之遠近，則自六世而
往，皆為路人矣，唯共宗一別子之正適，則雖百世而其團結不散，此宗法
之團結，所以大而且久也。此謂公子也，而始適他國者，後世奉以為祖，
其義實為尤要。何則？一族之人，終不能永遠聚居於一處，如人口過多，
須移居他處；新得屬地須分封子弟治理。必有遷居他處者。遷居他處而無

---

[021]　婚姻：譏取母黨為古之同姓不昏。
[022]　宗族：宗法義所持久，且聯結異地。

以治理之，不可也。雖有以治理之，而其與本族之關係遂絕，尤不可也。唯諸侯始受封，卿大夫初適異國者，皆為其地之大宗，而於故國舊家，大小宗之關係仍不絕，如周公在魯為大宗，在周為小宗。三桓在其族為大宗，在魯為小宗。則二者皆無可慮矣。〈篤公劉〉之詩曰：「君之宗之。」毛《傳》曰：「為之君者，為之大宗也。」〈板〉之詩曰：「大宗維翰。」《傳》曰：「王者天下之大宗。」周時同姓之國，皆稱周為宗周，此諸侯之宗天子也。公山不狃謂叔孫輒曰：「子以小惡而欲覆宗國，不亦難乎？」《左氏》哀公八年。此大夫之宗諸侯也，滕文公欲行三年之喪，父兄百官皆不欲，曰：「吾宗國魯先君莫之行。」《孟子・滕文公上》。則諸侯亦相宗也。孟子曰：「天下之本在國，國之本在家，家之本在身。」〈離婁上〉。以此。

　　古無今所謂國家，團結之道，唯在於族，故治理之權，亦操諸族。[023] 族人於小宗之子，僅以本服服之，於大宗宗子，則五世而外，悉為之齊衰三月，於其母妻亦然，此庶人為君之服也。古所以特重正嫡者以此。蓋但論親情，眾子相等，欲傳治理之權，則眾子中不得不擇其一矣。繼承之法，族各不同，周人則特重嫡長。正而不體，嫡孫。體而不正，庶子。正體不傳重，嫡子有廢疾。傳重非正體，庶孫為後。皆不服三年之喪。正體傳重者，則父為之斬衰三年，母為之齊衰三年。天子諸侯，以尊絕旁親之服，大夫降一等，而於妻、長子之妻皆不降。皆於親情之外，兼重傳統也。〈曲禮〉曰：「支子不祭，祭必告於宗子。」〈內則〉曰：「適子庶子，只事宗子宗婦。雖貴富，不敢以貴富入宗子之家。雖眾車徒，舍於外，以寡約入。子弟猶歸器，衣服、裘衾、車馬，則必獻其上，而後敢服用其次也。若非所獻，則不敢以入於宗子之門。不敢以貴富加於父兄宗族。若富，則具二牲，獻其賢者於宗子，夫婦皆齊而宗敬焉。終事，然後敢私祭。」可以見宗子之尊矣。

---

[023]　宗族：宗有君道。

〈喪服傳〉曰：「大宗者，尊之統也；大宗者，收族者也；不可以絕，故族人以支子後大宗也。適子不得後大宗。」又曰：「何如而可為之後？同宗則可為之後；何如而可以為人後？支子可也。」然則大宗無後，族無庶子，己有一嫡子，當絕父祀，以後大宗否邪？《通典》引《石渠禮議》：戴聖曰：「大宗不可絕，言適子不為後者，不得先庶耳。族無庶子，則當絕父以後大宗。」聞人通漢曰：「大宗有絕，子不絕父。」宣帝制曰：「聖議是也。」又引范寧云：「《傳》云：嫡子不後大宗，乃小宗不可絕之明文。」陳立曰：「《傳》云大宗不可絕，不云小宗不可絕。大宗所以收族，合族以食，序以昭穆，禘之大祖，殤與無後，莫不咸在，亦不至如寧所云生不教養，死不敬享也。天子建國，則諸侯於國為大宗，對天子言則小宗，未聞天子之統可絕，而國統不可絕也。諸侯立家，則卿於家為大宗，對諸侯則小宗，未聞諸侯之統可絕，而卿之家統不可絕也。卿置側室，大夫貳宗，士隸子弟，皆可據而著見也。」《白虎通義‧疏證論為人後》。可謂明辨晰矣。夫如是，則宗法與封建並行之理，可推見焉。何則？惇宗所以收族，收族則一族之人，所以自求口實也。古人謂鬼猶求食，其重祭祀，亦與其求口實之意同。古宗子皆有土之君，故能收恤其族人。族人實與宗子共恃封土以為生，故必翼戴其宗子。眾建親戚，以為屏藩，一族之人，互相翼衛，以便把持也。講信修睦，戒內訌也。興滅繼絕，同族不相剪也。美其名曰親親者天下之達道，語其實，則一族之人，肆於民上，朘民以自肥而已。[024] 曷怪孔子以「大人世及以為禮」，為小康之治哉？〈禮運〉。

有宗法則必有支分派別，有支分派別，必有名焉以表之，是曰氏。大傳曰：「六世親屬竭矣，其庶姓別於上，而戚單於下，昏姻可以通乎？系之以姓而弗別，綴之以族而弗殊，雖百世而昏姻不通者，周道然也。」《注》曰「姓，正姓也，始祖為正姓，高祖為庶姓。」《疏》曰：「正姓，若

---

[024]　宗族：宗法與封建並行。實一族朘民。

周姓姬，齊姓姜，宋姓子。庶姓，若魯之三桓，鄭之七穆。」三桓見第九章第七節。七穆謂鄭穆公七子，子良公子去疾之後為良氏，子罕公子喜之後為罕氏，子駟公子騑之後為駟氏，子國公子發之後為國氏，子游公子偃之後為遊氏，子豐之後為豐氏，子印之後為印氏，穆公之子，又有子孔公子嘉、子羽、子然、士子孔，子然二子孔皆亡，子羽不為卿，故唯言七穆。《世族譜》云：子羽之後為羽氏，見《左氏》襄公二十六年。《論衡·詰術篇》云：「古者有本姓，有氏姓。」本姓即正姓，氏姓即庶姓也。《大平御覽》引《風俗通義》言氏之類有九：「或氏於號，或氏於諡，或氏於爵，或氏於國，或氏於官，或氏於字，或氏於居或氏於事，或氏於職以號則唐、虞、夏、殷也。以諡則戴、武、宣、穆也。以爵王、公、侯、伯也。以國曹、魯、宋、衛也。以官司徒、司寇、司空、司城也。以字伯、仲、叔、季也。以居城、郭、園、池也。以事巫、卜、陶、匠也。以職三烏、五鹿、青牛、白馬也。」古命氏之道，蓋略具於此矣。[025] 姓百世而不變氏數傳而可變。何也？姓以論昏姻，古所謂同姓不昏者，實以始祖之正姓為準。氏以表支派，非切近其關係無由明。《後漢書》言烏桓氏姓無常，以大人健者名氏為姓。羌無弋五世至研，豪健，羌中稱其後為研種。十三世燒當，復豪健，其子孫更以燒當為種號。民之於近己者，畏其威，懷其德，固視世遼遠不可知者為切，氏之亟變，由此道也。顧亭林言：男子稱氏，女子稱姓，考之於《傳》，二百五十五年之間，無男子稱姓者。〈原姓〉。夫男子非不稱姓也，言氏而姓可知矣。女子稱姓者，女無外事，不待詳其為何族之子，若論昏姻，則舉姓而已足也。

　　龔自珍云：「周之盛也，周公、康叔以宗封；其衰也，平王以宗徙；翼頃父、嘉父、戎蠻子皆以宗降；漢之實陵邑，以六國巨宗徙。」〈農宗〉。此古有罪者之所以必族誅也。然謂農亦有宗則非是，[026] 〈喪服傳〉曰：「野

---

[025]　宗族：氏數變之由。
[026]　宗族：謂農亦有宗之非。

人曰：父母何算焉？都邑之士，則知尊禰矣；大夫及學士，則知尊祖矣；諸侯及其大祖；天子及其始祖之所自出。」孟子曰：「死、徙無出鄉，鄉田同井，出入相友，守望相助，疾病相扶持，則百姓親睦。」〈滕文公上〉。一有宗法，一無宗法，顯然可見。蓋古戰勝之民，移居於所征服之地，必也聚族而居，而不敢零星散處。女真移猛安謀克戶入中原，必以畸零之地，與民田相易，正為此也。

　　右所述為周制，蓋北方之俗。至東南之俗，則有頗異於是者。殷兄終弟及，魯、吳俗猶與相類，已見第九章第七節。《左氏》：文西元年，子上言：「楚國之舉，恆在少者。」昭公十三年，叔向言：「羋姓有亂，必季實立。」《公羊》文公十四年，晉郤缺納接菑於邾婁。邾婁人曰：「子以其指，則接菑也四，獲且也六；子以大國壓之，則未知齊、晉孰有之也；貴則皆貴矣。」《解詁》曰：「時邾婁再取，二子母尊同體敵。」此皆與周之重嫡長有異者也。男系氏族多相繼，女系氏族多相及，說已見前。產業之傳授，多於少子，治理之承襲，多於長子，以少子多與父母同居，而長子於治理為便也。周人之俗，蓋好戰之族則然。儒者以為天經地義，翻其反矣。

　　南北之俗雖異，而其自氏族進於家族則同。人類團結之方，必隨其生計之情形而變。古者交易未盛，生活所資，率由一族之人，通力合作，人口愈多，生利之力愈大，故其人率能團結。至交易之道開，則相待而生者，實為林林總總，不知誰何之人。生活既不復相資，何必集親盡情疏之人以共處？且交易開，則人人皆有私財，而交易之際，己嗇則人豐，己益則人損，尤為明白易見。如此切近之教育，日日受之，安有不情疏而渙者？氏族替而家族興，固勢所必至矣。今西人以夫婦及未成長之子女為家，過此以往，則稱為大家庭，中國則多上父母一代。[027] 一夫上父母，下

---

[027] 宗族：西人以夫婦及未成長之子女為家，中國多上父母一代實亦相去無幾。大功同財，名焉而已。

妻子，率五口至八口。《孟子‧滕文公上集註》引程子說。實亦相去無幾。
〈喪服繼父同居傳〉，謂「夫死子稚，子無大功之親」，則「與之適人」，故
說者謂古卿大夫之家，大功以下皆同財。然《傳》又曰：「昆弟之義無分，
然而有分者，則關子之私也。子不私其父，則不成為子。故有東宮，有西
宮，有南宮，有北宮。異居而同財。有餘則歸之宗，不足則資之宗。」人
各私其父，則所謂大功同財者，亦其名焉而已。其實，亦與一夫上父母、
下妻子者，相去無幾矣。固知人所處之境同，所率之俗亦必同。

　　狐突曰：「神不歆非類，民不祀非族。」《左氏》僖公十年。史佚曰：
「非我族類，其心必異。」成公五年。氏族之猜忌自私如此，宜乎「異姓亂
族」，《周書》以為十敗之一；〈酆保〉。雖以外孫承嗣，《春秋》猶書「莒人
滅鄫也」。《公羊》襄公五年、六年，《穀梁》義同。率是道而行之，勢必
至於日尋干戈而後已 [028]。何則？愛其國者，勢必不愛人之國；愛其家者，
勢必不愛人之家，先為此疆彼界之分，而望人行絜矩之道，曰「人人親
其親、長其長而天下平」，《孟子‧離婁上》。北轍南轅，直戲論耳。夫如
是，則強宗巨族，必詒和親康樂之憂，且為發號施令之梗，大一統之世，
不得不以政治之力摧毀之，固其宜矣，此又氏族所以滅亡之一道也。

　　既重世系，則必有以記識之，時曰譜牒。[029]《周官》小史，「掌邦國
之志。奠繫世，辨昭穆。若有事，則詔王之忌諱。大祭祀，讀禮法。史以
書敘昭穆之俎簋」。《注》引鄭司農云：「繫世，謂帝系、世本之屬，先王
死日為忌，名為諱。」又：瞽矇，「諷誦詩，世奠系。」杜子春云：「世奠
系，謂帝系、諸侯、卿大夫世本之屬也。小史主次序先王之世，昭穆之
系，述其德行。瞽矇主誦詩，並誦世系，以戒勸人君也。故《語》曰：教
之世，而為之昭明德而廢幽昏焉，以休懼其動。」案古代史蹟，率由十口

---

[028]　宗族：族之猜忌排外，故無人人親親長長天下平之理。
[029]　宗族：譜牒。

相傳，久之乃著竹帛。瞽矇之職，蓋尚在小史之前。小史能知先世名諱忌日，其於世次之外，必能略記其生卒年月等。瞽矇所諷，可以昭明德而廢幽昏，則並能略知其行事矣。此後世家譜、家傳之先河也。譜牒之作，列國蓋多有之。故《史記・三代世表》，謂「自殷以前，諸侯不可得而譜，周以來乃頗可著」也。〈十二諸侯年表〉云：「譜牒獨記世謚。」《南史・王僧孺傳》，載劉杳引桓譚《新論》云：「太史公〈三代世表〉，旁行斜上，並效《周譜》。」則其體例，尚有可微窺者矣。列國之譜牒，蓋隨其社稷之傾覆而散亡，自秦以來，公侯子孫，遂至失其本系。司馬遷、王符等，雖竭蒐集考索之功，終不能盡得其故矣。

▶ 第三節 人口

養人者地也，而人有所施為，亦必於地，故人與地之相配，貴得其宜。[030]《禮記王制》曰：「凡居民，量地以制邑，度地以居民。地邑民居，必參相得也。」《管子・霸言》曰：「地大而不為，命曰土滿。人眾而不理，命曰人滿。」〈八觀〉曰：「國城大而田野淺狹者，其野不足以養其民。城域大而人民寡者，其民不足以守其城。宮營大而室屋寡者，其室不足以實其宮。室屋眾而人徒寡者，其人不足以處其室。」即地邑民居，必參相得之註腳也。古之重民數，其道蓋有二，一以圖事功，一以計口實。[031]《周官》司民，為專掌民數之官，其職曰：「掌登萬民之數。自生齒以上，皆書於版。《注》：男八月女七月而生齒。辨其國中都鄙及郊野。異其男女。歲登下其死生。及三年大比，以萬民之數詔司寇。司寇及孟冬祠司民之日，獻其數於王，王拜受之。登於天府。內史、司會、塚宰貳之。以贊王治。」案此法頒於小司徒，自鄉大夫以下，咸掌其事。遂亦如之。以起軍

---

[030] 宗族：度地居民之道。
[031] 戶口：古重民數一以應役，一計口實。

旅，作田役，比追胥，令貢賦。小司寇之職云：「及大比，登民數。自生齒以上，登於天府，內史、司會、塚宰貳之，以制國用。孟冬祀司民，獻民數於王。王拜受之，以圖國用而進退之。」蓋司徒之意重於役，故所稽者為夫家。小司徒之職云：「以稽國中及四郊都鄙之夫家。」鄉師云：「以時稽其夫家之眾寡。」鄉大夫云：「以歲時登其夫家之眾寡。」族師云：「校登其族之夫家眾寡。」縣師云：「辨其夫家人民田萊之數。」遂人云：「以歲時登其夫家之眾寡。」遂師同。遂大夫云：「以歲時稽其夫家之眾寡。」酇長云：「以時校登其夫家，比其眾寡。」唯閭師云：「掌國中及四郊之人民六畜之數。」鄙師云：「以時數其眾庶。」皆無夫家之文。然此諸官，所職皆是一事，雖文有異同，而意無異同也。司寇之意重於食，故所書者為生齒。《賈子·禮篇》云：「受計之禮，王所親拜者有二：聞生民之數則拜之。聞登穀之數則拜之。」以民數與穀數並言，可見其意在計民食。《大戴記·千乘》曰：「古者殷書，成男成女，名屬升於公門，此以氣食得節，作事得時，民勸有功，是故年穀順成，天之饑饉，道無殣者。在今之世，男女屬散，名不升於公門，此以氣食不節，作事不時，天之饑饉於時委，民不得以疾死。」合餼食與作事並言之，又可見其意兼在趨事赴功也。

歷代史籍所記戶口之數，蓋無一得實者。如前後漢盛時，戶數皆逾千萬，而三國時合計不及百二十萬，僅當後漢南陽、汝南二郡，則無此理。蓋民之不著籍者甚多，歷代戶口之數，只可以考丁稅收數，不能以考戶口登降也。能得實者，其在隆古之世乎？古之為治纖悉，君卿大夫，皆世守其地；賦役之登耗，與其祿食有關；民不易隱匿，君亦不肯聽其隱匿。田里皆受諸官，民亦自不欲隱匿。又交通阻，生事簡，民輕去其鄉者少，既無倏忽往來、不可稽核之事，作奸犯科，蹤跡詭祕，不樂人知，而人亦無從知之者，尤可謂絕無。謂是時之民數，可以得實，必非虛言也。[032] 然

[032]　戶口：古人數蓋得實。

此時代，去今久遠，民數已無可考，至於稍有可考之世，則其不實，亦與後世等矣。

《禮記‧內則》述子生之禮曰：「夫告宰名，宰遍告諸男名，書曰某年某月某日某生而藏之。宰告閭史。閭史書為二：其一藏諸閭府，其一獻諸州史。州史獻諸州伯。州伯命藏諸州府。」此所言者，自是卿大夫家之禮。然《周官》鄉士之職云：「各掌其鄉之民數。」遂士、縣士亦然。[033] 鄉士職云：「掌國中。各掌其鄉之民數而糾戒之，聽其獄訟。」遂士職云：「掌四郊。各掌其遂之民數，而糾其戒令，聽其獄訟。」縣士職云：「掌野。各掌其縣之民數，而糾其戒令，總其獄訟。」唯方士掌都家，僅云聽其獄訟之辭，不言掌其民數。《注》云：「不純屬王。」則人民於其所居之地，固各有其名籍也。《國語‧周語》：「宣王既喪南國之師，乃料民於大原。仲山甫諫曰：民不可料也，夫古者不料民而知其多少。司民協孤終，司商協民姓，司徒協旅，司寇協姦，牧協職，工協革，場協入，廩協出是則多少死生，出入往來，皆可知也。於是乎又審之以事：王治農於籍，搜於農隙，耨獲亦於籍，獮於既烝，搜於畢時，是皆習民數者也。又何料焉？」蓋凡政事，無不與人民有關，故圖其政，皆可以審其數也。媒氏之職，男女自成名以上，皆書年月日名焉，亦其一端矣。然則古審民數之方固多矣。

此等政令，使其皆能奉行，民又何待於料？則知宣王之時，政令已有闕而不舉者矣。不特此也，《史記‧秦始皇本紀》，謂獻公十年（西元前375年），為戶籍相伍，見篇末〈秦紀〉。則秦自獻公以前，未有戶籍也。又始皇十六年（西元前231年），南陽假守騰，始令男子書年，則前此男子未嘗書年，至此女子猶不書年也。蓋僻陋之國，戶籍之法之不備如此。《國語‧晉語》：「趙簡子使尹鐸為晉陽，請曰：以為繭絲乎？抑為保障乎？

---

[033] 戶口：掌民數者。

簡子日：保障哉！尹鐸損其戶數」，則竟可意為出入矣。[034] 蓋宣告文物之邦，其戶籍之法之紊亂又如此。民數尚何由得實哉？故日：至民數記載，稍有可考之時，即已不足信也。

古民數悉無傳於後，唯《周官》職方，載有男女比率：謂揚州之民，二男五女，荊州一男二女，豫州二男三女，青州二男二女，兗州二男三女，雍州三男二女，幽州一男三女，冀州五男三女，并州二男三女。男女比率，從未聞相差至此者，蓋陰陽術數之談，非史家之記載也。言古代民數者，有皇甫謐《帝王世紀》，見《續漢書·郡國志注》，皆憑臆之談，絕不足據，今不復徵引。然古代民數，固有大略可推者。[035]《商君書·徠民》云：「地方百里者，山陵處什一，藪澤處什一，溪谷流水處什一，都邑蹊道處什一，惡田處什二，良田處什四。〈算地篇〉云：「為國任地者，山林居什一，藪澤居什一，溪谷流水居什一，都邑蹊道居什四。」蓋說與此同，而有奪文。以此食作夫五萬。其山陵藪澤溪谷，可以給其材；都邑蹊道，足以處其民。先王制土分民之律也。」此即〈王制〉所謂：「山陵、林麓、川澤、溝瀆、城郭、宮室、塗巷，三分去一。」《司馬法》提封萬井，定出賦者六千四百井，亦以此也。此言郊野之民。《管子·乘馬》云：「上地方八十里，萬室之國一，千室之都四。」中地方百里，下地方百二十里同。則城市之民也。古者封方百里，蓋非偶然。《漢書·百官公卿表》云：「縣令長，皆秦官，萬戶以上為令，減萬戶為長。」又云：「縣大率方百里，民稠則減，稀則曠，鄉亭亦如之。皆秦制。」秦制必沿自古，則古之制土分民，實以百里為一區。後雖不得盡如法，然建國若立縣邑者，猶必略師其意。故其法留詒至秦。《戰國·趙策》，言韓、魏各致萬家之邑於知伯。又載知過諫知伯，欲以萬家之縣封趙葭、段規。知戰國時之制邑，固略以

---

[034]　戶口：戶籍久不實。有戶籍晚。
[035]　戶口：推測古戶口之法。

萬家為率也。亦有特大者，如上黨之降，趙欲以三萬戶之都封大守是。此蓋不多覯。至如蘇秦說齊王，謂臨菑七萬戶。其說魏王，謂其廬田廡舍，曾無所芻牧牛馬之地。人民之眾，牛馬之多，日夜行不休已，無以異於三軍之眾。而曰：臣竊料大王之國，不下於楚。此等大都會，則其時海內不過三數。何則？臨菑、江陵，皆《史記・貨殖列傳》所謂都會。傳所舉都會，自此而外，曰薊，曰邯鄲，曰宛，曰吳，曰壽春，曰番禺，合臨菑、江陵，數不盈十。薊與番禺等，偏僻已甚，必不足與臨菑、江陵比。然則此等都會，雖云殷闐，而其數太少，計算全國人口，殆無甚關係也。[036]戶口稍多，如所謂三萬戶之都會，自當不乏，然古固多次國、小國，其數亦足相消。秦、漢之縣，固多滅古國為之者，一史有可稽。一雖無可稽，而其名為古國名，亦可推見其為滅國所建。其新建者，又當略師古制，則就秦世縣數，案商君、管子所言，野以五萬家，都邑以萬四千家；更以孟子所言，家或五口，或八口計之，固可略知戰國末之人數也。春秋以前，國邑之數，雖無可考，然去戰國時新開拓之地計之，即可得春秋國邑大略矣。自此以上，皆可以此法推之。雖云粗略，慰情究聊勝於無也。

　　《商君・徠民》之篇又曰：「今秦，地方千里者五，而國土不能處二，田數不滿百萬；其藪澤、溪谷、名山、大川之材物、貨寶，又不盡為用；此人不稱土也。秦之所與鄰者三晉也，所欲用兵者韓、魏也。彼土狹而民眾，其宅參居並處，其寡萌賈息，孫詒讓云：「當作賓萌貸息，賓萌即客民，對下民為土著之民也。《呂覽・高義》：墨子曰：翟度身而衣，量腹而食，比於賓萌。貸息，謂以泉谷貸與貧民而取其息。言韓、魏國貧，有餘資貸息者皆客民，其土著則上無通名，下無田宅，而恃奸務末作以處也。」朱師轍曰：「《左氏》寡我襄公。《注》：寡，弱也。小民無地可耕，多事商賈，以求利息。孫校非。」案孫說實是。如朱說，則與下末作無別

---

[036]　戶口：古土滿人滿之情形。然以人滿為患者唯韓子。

矣。《韓非子》以「正戶貧而寄寓富」為〈亡徵〉，明客民富而土著貧者，當時自有之也。民上無通名，[037] 此即《大戴記》所謂名不升於公門。下無田宅，而恃奸務末作以處。人之復陰陽澤水者過半。復即《詩》「陶復陶穴」之復。陰陽，山之南北也。此其土之不足以生其民也，似有過秦民之不足以實其土也。」孟子言齊「雞鳴狗吠相聞，而達乎四竟」，〈公孫丑上〉。而《漢書·地理志》言楚火耕水耨，吳起欲使貴人往實廣虛之地，卒以見殺，《呂覽·貴因》。則楚之與齊也，猶秦之與晉也。當時人口之不均，亦云甚矣。韓非子曰：「今人有五子不為多，子有五子，大父未死，而有二十五孫。是以人民眾而貨財寡，事力勞而共養薄」，〈五蠹〉。亦汲汲以過庶為患矣。然此篇而外，古人之言，殆無不以土滿為憂，未有以人滿為患者。是何也？曰：一如秦、楚等自有其廣虛之地；一如梁惠王「糜爛其民而戰之」，見《孟子·盡心下》。但求卒伍之多；民之上無通名，下無田宅，固非所計也。然則制土分民之律之不講也久矣。

▶ 第四節　等級

何謂等級？等級者，分人為若乾等，權責不同，地位亦異，為法律所許，不易改變者也。等級，西語為客斯德（Caste），中國舊譯其音。客拉斯（Class）今人譯為階級，罕有譯其音者。二語義實不同，而今人行文，多概用階級二字。或譏其無別，謂客斯德當稱等級，客拉斯當稱階級，然等級階級，華文義實無別，欲人不混用甚難。予意客拉斯可譯為黨類，客斯德則等級、階級俱可譯。凡譯名，當審科學見行之義，至其語之本義，則勢有所不暇顧，而亦不必顧及也。等級之制惡乎起？曰：起於地位財富之不同，而異族相爭，關係尤大。

中國最古之等級，時曰國人及野人，亦起於異部族之相爭者也。何謂

---

[037]　戶口：民上無通名。

國人？古所謂國者，城郭之謂，居於郭以內之人，時日國人，居於郭以外之人，則日野人而已矣。後世之城郭，必築於平夷之地，蓋所以利交通，古代之城郭，則築於山險之區，蓋所以便守禦。又古國人從戎事，野人則否。然則國人者，戰勝之部族，擇險峻之地，築邑以居；野人則戰敗之族，居平夷之地，從事耕耘者也。如是，國人野人，宜相疾視，而書傳絕無其事者？則以為時甚早，史弗能紀也。然其遺跡，猶有可考見者。《周官》鄉大夫之職，大詢於眾庶，則各帥其鄉之眾寡而致於朝，所謂大詢，即小司寇所謂詢國危、詢國遷、詢立君者，則有參政之權者，國人也。厲王監謗，國人莫敢言，三年乃流王於彘，則行革易之事者，又國人也。國人，蓋如遼世之契丹，金世之女真，與其國關係較密。若夫野人，則供租稅，服徭役，上以仁政撫我，則姑與之相安，而不然者，則逝將去女，適彼樂土而已。《史記‧周本紀》言：「薰育戎狄攻古公，欲得財物。予之。已復攻，欲得地與民。民皆怒，欲戰。古公日：有民立君，將以利之，民之在我，與其在彼何異？民欲以我故戰，殺人父子而君之，予不忍為。乃與私屬遂去豳。」所謂私屬，蓋周之部族，民則異部族之服於周者也。其疏戚異，宜矣。

戰勝之族，與戰敗之族，仇恨所以漸消者，蓋有數端。[038] 古無史記，十口相傳，故事久而亡佚；不亦寖失其真；戰敗之辱，稍以淡忘，一也。國有限，野無限。國中人口漸繁，不得不移居於野；即野人亦有移居於邑者。居地既近，昏姻遂通，二也。國人必腴野人以自肥，以故國人富而野人貧，國人華而野人樸。古者大都不得耦國，封域之內，富厚文明，蓋無足與國都比者，然至後來，即非復如此矣。三也。春秋以前，軍旅皆出於鄉，野鄙之民，止於保衛閭里，戰國以後，稍從徵役，其強弱同，斯其地位等矣。四也。有此四者，故因異部族所成之等級漸夷，而因政權及生計

---

[038] 階級：國人野人，何以漸混。

之不平所造成之等級，繼之而起。

　　以分工合力之理言之，凡人之執一技者，莫不有益於其群，本無所謂貴賤。然所司之事，權力不能無大小，居率將之地者遂稍殊異於人矣。古多世業，父子相傳，兄弟相及，沿襲既久，變本加厲，視為固然，於是有君子小人之分焉。君子小人，蓋以士民為大界。[039] 士者，可以為君子，而尚未受爵為君子者也。〈士冠禮記〉曰：「天子之元子，士也，天下無生而貴者也。」〈曲禮〉曰：「四郊多壘，此卿大夫之辱也。地廣大，荒而不治，此亦士之辱也。」蓋卿大夫初為軍帥；士則戰士，平時肆力於耕耘，有事則執干戈以衛社稷者也。《管子》言制國以為二十一鄉，工商之鄉六，士鄉十五〈小匡〉。又言「士民貴武勇而賤得利，庶民好耕農而惡飲食」；〈五輔〉。士與農工商之異可見矣。古者治理之權，皆操於戰鬥之士，故士又變為任事之稱，負治民之責也。士之位卑，其政權亦小，故初雖與庶人異，後轉無區別焉。

　　百姓、人、民、氓，後世義無區別，古則不然。[040] 〈堯典〉曰：「以親九族，九族既睦。平章百姓，百姓昭明。協和萬邦，黎民於變時雍。」此百姓猶言百官，與民截然有別。《中庸》言：「子庶民則百姓勸」，則二者同義矣。《孝經・天子章》：「愛敬盡於事親，而德教加於百姓，刑於四海。」《疏》曰：「百姓，謂天下之人，皆有族姓，言百，舉其多也。《尚書》云平章百姓，則謂百官，為下有黎民之文，所以百姓非兆庶也。此經德教加於百姓。則為天下百姓，為與刑於四海相對，四海既是四夷，則此百姓自然是天下兆庶也。」蓋先秦兩漢之世，此等字義，業已淆亂，執筆者各隨其意用之。民人二字，古亦通稱。然〈皋陶謨〉言：「知人則哲，能官人，安民則惠，黎民懷之。」《論語・憲問》：「子路問君子。子曰：修

---

[039]　階級：君子小人以士民為界。

[040]　階級：百姓、人、民、氓等名之歧義。

己以安人。曰：如斯而已乎？曰：修己以安百姓。」人亦指在位者言。蓋人有人偶之義，故以指切近之人也。《詩・假樂》：「宜民宜人。」《毛傳》：「宜安民，宜官人也。」《疏》云：「民人散雖義通，對宜有別，〈皋陶謨〉云：能安民，能官人，其文與此相類。」案《毛傳》即本《尚書》為說也。《孝經・諸侯章》：「富貴不離其身，然後能保其社稷，而和其民人。」《疏》引皇侃云：「民是廣及無知，人是稍識仁義，即府史之徒。」案此只是復語，皇說誤。此乃民人同義者也。《詩》：「氓之蚩蚩。」毛《傳》曰：「氓，民也。」《疏》曰：「氓，民之一名。對文訓異，故《遂人注》云：變民言氓，異內外也，吒猶懵，懵無知貌，是其別也。其實通，故下《箋》言云民誘己，《論語》及《靈臺序》注，皆云民者冥也。」《韓非・難一》：「四封之內，執會而朝名曰臣，臣吏分職受事名曰萌。」則民與吏皆可稱萌。《孝經・庶人章疏》引皇侃云：「不言眾民者，兼苞府史之屬，通謂之庶人也。」又引嚴植之，謂「士有員位，庶人無限極，故士以下皆為庶人」；似庶人不可稱民者，其說恐非。《孟子》曰：「在國曰市井之臣，在野曰草莽之臣，皆謂庶人。」〈萬章下〉。此明指農工商言之，即《孝經》謂「用天之道，分地之利，謹身節用，以養父母」，亦明指農夫言之也。

　　古貴戰鬥而賤生產。[041] 樊遲請學稼。子曰：吾不如老農。請學為圃。曰：吾不如老圃。」《論語・子路》。孟子曰：「堯以不得舜為己憂，舜以不得禹、皋陶為己憂。夫以百畝之不易為己憂者，農夫也。」〈滕文公上〉。是農所賤也。〈王制〉曰：「凡執技以事上者，祝、史、射、御、醫、卜及百工，出鄉不與士齒。」是工所賤也。《左氏》襄公十三年：「世之亂也，君子稱其功以加小人，小人伐其技以憑君子。」明以有功者為君子，有技者為小人。平原君以千金為魯連壽，魯連笑曰：「所貴於天下之士者，為人排患、釋難、解紛亂而無所取也，即有取者，是商賈之士也，

---

[041] 階級：賤農工商。

而連不忍為也。」《史記》本傳。聶政曰：「臣所以降志辱身，居市井屠者，徒幸以養老母。」其姊亦曰：「政所以蒙汙辱，自棄於市販之間者，為老母幸無恙，妾未嫁也。」《史記・刺客列傳》。則商所賤也。《韓詩外傳》：「吳人伐楚，昭王去國，有屠羊說從行。昭王反國，賞從亡者。及說，說辭。君曰：不受則見之。說對曰：楚國之法，商人慾見於君者，必有大獻重質。今臣智不能存國，節不能死君，勇不能待寇，然見之，非國法也。遂不見。」古屠沽等統稱商人，交通王侯，力過吏勢者，其實與屠沽殊，其名則無以異也。《管子》曰：「士農工商，國之石民也，不可使雜處，雜處則其言哤，其事亂。是故聖王之處士必於閒燕，處農必就田野，處工必就官府，處商必就市井。」使之「群萃而州處」，「不見異物而遷」，則「其父兄之教，不肅而成；其子弟之學，不勞而能」。是故「士之子常為士」，「農之子常為農」，「工之子常為工」，「商之子常為商」。〈小匡〉。案《周書》言：「士大夫不雜於工商。士之子不知義，不可以長幼。工不族居，不足以給官。族不鄉別。不可以入惠。」〈程典〉。又言：「農居鄙得以庶士；士居國家，得以諸公大夫；凡工賈胥市臣僕州里，俾無交為。」〈作雒〉。即管子之言所本也。《淮南・齊俗》曰：「人不兼官，官不兼事，士農工商，鄉別州異。是故農與農言力，士與士言行，工與工言巧，商與商言數。是以士無遺行，農無廢功，工無苦事，商無折貨。」說亦與《管子》同。《周官》大司徒十有二教，「十曰以世事教能」，亦此義。業殊貴賤，而又守之以世，此等級之所由成也。[042]「士農工商，為古職業最通用之區別。成西元年《穀梁》曰：「古者有四民：有士民，有商民，有農民，有工民。」《公羊解詁》曰：「古者有四民：一曰德能居位曰士，二曰闢土殖穀曰農，三曰巧心勞手，以成器物曰工，四曰通財貨曰商：」《漢書・食貨志》曰：「學以居住曰士，闢土殖穀曰農，作巧成器曰工，通財鬻貨曰商。」即《解

---

[042]　階級：四民蓋春秋說，餘分法尚多。

詁》之說。《說苑政理》曰：「《春秋》曰：四民均賦，王道興而百姓寧。所為四民者，士、農、工、商也。」何、班二家，蓋同用《春秋》說也。《呂覽·上農》曰：「凡民自七尺以上，屬諸三官。農攻粟，工攻器，賈攻貨。」以但言生產作業，故不及士。《左氏》宣公十二年言商、農、工賈，則加賈字以足句耳。《史記·貨殖列傳》曰：「故待農而食之，虞而出之，工而成之，商而通之。」又引《周書》曰：「農不出則乏其食，工不出則乏其事，商不出則三寶絕，虞不出則財匱少。」以商賈所販，多山澤之材，故特舉一虞。《周官》大宰：「以九職任萬民：一曰三農，生九穀。二曰園圃，毓草木。三曰虞衡，作山澤之材。四曰藪牧，養蕃鳥獸。五曰百工，飭化八材。六曰商賈，阜通貨賄。七曰嬪婦，化治絲枲。八曰臣妾，聚斂疏材。九曰閒民，無常職，轉移執事。」《周官》為六國時書，故分別最細。然園圃、虞衡、藪牧、嬪婦、臣妾之職，固皆可苞於農業之中；且較之士、農、工、商，所繫皆較輕也。《墨子·非樂上》：「王公大人，蚤朝晏退，聽獄治政，此其分事也。士君子竭股肱之力，亶其思慮之智，內治官府，外收斂關市、山林、澤梁之利，以實倉廩、府庫，此其分事也。農夫早出暮入，耕稼樹藝，多聚叔粟，此其分事也。婦人夙興夜寐，紡績織，紝，多治麻絲葛緒捆布縿此其分事也。」以官民男女對舉，而不及工商，亦以其所繫較農為輕也。《考工記》：國有六職，百工與居一焉，則以士、農、工、商並舉，而上加王公，又舉婦功，以與男子相對。

，多治麻絲葛緒捆布縿此其分事也。」以官民男女對舉，而不及工商，亦以其所繫較農為輕也。《考工記》：國有六職，百工與居一焉，則以士、農、工、商並舉，而上加王公，又舉婦功，以與男子相對。

　　《左氏》昭公五年，卜楚丘言日之數十，故有十時，亦當十位。自王已下，其二為公，其三為卿。七年，申無宇謂天有十日，人有十等。王臣公。公臣大夫。大夫臣士。士臣皁。皁臣輿。輿臣隸。隸臣僚。僚臣僕。

僕臣臺。其說相合。此蓋言其執事之相次。俞正燮《癸巳類稿‧僕臣臺
義》曰：「大夫臣士，如《周官》長率屬。皂者，〈趙策〉所云補黑衣之隊，
衛士無爵而有員額者。士衛之長。輿則眾也，謂衛士無爵又無員額者。
隸罪人，《周官》所謂入於罪隸。僚，勞也，入罪隸而任勞者。若今充當
苦差。僕則三代奴戮，今罪人為奴矣。臺罪人為奴，又逃亡，復獲之。
知者。無宇云：逃而舍之，是無陪臺也。」或謂當時之人，分此十級，則
誤矣。昭公三十二年，史墨言：「物生有兩，有三，有五，有陪貳。故天
有三辰，地有五行，體有左右，各有妃耦，王有公，諸侯有卿，皆有貳
也。」則十等亦可云五耦。大夫即卿，是第一等與第二等為耦，第二等又
與第三等為耦也。鱗次櫛比，正見其相須而成，即尊卑亦非縣絕矣。

　　由政權所生之等級，何自平乎？曰：其必自封建之陵夷始矣。人之所
以特異於眾者，一以其才德，一以其地位。才德為身所具，子弟不能得之
於父兄；即或懷其遺惠，推愛及於後嗣，勢亦不能持久，無由成客斯德之
制也。地位襲之於人，才能不過中庸，亦得據其位而不變，乃安固不可動
搖矣。《禮記‧祭義》曰：「有虞氏貴德而尚齒，夏后氏貴爵而尚齒，殷人
貴富而尚齒，《注》：臣能世祿曰富。周人貴親而尚齒。」可見等級之所由
生。〈王制〉言外諸侯嗣，內諸侯祿，謂世祿而不世爵。諸侯之大夫，不
世爵祿。徒設此義，實不能行。內而周、召，外而三桓、七穆靡不世據其
位。遂致在上者驕淫矜誇，不能自振，在下者遏抑掩蔽，末由自達。其
極，遂非舉顛覆之不可。顛覆之之道：一為有土者相誅夷。有以諸侯滅諸
侯者，凡滅國是也。有以諸侯滅大夫者，若楚之於若敖氏是也。有以大夫
滅大夫者，若趙、韓、魏之於范、中行、知氏是也。有以大夫滅諸侯者，
若三家之於晉，田氏之於齊是也。「諸侯不臣寓公，寓公不繼世」，《禮
記‧郊特牲》。則亡國之後，得保其地位者，國君及其夫人二人而已。據
鄭《注》。「三後之姓，於今為庶」；《左氏》昭公三十二年。「欒、郤、胥、

原、狐、續、慶、伯降在皁隸」；昭公二年。宜矣。一由選舉之法漸興。
貴族既不能任國事，勢不得不擢用士民，孔譏世卿，墨明上賢，韓非貴法
術之士，皆是道也，孟子曰：「舜發於畎畝之中，傅說舉於版築之閒，膠
鬲舉於魚鹽之中，管夷吾舉於士，孫叔敖舉於海，百里奚舉於市。」〈告
子下〉。蓋其所由來者舊矣。而要以戰國之世為最盛。至漢初，遂開布衣
卿相之局。「命官以賢，詔爵以功，先王公卿之胄才則用，不才則棄」，唐
柳芳論氏族語，見《唐書・柳衝傳》。而因門閥而移居人上者，以法律論，
始全失其根據。雖魏、晉以後，反動之焰復然，然其根柢，則遠不如先秦
之世之深厚矣。此古今之一大變也。

　　古代之等級，其原為以力相君。封建政體敝，而以力相君之局替，以
財相君之局，乃代之而興。《史記》所謂「編戶之民，富相什則卑下之，
百則畏憚之，千則役，萬則僕」；《漢書》所謂「編戶齊民，同列而以財力
相君，雖為僕隸猶無慍色」也。皆見〈貨殖列傳〉。此等貴賤之分，本非法
律所許。然法律既有貴賤之別，有財力者，自能人據貴者之位，而擠貧
民，使儕於賤者焉。則貴賤之等級其名，而貧富之等級其實矣。封建全盛
之世，以貴致富，資本勃興之世，以富僭貴，其為不平唯均，然為人心所
不習，故疾視之者甚多。孔子謂「唯名與器，不可以假人」。《左氏》成公
二年。《易》譏「負且乘，致寇至」，《解卦》爻辭。皆是義也。商君治秦，
明尊卑、爵秩等級，各以差次名田宅臣妾。衣服以家次，有功者顯榮，無
功，雖富無所芬華。《史記》本傳。蓋猶欲以政治之力障之。然其勢，終
已不可止矣。

　　沈淪於社會之最下級者，時曰奴婢。奴婢之始，蓋以異族為之。繼以
罪人充之。終則因貧而鬻賣者亦入焉。《周官》五隸，罪隸為罪人，蠻、
閩、夷、貉，則皆異族也。〈王制〉言：「公家不蓄刑人，大夫勿養，士遇
之塗，弗與言也。屛之四方，不及以政，示弗故生也。」《穀梁》亦言：「君

不使無恥，不近刑人，不狎敵，不邇怨。」襄公二十九年。蓋所誦說者為
古制，當異族被俘之始，怨毒之氣猶存也。《周官》言：「墨者使守門，劓
者使守關，宮者使守內，刖者使守囿，髡者使守積。」秋官掌戮。而四翟
之隸，可以「服其邦之服，執其邦之兵，以守王宮與野舍之屬禁」，則積
久而習為故常矣。《孟子》言文王之治岐也，「罪人不孥」，〈梁惠王下〉。
而《書·甘誓》曰：「予則孥戮女。」〈費誓〉曰：「女則有無餘刑。」《正義》
引王肅曰：「父母、妻子，同產皆坐之，入於罪隸。」鄭玄曰：「盡奴其妻
子，不遺其種類，在軍使給廝役，反則入於罪隸。」案《周官》司厲，掌盜
賊之任器貨賄，「其奴，男子入於罪隸，女子入於舂藁」。五隸之數，各百
有二十人。《注》云：「選以為役員者，其餘謂之隸。」《疏》云「以為隸民」，
即司隸帥以搏盜賊者。身犯罪者，不當如是之眾，則古固有連坐之刑，今
文家雖設不孥之義，猶非所語於軍刑也。[043]古女子亦從軍，故亦可為廝
役。[044]〈費誓〉言「臣妾逋逃」，又云「無敢誘臣妾」，蓋指是。平時則舂
藁而外，亦使之釀酒。《墨子》云「婦人以為舂酋」是也。[045]〈天志下〉。
《說文》：酋，繹酒也。《周官》酒人，女酒三十人，奚三百人。《注》曰：
「女酒，女奴曉酒者」，惠士奇《禮說》曰：「酒人之奚，多至三百，則古之
酒皆女子為之。」《呂覽·精通》曰：「臣之父不幸而殺人，不得生，臣之
母得生，而為公家為酒。」《周官》禁暴氏，「凡奚隸聚而出入者，則司牧
之。戮其犯禁者」。《注》曰：「奚隸，女奴也。」《疏》曰：「天官酒人、漿
人之等，皆名女奴為奚。」蓋其數亦不少矣。韋昭曰：「善人以婢為妻，生
子曰獲，奴以善人為妻，生子曰臧。齊之北鄙，燕之北郊，凡人男而歸婢
謂之臧，女而歸奴謂之獲。」《文選·司馬子長報任安書》李《注》引。則
奴婢之家屬，亦不得為良人。然脫奴籍初不甚難。《左氏》襄公三十二年：

---

[043]　刑法：今文家不孥之義，非所語於軍刑。
[044]　兵：女亦從軍為廝役。
[045]　階級：女為酒。

「斐豹，隸也，著於丹書。《疏》云：「近《魏律》，緣坐配沒為工樂雜戶者，皆用赤紙為籍，其巷以鉛為軸，此亦古人丹書之遺法。」欒氏之力臣曰督戎，國人懼之。斐豹謂宣子曰：『苟焚丹書，我殺督戎。』宣子喜曰：『而殺之，所不請於君焚丹書者，有如日。』」哀公二年，趙簡子誓曰：「克敵者人臣隸圉免。」則以君命行之而已。後世人君，往往以詔旨釋放奴婢，蓋猶沿自古初也。

《周官》質人：「掌成市之貨賄、人民、牛馬、兵器、珍異。」《注》曰：「人民，奴婢也。」則六國時人民，已可公然賣買矣。唯可賣買也，故亦可贖。[046]《呂覽·察微》言：「魯國之法，魯人為臣妾於諸侯，贖之者取金於府。」亦見《淮南·齊俗》、〈道應〉。《新序·雜事》言：「鍾子期夜聞擊磬而悲，旦召而問之。對曰：臣之父殺人而不得，臣之母得而為公家隸，臣得而為公家擊磬。臣不睹臣之母，三年於此矣。昨日為舍市而睹之，意欲贖之而無財，身又公家之有，是以悲也。」則雖官奴婢，亦可以資取贖矣。

古奴婢皆使事生業，[047] 所謂耕當問奴，織當問婢也。唯如是，故奴婢愈多，主人愈富。《史記·貨殖列傳》謂有童手指千，則比千乘之家，白圭、刁間、蜀卓氏，皆以此起其業焉。其左右使令之事，則以子弟為之。[048] 孔子使闕黨童子將命，《論語·憲問》。子游曰：「子夏之門人小子，灑掃應對進退則可矣。」〈子張〉。其事也。《管子·弟子職》一篇，言之詳矣。親子弟之外，給使亦以童幼。《周官》內豎：「掌內外之通令，凡小事。」《左氏》所載，晉侯有豎頭須，僖公二十四年。士伯有豎侯獳，二十八年。叔孫氏有豎牛。昭公四年。《禮記·曲禮》曰：「長者為庶子賜，少者賤者不敢辭。」《注》曰：「賤者，僮僕之屬。」蓋亦備左右使令者。

---

[046] 階級：《周官》奴婢已可賣，亦可贖。
[047] 階級：古奴婢皆使事生業。
[048] 階級：使令則子弟奴，奴亦以小者。

《周官》司厲：「凡有爵者，與七十者，與未齓者，皆不為奴。」未齓者不
為奴，蓋以其力未足以事生業，當即以之給使令也。

　　唯古以子弟給使令也，故家有待養者，則免其子弟之役。〈王制〉
曰「八十者一子不從政，九十者其家不從政，廢疾非人不養者，一人不從
政」是也。然亦有推及於家之外者。《商君書·竟內》曰：「有爵者乞無爵
者以為庶子，[049] 級乞一人。其無役事也，其庶子役其大夫，月六日。其
役事也，隨而養之。」蓋即《荀子》所謂「五甲首而隸五家」者，〈議兵〉亦
酷矣。

　　《左氏》昭公七年，楚子為章華之宮，納亡人以實之，無宇之閽入
焉。無宇執之。有司執而謁諸王。無宇辭曰：「周文王之法曰：有亡荒閱，
所以得天下也。吾先君文王作《僕區》之法，曰：盜所隱器，與盜同罪，
所以封汝也。」「若從有司，是無所執逃臣也。」「昔武王數紂之罪，以告
諸侯曰：紂為天下逋逃主，萃淵藪，故夫致死焉。君王始求諸侯而則紂，
無乃不可乎？若以二文之法取之，盜有所在矣。」案〈費誓〉言臣妾逋逃，
而《左氏》襄公十年，鄭尉止之亂，亦云「臣妾多逃」，則古奴婢之逃者甚
多。[050] 觀無宇之事，則其主人之追捕亦甚嚴。《周官》朝士：「凡得獲貨
賄、人民、六畜者，委於朝，告於士，旬而舉之。大者公之，小者庶民私
之。」《注》曰：「人民，謂刑人奴隸逃亡者。鄭司農云：若今時得遺物及
放失六畜，持詣鄉亭縣廷。大者公之，大物沒入公家也。小者私之，小物
自畀也。玄謂人民小者，未齓，七歲以下。」此可見古之視奴婢，與貨賄
六畜無異。故陳無宇亦以納亡人與隱器並論也。逋逃主之所以多，則亦利
其力，同於財賄而已矣。

---

[049]　階級：秦以有爵者役無爵者。
[050]　階級：古奴婢逃者甚多。

第十二章　農工商業

▶ 第一節　農業

　　農業惡乎始？曰：始於女子。[051] 社會學家言：邃古生事，大率男子田獵，女子蒐集。蒐集所得，本多植物。又女子多有定居，棄種於地，閱時復生，反覆見之，稍悟種植之理，試之獲效，而農業遂以發明焉。《周官》內宰，上春，詔王后率六宮之人而生穜稑之種。宗廟之禮，君親割，夫人親舂。《穀梁》文公十三年。房中之羞皆籩豆。《禮·有司徹》。摯：卿羔，大夫雁，士雉，庶人之摯匹，婦人之摯，榛榛、脯修、棗慄，《禮記·曲禮》，脯修以其烹調之功。皆農業始於女子之徵也。閱時既久，耕作益精，始舍鉏而用犁；又或能用牛馬；或伐木以闢地；則用力益多，農事乃以男子為主。

　　田獵在邃初，最為普遍。考古家所發掘，各地皆有野人所用兵器，及動物遺骸，一也。全世界人，殆無不食肉者，二也。人之性情，足徵其好田獵；其齒牙，足徵其兼食動植物；三也。昔時言生計進化者，多謂人自漁獵進於畜牧，畜牧進於耕農，其實亦不盡然。蓋有自漁獵進於耕農，亦有自耕農復返於畜牧者。要當視其所處之地，不得一概論也。中國古代，蓋自漁獵逕進於耕農，說見第六章第二節。《禮記·王制》言：東方之夷，被髮紋身，南方之蠻，雕題交趾，皆不火食。西方之戎，被髮衣皮，北方之狄，衣羽毛穴居，皆不粒食。蓋東南地暖，多食植物，西北地寒，多食動物，中國介居其間，兼此二俗。故〈禮運〉言昔者先王未有火化，食草木之實，鳥獸之肉也。農業之始，難質言為何時。《易·繫辭傳》言神農

---

[051]　實業：農業始於女子。

氏斫木為耜，揉木為耒，而《禮記·郊特牲》言伊耆氏始為蠟，說者亦以為神農，則神農時，農業已頗盛矣。〈堯典〉載堯命羲、和四子，曆象日、月、星辰，敬授民時。〈堯典〉固非堯時書，所言亦不必皆堯時事，然天文之學，發明本最早，曆象尤為農業要圖，則此節所言，轉不能斷為附會也。周之先世，后稷、公劉、大王，皆以農業興，則著於《詩》，散見於百家之書，其事彌信而有徵矣。

　　農業之演進，於何徵之？曰：觀其所栽植之物可知也。[052] 古有恆言曰百穀，又曰九穀，又曰六穀，又曰五穀，所植之物遞減，足徵其遺粗而取精。九穀，鄭司農云：黍、稷、秫、稻、麻、大小豆、大小麥，康成謂無秫、大麥而有梁、苽，見《周官》大宰《注》。六穀，司農云：稌、黍、稷、粱、麥、苽，康成同，見《膳夫注》。五穀，《疾醫注》云：麻、黍、稷、麥、豆，蓋據〈月令〉。《史記·天官書》、趙岐《孟子注》、盧辯《大戴記注》、顏師古《漢書食貨志注》皆同。《管子·地員》，五土所生，曰黍、秫、菽、麥、稻。《素問》論五方之穀曰麥、黍、稷、稻、豆。鄭《注職方》同之。其《五常政大論》，又以麻為木穀，火穀則麥、黍互用。所言雖有出入，要之用為食物之主者，由多而少，則必不誣也。《爾雅·釋天》曰：「穀不熟為饑，蔬不熟為饉，果不熟為荒。」則三者古嘗並重。然及後世，除場人有場圃，專事樹藝外，民家但種之宅旁疆畔而已。《周官》大宰九職，二曰園圃，毓草木。《注》：「樹果蓏曰圃，園其樊也。」場人，「掌國之場圃，而樹之果蓏珍異之物」，此專以植果為事者。《公羊》宣公十五年《解詁》云：「瓜果種疆畔。」《穀梁》云：「古者公田為居，井竈蔥薤盡取焉。」則民家之所藝也。大宰九職，八曰臣妾，聚斂疏材，即〈月令〉仲冬所謂「山林藪澤，有能取蔬食，田獵禽獸者，野虞教道之」者也。[053]《管子·八觀》，謂「萬家以下，則就山澤，萬家以上，則去山澤」，可

---

[052]　實業：穀稍重而數減，為農業之演進。
[053]　實業：古山澤之利。

見其養人亦眾。然九職之一曰三農，生九穀，鄭司農云：「三農，平地、山澤也。」則山澤亦藝穀物矣。皆與百穀之遞減而為九、為六、為五同理也。《史記‧循吏列傳》，孫叔敖為楚相，「秋冬則勸民山採，春夏以水，各得其所便，民皆樂其生」。蓋楚地開闢晚故山澤猶有遺利。

　　《淮南‧氾論》曰：「古者剡耜而耕，磨蜃而耨，木鉤而樵，抱甀而汲，民勞而利薄，後世為之耒耜耰鋤，斧柯而樵，桔槔而汲，民逸而利多。」此農具之漸精也。《漢書‧食貨志》言：趙過「能為代田。一畝三甽，歲代處，故曰代田。古法也。后稷始甽田，以二耜為耦，廣尺深尺曰甽，長終畝。一畝三甽。一夫三百甽，而播種於三甽中。苗生葉以上，稍耨隴草，因隤其土，以附苗根。故其詩曰：或藝或芓，黍稷儗儗。藝，除草也。芓，附根也。言苗稍壯，每耨輒附根，比盛暑，隴盡而根深，能風與旱。故儗儗而盛也。其耕耘下種田器，皆有便巧。率十二夫為田一井一屋，故畝五頃。用耦犁，二牛三人。一歲之收，常過縵田畝一斛以上。善者倍之」。齊召南曰：「《周禮》里宰賈《疏》曰：周時未有牛耕，至漢時，趙過始教民牛耕，今鄭云合牛耦可知者，或週末兼有牛耕，至趙過乃絕人耦。葉少蘊曰：古耕而不犁，後世變為犁法，耦用人，犁用牛，過特為增損其數耳，非用牛自過始也。周必大曰：疑耕犁起於春秋之世。孔子有犁牛之言，冉耕字伯牛，〈月令〉出土牛示農耕早晚。按葉、周二說是。但謂古耕而不犁，耕犁起於春秋，亦恐未確。古藉田之禮曰三推，不用犁，安用推乎？」《漢書》殿本《考證》。按齊氏之說是也。古有爰田之法。《公羊》宣公十五年《解詁》曰：「司空謹別田之高下善惡，分為三品：上田一歲一墾，中田二歲一墾，下田三歲一墾。肥饒不得獨樂，磽确不得獨苦。故三年一換主易居。」此爰田之一說也。《周官》司徒：「不易之地家百畝，一易之地家二百畝，再易之地家三百畝。」此爰田之又一說也。[054]《周官》

---

[054]　實業：爰田二說。

之說，蓋施之田多足以給其人之地，《解詁》之說，則施之田少之鄉。三年一換主易居，以均苦樂，則雖中田下田，亦不得不歲墾矣。代田之法，為後世區田之祖，實自爰田變化而來。用此法者，田不必番休，而已獲番休之益，蓋以耕作之精，代土田之不足者也。井田之壞，由阡陌之開，而阡陌之開，實先由土田之不足。觀東周以後，井田之法漸壞，則其田不給授可知。代田之法固宜其繼爰田而興。[055] 託諸后稷誣，謂其起自先秦之世，則必不虛矣。育蠶，《路史‧疏仡紀》引《淮南王蠶經》，謂始黃帝之妃西陵氏，其說自不足信。然《易‧繫辭傳》言：「黃帝、堯、舜垂衣裳而天下治。」《疏》云：「以前衣皮，其制短小，今衣絲麻布帛，所作衣裳，其制長大，[056] 故曰垂衣裳也。」黃帝、堯、舜時，宣告文物，雖不如後世所傳之盛，然已非天造草昧之時，則〈禮運〉所謂「後聖有作，治其麻絲，以為布帛」者，或即指黃帝、堯、舜言之，未可知也。紡織在各民族，皆為婦女之事，故神農之教，謂「一女不織，或受之寒」；《周官》大宰九職，亦曰「七曰嬪婦，化治絲枲」也。後世蠶利盛於東南，古代則不然。〈禹貢〉兗州曰桑土既蠶，青州曰厥篚檿絲，揚州曰厥篚織貝，徐州曰厥篚玄纖縞，荊州曰厥篚玄纁璣組，豫州曰厥篚纖纊；《詩‧豳風》曰蠶月條桑，〈唐風〉曰集於苞桑，〈秦風〉曰止於桑，桑者閒閒詠於魏，鳲鳩在桑詠於曹，說於桑田詠於衛；利實遍江、淮、河、濟之域也。孟子言「五畝之宅，樹之以桑，七十者可以衣帛」，〈梁惠王上〉。足見其為民間恆業矣。

　　田牧自農業興盛後，即不視為要務。田獵之所以不廢，一藉以講武；二習俗相沿，以田獵所得之物為敬；三則為田除害也。《公羊》桓公四年《解詁》曰：「已有三犧，必田狩者？孝子之意，以為己之所養，不如天地

---

[055]　實業：代田之法，由爰田變化而來。
[056]　服飾：衣皮短小，絲麻布帛長大。

自然之牲，逸豫肥美。禽獸多則傷五穀，因習兵事，又不空設，故因以
捕禽獸。所以共承宗廟，示不忘武備，又因以為田除害。」述田獵之意最
備。〈王制〉曰：「天子諸侯無事，則歲三田：一為幹豆，二為賓客，三為
充君之庖。」桓公四年《公羊》、《穀梁》皆同。〈曲禮〉曰：「國君春田不圍
澤，大夫不掩群，士不取麛卵。」〈王制〉曰：「天子不合圍，諸侯不掩群。
天子殺則下大綏，諸侯殺則下小綏，大夫殺則止佐車，佐車止則百姓田
獵。獺祭魚，然後虞人入澤梁；豺祭獸，然後田獵；鳩化為鷹，然後設罻
羅；草木零落，然後入山林；昆蟲未蟄，不以火田。不麛，不卵，不殺胎，
不殀夭，不覆巢。」「子釣而不綱，弋不射宿。」《論語・述而》。《春秋》
之法，不以夏田。《公羊》桓公四年：「春日苗，秋日搜，冬日狩。」《解詁》
曰：「不以夏田者，《春秋》制也。以為飛未去於巢，走獸未離於穴，恐傷
害於幼稚，故於苑囿中取之。」案《穀梁》曰：「春日田，夏日苗，秋日搜，
冬日狩。」《左氏》曰：「春搜，夏苗，秋獮，冬狩。」《周官》、《爾雅》
皆同。蓋農耕之世，田獵之地漸狹，故不得不為是限制也。《左氏》襄公
三十年，「豐卷將祭，請田焉，勿許，曰：唯君用鮮，眾給而已」，則祭祀
亦不能皆用自然之牲矣。〈月令〉孟夏，驅獸毋害五穀。《周官》有獸人、
掌罟田獸。射鳥氏、掌射鳥。羅氏、掌羅烏鳥。冥氏、掌攻猛獸。穴氏、
掌攻蟄獸。蟈蔟氏、掌覆夭鳥之巢。庭氏掌攻國中之夭鳥。諸官，蓋亦以
為田除害。其跡人、川衡、澤虞之官，則所以管理漁獵者也。孟子言文王
之囿，方七十里，民猶以為小，齊宣王之囿，方四十里，民則以為大。固
由文王之囿，芻蕘者往焉，雉兔者往焉，與民同之，而宣王之囿，殺其麋
鹿者，如殺人之罪。〈梁惠王下〉。然文王所以能有七十里之囿，與民同之
者，亦以其時曠土尚多，山澤之利未盡也。春秋、戰國時，列國之君，猶
皆有苑囿，如《左氏》僖公三十三年言鄭有原圃，秦有具囿是也。觀《公
羊》夏不田取諸苑囿之說，則田獵限於苑囿，其初已為美談，而後世更以

弛苑囿與民為德政，可以覘生業之變遷矣。

　　動物之用有四：肉可食，一也。皮、革、齒、牙、骨、角、毛、羽，可為器物，二也。牛馬可助耕耘，又可引重致遠；鷹犬可助田獵；三也。以共玩弄，四也。此畜牧之業所由起也。《周官》大宰九職，四曰藪牧，養蕃鳥獸；載師以牧田任遠郊之地；皆官以畜牧為事者。角人，掌徵齒角、凡骨物於山澤之農；羽人，掌徵羽翮於山澤之農；則取之於民，官不自為畜善矣。牧人、掌牧六牲。六牲謂馬、牛、羊、豕、犬、雞。牛人、掌養國之公牛。充人、掌系祭祀之牲牷。雞人、掌共雞牲。羊人掌羊牲。皆以共祭祀、賓客之用。羊人之職云：「若牧人無牲，則受布於司馬，使其賈買牲而共之」，則雖祭祀賓客之用，官亦不能盡具，可見牧業之微。[057] 官家所最重者為馬政。有校人以掌王馬之政，巫馬、牧師、廋人、圉師、圉人屬焉。民間之牛馬，則由縣師簡閱。蓋以有關戎事，兼助交通故也。民間畜養，牛馬而外，犬豕與雞為多。[058]《孟子》言「雞、豚、狗、彘之畜，無失其時，七十者可以食肉矣」。〈梁惠王上〉。《記》言「問庶人之富，數畜以對」。〈曲禮〉。《管子》云：「若歲凶旱水泆，民失本，則修宮室臺榭，以前無狗、後無彘者為庸。」〈山權數〉。案動物之與人親，最早者為犬，犬可助田獵，故古男子多畜犬。而彘最弱，須防衛。於文，家從宀從豕，或說為豭省聲，非也。且從豭與從豕何異？蓋家之設本所以養豕，後乃變為人之居。女子居處有定，畜彘古殆女子之事也。〈月令〉：孟春之月：「命祀山林川澤，犧牲毋用牝。」其愛惜物力之意，亦與田獵之法同。

　　魚在古昔，蓋亦為女子之事，[059] 故「教成之祭牲用魚」。《禮記·祭義》。陳乞謂諸大夫亦曰「常之母有魚菽之祭」也。《公羊》哀公六年。古人重武事，獵可講武，而漁則否，故《春秋》隱公五年，公觀魚於棠，臧

---

[057]　實業：牧人無牲使賈買。此見官家之業日微。
[058]　實業：多畜雞犬豕。
[059]　實業：漁亦女子事。

哀伯諫，謂「山林川澤之實，器用之資，皁隸之事，官司之守，非君所及」也。見《左氏》。司其事者：〈月令〉季夏，命漁師伐蛟，取鼉，登龜，取黿。《周官》有　人，掌以時　為梁；鱉人，掌取互物；掌蜃，掌斂互物、蜃物；蓋官自取其物。〈月令〉孟冬，乃令水虞、漁師，收水泉池澤之賦；《周官》　人，凡　徵入於王府；則取之於民者也。漁業蓋以緣海為盛。故《史記》言大公封於齊，通魚鹽；〈貨殖列傳〉。《左氏》昭公三年，晏子述陳氏厚施，謂「魚鹽蜃蛤，弗加於海」也。其川澤之地，則《孟子》言數罟不入汙池，〈王制〉言獺祭魚然後虞人入澤梁，其規制亦頗嚴。

　　洪荒之世，林木率極茂盛。斯時為墾闢計，多斬刈焚燒之。《孟子》言洪水未平，「草木暢茂」，「益烈山澤而焚之」是也。〈滕文公上〉。墾闢愈廣，林木愈希，遂須加以保護。《孟子》言「斧斤以時人山林」，〈梁惠王上〉。〈曲禮〉言「為宮室不斬於丘木」是也。《左氏》昭公十六年：「鄭大旱。使屠擊、祝款、豎柎有事於桑山。斬其木。不雨。子產曰：有事於山，藝山林也，而斬其木，其罪大矣。奪之官邑。」可見其法之嚴矣。政令之可考者：〈月令〉季夏：「乃命虞人，入山行木。毋有斬伐。」「命澤人，納材葦。」季秋：「草木黃落，乃伐薪為炭。」仲冬：「日短至，則伐木取竹箭。」《周官》山虞：「掌山林之政令，物為之厲而為之守禁。」「令萬民時斬材，有期日。」「凡竊木者有刑罰。」林衡：「掌巡林麓之禁令而平其守。」皆其事也：然濫伐仍在所不免。《孟子》曰：「牛山之木嘗美矣，以其郊於大國也，斧斤伐之，可以為美乎？是其日夜之所息，雨露之所潤，非無萌蘖之生焉，牛羊又從而牧之，是以若彼濯濯也。」則幾成童山矣。《告子上》。《戰國·宋策》：墨子謂公輸般：「荊有長松、文梓、梗楠、豫章，宋無長木。」西戎板屋，漢世猶然。見《漢書·地理志》。內地繁富之區，林木必不如緣邊之盛，[060] 實古今一轍也。《周官》司險，設國之五溝

---

[060]　實業：古林盛於緣邊。

五塗，而樹之林以為阻固。此乃為設險計。[061] 天下一統之後，唯恐交通之不利，此等林木，更逐漸劃除以盡矣。

《管子‧地數》言：葛盧、雍狐之山，發而出水，金從之，蚩尤受而制之以為兵，已見第七章第一節。《韓非‧內儲說》，亦言荊南之地，麗水之中生金，人多竊採，則古所取者，似多水中之自然金。然〈地數〉又曰：「上有丹砂者，下有黃金；上有慈石者，下有銅金；上有陵石者，下有鉛、錫、赤銅；上有赭者，下有鐵；此山之見榮者也。」又曰：「山上有赭者，其下有鐵；上有鉛者，其下有銀。一曰：上有鉛者，其下有鈆銀；上有丹砂者，其下有鈆金；上有慈石者，其下有銅金；此山之見榮者也。」又曰：「山上有赭者，其下有鐵；上有鉛者，其下有銀。一曰：上有鉛者，其下有銀；上有丹砂者，其下有金；上有慈石者，其下有銅金；此山之見榮者也。」則已知察勘礦苗之法矣。蓋始取之於水，後求之於山。《淮南‧本經》，謂衰世「鐫山石，鍥金玉，擿蚌蜃，消銅鐵，而萬物不滋」，可見其開採之盛。無怪〈地數〉言出銅之山四百六十七，出鐵之山三千六百九，舉天下礦產，且若略有會計也。《周官》丱人：「掌金、玉、錫、石之地，而為之厲禁以守之。若以時取之，則物其地圖而授之。」《注》云：「物地占其形色，知鹹淡也。」《疏》云：「鄭以當時有人採者，嘗知鹹淡，即知有金玉。」此亦勘察之一法，惜其詳不可得聞也。

古農業之勝於後世者，有兩端焉：一曰水利之克修。《周官》遂人云：「夫間有遂，遂上有逕，十夫有溝，溝上有畛，百夫有洫，洫上有塗，千夫有澮，澮上有道，萬夫有川，川上有路，以達於畿。」匠人云：「匠人為溝洫。耜廣五寸，二耜為耦。一耦之伐，廣尺深尺，謂之畎。田首倍之，廣二尺，深二尺，謂之遂。九夫有井，井間廣四尺，深四尺，謂之溝。方十里為成，成間廣八尺，深八尺，謂之洫。方百里為同，同間廣二尋，深

---

[061] 實業：樹木為阻固，一統則無須。

二仞，謂之澮。專達於川。」《注》雖以為二法，然釋遂人遂、溝、洫、澮之深廣，皆與匠人同，則其實不異也。[062] 古溝洫之制，或疑其方罫如棋局，勢不可行，則此本設法之談。又或疑其費人力大多，勢不能就，則靡以歲月而徐為之，又何不可致之有？古土地皆公有，各部族各有其全域性之規劃，農業部族之共主，與田獵畜牧之族，徒恃戰伐者不同，亦以其能救患分災；設有巨工，則能為諸部族發蹤指示也。觀無曲防，無遏糴，列於葵丘之載書；而城周，城杞，亦由當時之霸主，合諸侯而就役可知。恤鄰且然，況於為己？有不及者，督責而指道之。不相協者，整齊而畫一之。謂始皇能合秦、趙、燕之所築者，以為延袤萬里之長城，而自神農至周，不能合諸部族之水工，以為中原方數千里之溝洫，吾不信也。農田水利，相依為命，古水利之修治如此，較之土地私有，政治闊疏之世，人民莫能自謀，官吏亦莫能代謀；川渠聽其湮塞，堤防聽其廢壞，林木聽其斫伐，旱乾水溢，習為故常，轉徙流離，諉諸天數者，其不可同年而語明矣。一曰農政之克舉。古多教稼之官，亦有恤農之事。[063] 〈噫嘻〉鄭《箋》，謂古三十里為一部，一吏主之，此即所謂田畯。古之吏，於農事至勤，固多督促之意，《禮記‧曲禮》曰：「地廣大，荒而不治，此亦士之辱也。」《管子‧權修》曰：「土地博大，野不可以無吏。」此士與吏，即田畯之儔。〈月令〉孟夏：「命野虞出行田原，為天子勞農勸民，毋或失時。命司徒巡行縣鄙，命農勉作，毋休於都。」仲秋：「乃勸種麥，毋或失時。乃命有司，趣民收斂。務畜菜，多積聚。」季冬：「令告民出五種。命農計耦耕事。具耒耜。修田器。」一《公羊》宣公十五年《解詁》曰：「民春夏出田，秋冬入保城郭。田作之時，春，父老及里正旦開門坐塾上，晏出後時者不得出，暮不持薪樵者不得入。」《漢書‧食貨志》略同。此等規制，

---

[062]　實業：溝洫非必虛言。
[063]　實業：古教稼之法。

蓋皆世及為禮之大人，所以督責其農奴者，非大同之世所有也。亦時能以其知識，輔道齊民。如《周官》大司徒：「辨十有二壤之物而知其種。」司稼：「巡邦野之稼而辨穜稑之種，周知其名，與其所宜地，以為法而縣於邑閭。」此辨土壤、擇穀種之法也。草人：「掌土化之法，以物地相其宜而為之種。」此變化土壤之法也。〈月令〉季夏：「是月也，土潤溽暑，大雨時行。燒薙行水，利以殺草，如以熱湯。」注：「薙謂迫地芟草也。此謂欲稼萊地，先薙其草，草乾燒之。至此月，大雨，流水潦畜於其中，則草死不復生，而地美可稼也。薙人掌殺草，職曰：夏日至而薙之，又曰：如欲其化也，則以水火變之。」案薙人亦見《周官》，此即所謂火耕水耨也。庶氏，掌除毒蠱；翦氏，掌除蠹物；赤犮氏，掌除牆屋；除蟲豸藏逃其中者。蟈氏，蟈讀如蜮。掌去蛙黽；壺涿氏，掌除水蟲；則除害蟲之法也。《詩·大田》：「去其螟螣，及其蟊賊，毋害我田稚。田祖有神，秉畀炎火。」〈月令〉，孟春：「王命布農事，命田舍東郊，皆修封疆，審端徑術。善相丘陵、阪險、原隰土地所宜，五穀所殖，以教道民，必躬親之。」蓋於督責之中，兼寓教道之意矣。《漢志》農家之書，出於先秦之世者，有《神農》、《野老》；又有《宰氏》，不知何世；今皆無存。古農家之學，尚略見於《管子·地員》、《呂覽·任地》、〈辨土〉、〈審時〉諸篇皆當時農稷之官所發明，而日教道其下者也。以視後世，士罕措心農學；即有之，亦不能下逮；負耒之子，徒恃父祖所傳，經歷所得者，以事耕耘，又迥不侔矣。〈大田〉之詩曰：「曾孫來止，以其婦子，饁彼南畝。田畯至喜，攘其左右，嘗其旨否。」《箋》云：「曾孫，謂成王也，攘讀為饟。饁、饟，饋也。田畯，司嗇，今之嗇夫也。喜讀為饎。饎酒食也。成王來止，謂出觀農事也。親與後世子行，使知稼穡之艱難也。農人之在南畝者，設饋以勸之，司嗇至，則又加之以酒食，饟其左右從行者。成王親為嘗其饋之美否，示親之也。」此說後人多疑之，其實此何足疑？古君民相去，本不甚遠，

讀《金史》之〈昭肅皇后傳〉，則可知矣。昭肅后，唐括氏，景祖后，《傳》曰：「景祖行部輒與偕，政事獄訟，皆與決焉。景祖歿後，世祖兄弟凡用兵，皆稟於后而後行，勝負皆有懲勸。農月，親課耕耘刈獲。遠則乘馬，近則策杖。勤於事者勉之，晏出早歸者訓厲之。」晏子述巡守之禮曰：「春省耕而補不足，秋省斂而助不給。」又引《夏諺》「吾王不遊，吾何以休？吾王不豫，吾何以助」以明之。《孟子·梁惠王下》。知古所謂巡守者，實乃勸農之事，即方伯行邑亦如此，故有召伯聽訟於甘棠下之說也。見《史記·燕世家》。夫如是，安有暴君汙吏，敢剝削其民者哉？古者一夫百畝，又有爰田之法，所耕之地實甚廣，然〈王制〉言：「上農夫食九人，其次食八人，其次食七人，其次食六人，下農夫食五人。」《孟子》同見〈萬章下〉。其所得，無以逾於今江南之農夫，而今江南之農夫，所耕者不逮古三之一也，此蓋地狹人稠，迫之使耕作益精，而智巧亦日出。今日農夫之所知，蓋有古士大夫之所不逮者矣。然人所以駕馭自然之術日精，而人與人之相剝削，則亦愈烈矣。噫！

▶ 第二節　工業

工業何由演進乎？曰：始於分業而致其精；繼以合諸部族之長技而匯於一；終則決破工官之束縛，使智巧之士，人人有以自奮焉；此工業演進之途也。

《考工記》曰：「粵無鎛，燕無函，秦無廬，胡無弓車。粵之無鎛也，非無鎛也，夫人而能為鎛也。燕之無函也，非無函也，夫人而能為函也。秦之無廬也，非無廬也，夫人而能為廬也。胡之無弓車也，非無弓車也，夫人而能為弓車也。」《注》曰：「言其丈夫人人皆能作是器，不須國工。」然則非人人所能作之器，必設官以司其事矣。此蓋大同之世之遺規。今東印度農業共產社會，攻木，搏埴，咸有專職。不事稼穡，祿以代耕。中國

古代，蓋亦如是。王公建國，襲其成法，遂為工官矣。人之才性，各有所宜，而藝以專而益精，習熟焉則巧思自出，不唯舊有之器，製作益工，新器且自茲日出矣。故一部族之中，以若干人專司製造，實工業演進之第一步也。

　　然古代部族，率皆甚小，一部族中，智巧之士有限；抑且限於所處之境，物材不能盡備，利用厚生之事，自亦不能無缺也。而各部族之交通，適有以彌其憾。《考工記》曰：「知者創物，巧者述之，守之世，謂之工。百工之事，皆聖人之所作也。」古無信史，大眾逐漸發明之事，率歸美於一人。《淮南・本經》曰：「周鼎著倕。」注云：「周鑄垂象於鼎。」此殆即《考工記》所謂聖人，如學校之有先聖也。[064]《易・繫辭傳》曰：「備物致用，立成器，以為天下利，莫大乎聖人。」亦此意。其實以一人而有所發明者，甚希，一部族有所專長者則不乏，此亦其所處之境，或其獨有之物產使然也。《記》又言：「有虞氏上陶，夏后氏上匠，殷人上梓，周人上輿。」《注》云：「官各有所尊，王者相變。」此說殊非。虞、夏、殷、周皆異部族，各有所長，故亦各有所貴耳。利用厚生之技，傳布最易。野蠻人遇文明人，尤渴慕如恐不及。蒙古人之人西域，即其明證。《考工記》諸官，或以人稱，或以氏稱。《注》曰：「其曰某人者，以其事名官也。其曰某氏者，官有世功，若族有世業，以氏名官者也。」以氏名官之中，必多異族才智之士，如烏春之於女真者矣。[065]《金史・烏春傳》：「烏春，阿跋斯水溫都部人。以鍛鐵為業。因歲歉，策杖負儋，與其族屬來歸。景祖與之處。以本業自給。」按此所謂以本業自給者，必非烏春一人，正猶突厥本為柔然鐵工也。

　　封建之世，有國有家者，既能廣徠異部族智巧之士；而又能則古昔，

---

[064]　實業：合各部族所長，如烏春之於金。
[065]　實業：《易繫辭傳》、《考工記》之聖人，即先聖之聖。

設專官以處之，「凡執技以事上者，不貳事，不移官」；《禮記・王制》。工業似當猛晉，而不能然者，則以工官之制，亦有其阻遏工業，使之停滯不進者在也。人之才性，各有不同，子孫初不必盡肖其父祖，而古工官守之以世，必有束縛馳驟，非所樂而強為之者矣，一也。工官之長，時曰工師，所以督責其下者甚嚴。〈月令〉：季春，「命工師，令百工，審五庫之量，金、鐵、皮、革、筋、角、齒、羽、箭幹、脂膠、丹漆毋或不良，百工咸理。監工日號，毋悖於時。毋或作為淫巧，以蕩上心。」季秋，「霜始降，則百工休。」孟冬，「命工師效功，陳祭器，案度程，毋或作為淫巧，以蕩上心，必功緻為上。物勒工名，以考其成。功有不當，必行其罪，以窮其情。」《荀子・王制序官》：「論百工，審時事，辨功善，尚完利，便備用，使雕琢文采，不敢造於家，工師之事也。」下乃不得不苟求無過。凡事率由舊章，則無由改善矣二也。封建之世，每尚保守，尤重等級，故〈月令〉再言「毋或作為淫巧，以蕩上心」；《荀子》亦言：「雕琢文采，不敢造於家。」《管子》曰：「菽粟不足，末生不禁，民必有飢餓之色，而工以雕文刻鏤相稚也，謂之逆。布帛不足，衣服無度，民必有凍寒之色，而女以美衣錦繡綦組相稚也，謂之逆。」〈重令〉。此即漢景帝「雕文刻鏤傷農事，錦繡纂組害女紅」詔語所本，原不失為正道，然新奇之品，究以利用厚生，抑或徒供淫樂，實視其時之社會組織而定，不能禁貴富者之淫侈，而徒欲禁止新器，勢必淫侈仍不能絕，而利用厚生之事，反有為所遏絕者矣，三也。《墨子・魯問》：「公輸子削竹木以為鵲，成而飛之，三月不下。公輸子自以為至巧。子墨子謂公輸子曰：子之為雅也，不如匠之為車轄，須臾，斫三寸之木，而任五十石之重，故所為工利於人謂之巧，不利於人謂之拙。」其說是矣。然能飛之械，安見不可為大眾之利乎？《禮記・檀弓》：「季康子之母死。公輸若方小。斂，般請以機封。將從之。公肩假曰：不可，夫魯有初，公室視豐碑，三家視桓楹。般，爾以人之母嘗巧，

則豈不得以？其毋以嘗巧者乎？則病者乎？噫，弗果從。」此則純為守舊之見而已矣。夫如是，故工官之制，本可使工業益致其精，而轉或為求精之累也。

凡制度，皆一成而不易變者也，而社會則日新無已。閱一時焉，社會遂與制度不相中。削足適履，勢不可行，制度遂至名存實亡矣。工官之制，亦不能免於是。工官之設，初蓋以供民用。然其後在上者威權日增，終必至專於奉君，而忽於利民。孟子之詰白圭也，曰：「萬室之國，一人陶，則可乎？曰：不可，器不足用也。」〈告子下〉。明古之工官，皆度民用而造器。然所造之數果能周於民用乎？生齒日繁；又或生活程度日高，始自為而用之者，繼亦將以其所有，易其所無；則相需之數必驟增，然工官之所造，未必能與之俱增也，則民間百業，緣之而起矣。工官取應故事民間所造之器，則自為牟利，相競之餘，優絀立見，則一日盛而一式微矣，況乎新創之器，又為工官所本無者邪？《管子》言四民不可使雜處；《呂覽》言民生而隸之三官；皆見第十一章第四節。《穀梁》亦曰：「古者立國家，百官具，農工皆有職以事上。古者有四民：有士民，有商民，有農民，有工民。」成西元年。《論語》言「百工居肆」。〈子張〉。《國語》言「工商食官」。〈晉語〉。《中庸》曰：「日省月試，餼稟稱事，來百工也。」則古之工人，皆屬於官。然《管子・問篇》曰：「問人工之巧，出足以利軍伍，處可以修城郭，補守備者幾何人？」則名不籍於官，餼不稟於上，非國家之所能知矣。〈治國篇〉曰：「今為末作技巧者，一日作而五日食，農夫終歲之作，不足以自食也。」[066]《史記・貨殖列傳》曰：「用貧求富，農不如工，工不如商。」皆足見民間工業之盛。此固能使智巧日出，民用益周，然菽粟不足，不得事雕文刻鏤，布帛不足，不得事錦繡纂組之義，亦並告朔之餼羊而不存矣噫！

---

[066] 實業：工之利大於農。

▶ 第三節　商業

　　商業之始，其起子部族與部族之間乎？《老子》曰：「郅治之極，鄰國相望，雞狗之聲相聞，民各甘其食，美其服，安其俗，樂其業，至老死不相往來。」據《史記‧貨殖列傳》。《管子》曰：「市不成肆，家用足也。」[067]〈權修〉。《鹽鐵論》曰：「古者千室之邑，百乘之家，陶冶工商，四民之求，足以相更。故農民不離畎畝而足乎田器，工人不斬伐而足乎陶冶，不耕而足乎粟米。」〈水旱〉。蓋古代部族，凡物皆自為而用之，故無待於外也。然智巧日開，交通稍便，分業即漸行於各部族之間。《洪範》八政，一曰食，二曰貨，貨即化，謂變此物為他物也。《孟子》曰：「子不通工易事，則農有餘粟，女有餘布。」〈滕文公下〉。又曰：「一人之身，而百工之所為備，如必自為而後用之，是率天下而路也。」〈滕文公上〉。人無不恃分工協力以生者，自皇古以來即如此，商業之興，特擴而大之而已矣。

　　《易‧繫辭傳》言神農氏「日中為市，致天下之民，聚天下之貨，交易而退，各得其所」。「天下」蓋侈言之。《呂覽‧勿躬》曰：「祝融作市。」祝融即神農也。《書‧酒誥》言：農功既畢，「肇牽車牛遠服賈」；《禮記‧郊特牲》言：「四方年不順成，八蠟不通。」此皆今之作集，商學家所謂定期貿易也。神農時之市，度亦不過如是耳。生計稍裕，則邑居之地，有常設之市。《管子‧乘馬》「方六里命之曰暴，五暴命之曰部，五部命之曰聚，聚者有市，無市則民乏」是也。[068]〈齊策〉：「通都、小縣置社、有市之邑莫不止事而奉王。」則邑不必皆有市。國都所在，市之規模尤大。《考工記》：「匠人營國，面朝後市。」《管子‧揆度》言百乘、千乘、萬乘之國，中而立市是也。藏貨賄之地曰廛，〈王制〉言「市廛而不稅」是也，《注》：「廛，市物邸舍。」案廛為區域之意，不論其為民居與商用，故許行

---

[067]　實業：古家國各自足。
[068]　實業：聚者有，有市之邑，因井田而為市。

踵門見滕文公，言「願受一廛而為氓」也。見《孟子‧滕文公上篇》。邑以外之市，則在田野之間，《公羊解詁》所謂「因井田而為市」；宣公十五年。《孟子》所謂「有賤丈夫焉，必求龍斷而登之」者也。〈滕文公下〉。《注》：「龍斷，謂堁斷而高者也。左右占望，見市有利，罔羅而取之。」案登高則所見者遠，招徠買者易，而人亦易見之也。城市之間，亦有作小賣買者則《周官》所謂販夫販婦，[069] 司市、大市，日昃而市，百族為主。朝市，朝時而市，商賈為主。夕市，夕時而市，販夫販婦為主。又廛人掌斂總布。杜子春云：「總當為儳，謂無市立持者之稅也。」康成不從然注肆長敘其總布取之。又《詩‧有瞽箋》云：「簫，編小竹管，如今賣餳者所吹也。」此即《說文》所謂衒，[070]《說解》曰：「行且賣也。」其規模彌小矣。

都邑中市，國家管理之頗嚴。[071]〈王制〉曰：「有圭璧、金璋，不粥於市。命服、命車，不粥於市。宗廟之器，不粥於市。犧牲，不育於市。布帛精粗不中度，幅廣狹不中量，不粥於市。奸色亂正色，不粥於市。錦文、珠玉成器，不粥於市。衣服、飲食，不粥於市。五穀不時，果實未熟，不粥於市。木不中伐，不粥於市。禽獸、魚鱉不中殺，不粥於市。」一以維當時之所謂法紀，一以防商人之欺詐也。《周官》所載，有胥師以察其詐偽，各掌其次之政令，而平其貨賄，憲刑禁焉。察其詐偽飾行儥慝者而誅罰之。聽其小治小訟而斷之。有賈師以定其恆賈，凡天患，禁貴儥者，使有恆賈。四時之珍異亦如之。有司虣以禁其鬥囂，掌憲市之禁令，禁其鬥囂者，與其虣亂者，出入相陵犯者，以屬遊飲食於市者。若不可禁，則搏而戮之。有司稽以執其盜賊，掌巡市而察其犯禁者，與其不物者而搏之。掌執市之盜賊，以徇，且刑之。有胥以掌其坐作出入之禁令，各掌其所治之政，執鞭度而巡其前，掌其坐作出入之禁令，襲其不正。凡有

---

[069]　實業：壟斷，販夫販婦。
[070]　實業：衒。
[071]　實業：管理商人頗嚴。

罪者，撻戮而罰之。有肆長以掌其物之陳列，各掌其肆之政令，陳其貨
賄，名相近者相遠也，實相近者相邇也，而平正之。而司市總其成。《注》
云：「司市，市官之長。」又云：「自胥師以及司稽，皆司市所自闢除也。
胥及肆長，市中給徭役者。」又有質人以掌其質劑、書契、度量、淳制。
掌成市之貨賄、人民、牛馬、兵器、珍異。凡賣者質劑焉。大市以質，小
市以劑。掌稽市之書契。同其度量。一其淳制。凡治質劑者，國中一旬，
郊二旬，野三旬，都三月，邦國期。期內聽，期外不聽。案小宰八成，
七日聽賣買以質劑，《注》引鄭司農曰：「質劑，謂市中平賈，今時月平是
也。」又曰：「玄謂兩書一札，同而剒之，長曰質，短曰劑。傅別質劑，
皆今之券書也，事異，異其名耳。」質人《注》云：「大市人民牛馬之屬用
長券，小市兵器珍異之物用短券。」[072] 淳淳制：杜子春云：「淳當為純。
純謂幅廣，制謂匹長也，皆當中度量。」後鄭云：「淳讀如淳屍盥之淳。」
《疏》云：「杜子春云，淳當為純，純謂幅廣，制謂匹長也者，即丈八尺，
後鄭從之。後鄭不從杜子春純者，純止可為絲為緇，不得為幅廣狹，故讀
從《士虞禮》淳尸盥之淳，故《內宰注》依巡守禮淳四咫，鄭答《志》：咫八
寸，四當為三，三咫，謂二尺四寸也。」凡治市之吏，居於思次。[073] 司司
市職云：「凡市入，則胥執鞭度守門。市之群吏，平肆，展成，奠賈，上
旌於思次以令市。市師涖焉，而聽大治大訟。胥師、賈師涖於介次，而聽
小治小訟。」《注》云：「思次，若市亭，介次，市亭之屬小者。」通貨賄
則以節傳出入之。司市，凡通貨賄，以璽節出入之。司關，掌國貨之節，
以聯門市。凡貨不出於關者，舉其貨，罰其人。凡所達貨賄者，則以節傳
出之。《注》云：「貨節，謂商本所發司市之璽節也。自外來者，則案節而
書其貨之多少，通之國門。國門通之司市。自內出者，司市為之璽節，通

---

[072]　實業：立持。
[073]　實業：案從來商人管理，無如近世之甚者。物買之制馭。

之國門，國門通之關門。」又云：「商或取貨於民間，無璽節者，至關，關為之璽節及傳出之。其有璽節，亦為之傳。傳，如今移過所文書。」有物靡之禁，司市，以政令禁物靡而均市。有偽飾之禁。司市，凡市，偽飾之禁：在民者十有二，在商者十有二，在賈者十有二，在工者十有二。鄭司農云：「所以俱十有二者？工不得作，賈不得粥，商不得資，民不得畜。」後鄭即引〈王制〉以說之。有市刑：小刑憲罰，中刑徇罰，大刑撲罰。較〈王制〉尤嚴矣。《史記．田單列傳》：湣王時，為臨淄市掾，[074] 則古列國之市，皆有官以治之。

賈師之職云：「凡天患，禁貴價者，使有恆賈，四時之珍異亦如之。」司市職云：「凡治市之貨賄、六畜、珍異，亡者使有，利者使阜，害者使亡，靡者使微。」《注》云：「抑其賈以卻之。」朝士職云：「凡民同貨財者，令以國法行之，犯令者罰之。」《注》云：「鄭司農云：同貨財者，謂合錢共賈者也。以國法行之，司市為節以遣之。玄謂同貨財者，富人畜積者，多時收斂之，乏時以國服之法出之，雖有騰躍，其贏不得過此，以利出者與取者。過此則罰之，若今時加貴取息坐臧。」小宰之質劑，司農以漢之月平釋之，雖不必確，然漢之有月平章章矣。漢有月平，亦必沿之自古也。《左氏》稱晉文之治，「民易資者，不求豐焉」。僖公二十七年。《史記．循吏列傳》，言子產為相二年，「市不豫賈」，是古之市價，官吏頗能操縱其間也。廛人之職，掌斂市之絘布、列肆之稅布。總布、守斗斛銓衡者之稅。質布、犯質劑者之罰。罰布、犯市令者所罰。廛布，邸舍之稅。而入於泉府，凡珍異之有滯者，斂而入於膳府。泉府，「掌以市之徵布，斂市之不售，貨之滯於民用者，以其賈買之。[075] 物楬而書之，以待不時而買者」。是賣者、買者，皆受公家保護，不虞虧折及昂騰也。《漢書．食

---

[074] 實業：田單為臨淄市掾。

[075] 實業：泉府。

貨志》：王莽下詔曰：「夫《周禮》有賒貸，《樂語》有五均。」《注》引鄧展曰：「《樂語》，《樂元語》，河間獻王所傳，道五均事。」臣瓚曰：「其文云：天子取諸侯之土，以立五均，則市無二賈，四民常均；強者不得困弱，富者不得要貧；則公家有餘，恩及小民矣。」然則古確有平亭市賈之事。陳相謂：「從許子之道，則市賈不貳，國中無偽，雖使五尺之童適市，莫之或欺。布帛長短同，則賈相若。麻縷絲絮輕重同，則賈相若。五穀多寡同，則賈相若。履大小同，則賈相若。」《孟子·滕文公上》。其欲舉不齊之物而使之齊，事固未必能行，然齊市價使不貳，古固不能謂無是事也。此可見商業初興時，尚未盡自由；賈人之牟利，尚時為公家所干涉。然其後商賈之勢益張，政令之力益弱，此等恐悉成虛文矣。不然，管、商輩何為深惡商賈，務欲裁抑之哉？

　　商業之初興也，實凡民之友而非其敵也，[076] 何則？天災人禍之來，通全域性計之，曾不足為人患；就一部落、一氏族言之，則有一蹶而不能復振者矣。庚財、乞糴，非可常恃，故必有商人焉，以己之所饒，易之於外。鄭桓公之遷國，實與商人俱；《左氏》昭公十六年。衛為狄滅，文公通商；閔公二年。晉文公之返國，亦輕關、易道、通商；《國語·晉語》。即以當轉徙破壞之餘，必不可無之物，或有所闕，不得不藉商賈以求之也。斯時之貿易，皆行於部族與部族之間，商人跋涉山川，蒙犯霜露，冒盜賊劫略之險，以為公眾謀，而己不與其利，謂為凡民之友，而非其敵，信不誣矣。然此乃為公產之部族言之，至私產之制興，貿易行於部族之中，商賈各自為謀，而其情勢一變。

　　《管子》曰：[077]「政有緩急，故物有輕重。歲有敗凶，故民有義當作羨。不足。時有春秋，故穀有貴賤。」〈七臣七主〉。又曰：「泰春，泰

---

[076]　實業：商業初興時之利群。

[077]　實業：管子所言之商人。

夏，泰秋，泰冬，此物所以高下之時也。此民所以相併兼之時也。」《山國軌》。案〈輕重乙〉曰：「歲有四秋，物之輕重，相什而相百。」所謂歲有四秋者，謂農事作為春之秋，絲纊作為夏之秋，五穀會為秋之秋，紡績緝屨作為冬之秋也。計然言：「糴二十病農，九十病末，上不過八十，下不過三十，則農末俱利。」《史記‧貨殖列傳》。則三十至八十，實為穀之恆價。而李悝《盡地力之教》，言農民生計，穀石皆以三十計，《漢書‧食貨志》。則自三十以上，利皆入於商人，農民所得，僅其最下之價矣。《管子‧揆度》曰：「今天下起兵加我，君朝令而夕求具，民肆其財物，與其五穀為仇。賈人受而廩之。師罷，萬物反其重，賈人出其財物，國幣之少分，廩於賈人。」然則不論天時人事之變動，賈人皆乘之以獲利，而凡民則舉受其弊也。夫有無之相劑，一以其時，一以其地。以其時者，〈王制〉耕九餘三之法是也。以其地者，若《管子》言：「畝鍾之國，粟十鍾而輻金，山諸侯之國，粟五釜而輻金。」〈輕重乙〉。以其所饒，易其所乏，則地雖異而用各足是也。各地方之豐歉，不必同時，苟能互相調劑，則雖微積貯，而與有積貯者無異；而窖藏不用，同於廢棄之物，咸可用為資本矣。故通商實兩利之道，而通全域性計之，則為利尤溥也。然利皆入於商人，則不蒙其利者，仍與受天災人禍無異，或且加酷焉。是猶舉大眾之積，以奉一二人，而使大眾流為餓莩也。此管、商等所以有抑商之論也。非偏也，商人固剝削兼併之流，而凡民則為所剝削兼併者也。

　　當時在一區域之中，商人所恃以牟利者，蓋以穀及日用所資之物為主，如上文所言是也。其販運於列國之間者，則為各地方所特有之物。[078]《史記‧貨殖列傳》曰：「山西饒材、竹、穀、纑、旄、玉、石；山東多魚、鹽、漆、絲、聲色；江南出枏、梓、薑、桂、金錫連、丹沙、犀、玳瑁、珠、璣、齒、革；龍門、碣石北，多馬、牛、羊、旃裘、筋、角；銅鐵則

---

[078] 實業：古國際貿易。

千里往往山出棋置；此其大較也，皆中國人民所喜好，謠俗、被服、飲食、奉生、送死之具也。」唯如是，故與外國接境之處，商利遂無不饒。〈貨殖列傳〉言：櫟邑北卻戎狄，多大賈；巴、蜀南御滇、僰，僰僮；西近邛、笮，笮馬旄牛；天水、隴西、北地、上郡，西有羌中之利，北有戎翟之畜；楊平、楊陳西賈秦、翟，北賈種、代；上谷至遼東，北鄰烏桓、夫餘，東綰穢貉、朝鮮、真番之利；是其事也。《傳》又言番禺為珠、璣、玳瑁、果、布之湊，珠、璣、玳瑁固漢後與西南洋通所致之物，果亦南方所饒，布疑即木棉所織也，然則海道之通商，亦自先秦時已然矣。[079]〈貨殖傳〉雖太史公所作，然實多取先秦成說，非述當時事也。凡史籍所著，大抵較述作之時為早，正不獨《史記》為然。

　　此等商賈，所販運者，率皆珍貴之品，非平民之所資，故其人恆與王公貴人為緣。「子貢結駟連騎，束帛之幣，以聘享諸侯，所至國君，無不分庭與之抗禮。」〈貨殖列傳〉。正猶蒙古朝廷，樂與西域商人交接矣。當時王公大人用與商人交易者何物乎？予疑其為粟帛，[080]《管子‧山權數》言：「丁氏之家粟，可食三軍之師。」〈輕重丁〉言：「大夫多並其財而不出，腐杇五穀而不散。」有封地徵斂於民者，粟帛固其所饒也。「嬖寵被締絡，雁鶩含餘秫」，亦見〈輕重丁〉。言城陽大夫如是。固不如以易珍奇玩好，而商人得此，則可豪奪吾民矣。夫商賈既日與王公貴人為緣，則其地望宜日尊顯，顧當時視為賤業者？則以坐列販賣，率使賤者為之故也。漢人樂府曰：「孤兒生，孤兒遇生，命當獨苦。父母在時，乘堅車，駕駟馬。父母已去，兄嫂令我行賈，南到九江，東到齊與魯。」王子淵〈僮約〉曰：「舍後有樹，當裁作船，上至江州下到湔，主為府掾求用錢。推訪㕘，販棕索，綿亭買席，往來都落。當為婦女求脂澤，販於小市，歸都儋枲。轉出

---

[079]　實業：先秦已有海道對外商業。
[080]　實業：古貴族用以與商人交易者蓋粟帛。

旁蹉，牽犬販鵝。武都買茶，楊氏儋荷。往來市聚，慎護奸偷。入市不得
夷蹲旁臥，惡言醜罵。多作刀矛，持入益州，貨易羊牛。」雖風謠之辭，
遊戲之文，不為典要，然終必以事實為據，不過或溢其分耳。漢世如此，
先秦可知。〈貨殖傳〉言：「齊俗賤奴虜，刁間獨貴之。」「桀黠奴，人之
所惡也，唯刁間收取，使逐漁鹽商賈之利」，則當時貨殖之家，度亦不過
發蹤指示，未必身居闤闠之間。故曰：「千金之子，不死於市」也。然商
人多周歷四方，熟知民之情偽；又其事本須心計；故其人率有才智，遂能
上游媚王公貴人，以出其利，而下以剝削人民矣。商字之義，本為計度之
辭。[081]《漢書‧食貨志》言耿壽昌以善為算，能商功利，幸於上是也。《白
虎通義》曰：「商之為言章也。」言能計度利害，使之章著也，弦高能卻秦
師，即商人多智之一證。《呂覽‧上農》曰：「民捨本而事末，則好詐，好
詐則巧法令，以是為非，以非為是，不如農人之樸實而易治。」法家所以
重農賤商者，此亦其一原因也。

▶ 第四節　泉幣

　　大同之世，人無所謂自為也，亦無所謂為人。有所為，皆以致諸群，
有所須，亦皆取諸群者也。大同之世既逝，人不能無彼我之分。有所效於
其群者，必求所以為償，乃不得不計其值。計其值之物，則泉幣也。甲以
物與乙，乙以幣與甲，雖若兩人相授受，然甲將來以幣易物，不必更求之
乙，凡一切人之物，皆可易取焉，此即甲非以物授乙，而先致諸其群，由
群更以授乙之明證。特其授受之間，群無代表，而即藉甲乙之手以行之
耳。職是故，為錢幣之物，乃不得不為眾所同欲。[082]

　　《漢書‧食貨志》云：「凡貨，金錢布帛之用，夏、殷以前，其詳靡記

---

[081]　實業：商為計度之辭。
[082]　錢幣：錢幣具公的性質。

云。」此說最為得實。[083]《史記・平準書》云：「虞、夏之幣，金為三品：或黃，或白，或赤，或錢，或布，或刀，或龜貝。」數語附著簡末，必後人記識，溷入本文者也。《漢志》又云：「大公為周立九府圜法。黃金方寸而重一斤。錢圜函方，輕重以銖。布帛廣二尺二寸為幅，長四丈為匹。」「大公退，又行之於齊。」案《史記・貨殖列傳》言管子設輕重九府；〈管晏列傳〉言吾讀管氏〈牧民〉、《山高》、〈乘馬〉、〈輕重〉、〈九府〉；則九府圜法，實齊中葉後事，云大公為周立者妄也。此三物者，布帛及錢，蓋以供平民之用，黃金則貴族豪商用之，然已非其朔矣。何則？交易之興，由來甚舊，蓋衣皮之世即有之，安所得束帛而用之？而亦安能鑄金為錢也？故言中國之泉幣者，必當以貝與皮為最早。

　　《說文》曰：「古者貨貝而寶龜，周而有泉，至秦廢貝行錢。」此語亦較《漢志》為確。《詩・菁菁者莪箋》云：「古者貨貝，五貝為朋。」《禮記・少儀》曰：「臣如致金、玉、貨、貝於君」，可見作《記》時貝尚通行也。《鹽鐵論・鑄幣》曰：「夏后氏以玄貝，周人以紫石，後世或金錢刀布。」其言亦必有所據。《士喪禮注》云：「貝，水物，古者以為貨，江水出焉。」蓋南方業漁之民所用，貨財等字，無不從貝者，可見其通行之廣。錢圜函方，蓋以象貝，《說文》云：貫，錢貝之貫也。知古之用貝，如後世之用錢也。皮則田獵之民用之，國家相沿以為幣，民間亦用焉。如婚禮之納幣。逮農耕之世，則通用粟，《詩》言握粟出卜，《孟子》言許行衣、冠、械、器，皆以粟易之是也。〈滕文公上〉。粟值賤而重，故又多用布帛，《詩》言「抱布貿絲」是矣。金可分合，便貯藏，用為幣本最善，然古金價甚貴，雖銅錢，亦未必能供零星貿易之用，況黃金乎？故知其僅行於貴族豪商之間也。計然言糴二十病農，九十病末，上不過八十，下不過三十則

---

[083]　錢幣：錢幣緣起，《平準書》、《漢志》皆不足信。古者貨貝。獵民皮農民粟。珠玉黃金用於貴族，交易盛而黃金重。古珠玉黃金略有與錢相權之價。母子錢之利病。

農末俱利，古權度於今三之一，則在戰國時，今粟一石，價不過九十至二百四十錢也。

　　然當時輕重家言，恆以金粟相權，而珠、玉、黃金，亦同稱為幣，其故何也？曰：泉幣行於小民若豪貴間者，本不同物，今猶如是也。貴人之寶珠、玉、金、銅，蓋以供玩弄，故珠玉之價，尤貴於黃金。《管子・侈靡》：「天子藏珠玉，諸侯藏金石。」其後稍用以資交易，而金之為用，乃勝於珠玉焉。《管子》曰：「玉起於禹氏，金起於汝、漢，珠起於赤野，東西南北，距周七千八百里，《通典》引作七八千里。水絕壞斷，舟車不能通，先王為其途之遠，其至之難，故託用於其重。以珠玉為上幣，以黃金為中幣，以刀布為下幣。」〈國蓄〉。〈地數〉、〈揆度〉、〈輕重乙〉略同。又曰：「湯七年旱，禹五年水。湯以莊山之金，禹以歷山之金鑄幣，而贖民之無饘賣子者。」〈山權數〉。《周官》司市：「國凶荒札喪，則市無徵而作布。」《注》曰：「金銅無凶年，因物貴，大鑄泉以饒民。」然則古之作泉，乃歉歲用以求粟於竟外，猶之乞糴也。《管子》言丁氏之藏粟，可食三軍之師，桓公將伐孤竹，以龜為質而假焉，〈山權數〉。古之求粟者，蓋多於此曹，安得無用珠、玉、黃金？商人所用，蓋多銅錢。《國語・周語》：「景王將鑄大錢，單穆公曰：不可，古者天降災戾，於是乎量資幣、權輕重以振救民。民患輕，則為作重幣以行之，於是乎有母權子而行，民皆得焉。若不堪重，則多作輕而行之，亦不廢重，於是乎有子權母而行，小大利之。今王廢輕而作重，民失其資能無匱乎？」此所謂子母相權者，非如近世以銀銅相權，乃大小錢並行，大錢蓋利商賈，商賈流通，則物產外溢，故單穆公又訾其「絕民用以實王府」也。《周書・大匡》：「唯周王宅程三年，遭天之大荒」。「幣租輕，乃作母以行其子」，此即單穆公所謂母權子而行也。《史記・循吏孫叔敖傳》：莊王以為幣輕，更小以為大，百姓不便，皆去其業。市令言之相，相言之王。王許之。下令三日，而市

復如故。莊王之所為，即單穆公所謂廢輕而作重也。古珠、玉、黃金，亦略有與錢相權之價。如《公羊》隱公五年《解詁》言：「古者以金重一斤，若今萬錢。」《管子‧輕重丁》言：「使玉人刻石而為璧，尺者萬泉，八寸者八千，七寸者七千，珪中四千，瑗仲五百」是也，然價大貴，故商民交易，仍不能用。當時列國，蓋以齊為最富。其商業亦最盛。齊竟內蓋誠錢粟並行，故〈輕重丁〉統計四方之稱貸者，凡出泉三千萬，出粟引數千萬鍾；〈國蓄〉言萬室之都，必有萬鍾之藏，藏襁千萬；千室之都，必有千鍾之藏，藏襁百萬也。錢幣誠便民用，然有之則貨財之轉易彌易，儲藏亦益便；操奇計贏者，愈有所資，而好厚藏者，亦益錮其財而不出矣。太史公曰：「維幣之行，以通農商，其極，則玩巧併兼，殖爭於機利，去本趨末。」〈自序〉。今生計學家所言泉幣利病，古人固早燭之矣。

第十三章　衣食住行

▶ 第一節　飲食

　　飲食之演進，一觀其所食之物，一觀其烹調之法。《禮記・禮運》曰：「昔者先王未有火化，食草木之實，鳥獸之肉，飲其血，茹其毛。」《疏》云：「雖有鳥獸之肉，若不能飽者，則茹食其毛，以助飽也。若漢時蘇武，以雪雜羊毛而食之，是其類也。」案人當飢餓時，實無物不食。《詩・豳風》曰：「九月築場圃。」《箋》云：「耕治之以種菜茹。」《疏》云：「茹者，咀嚼之名。以為菜之別稱，故書傳謂菜為茹。」然則古人當不能飽時，亦食草根樹皮也。《管子・七臣七主》曰：「果蓏素食當十石。」《墨子・辭過》曰：「古之民，素食而分處。」素食即疏食，見《月令鄭注》。[084] 疏食有二義：一指穀以外之物，一指穀類之粗疏者，《禮記・雜記》：「孔子曰：吾食於少施氏而飽。少施氏食我以禮。吾祭，作而辭曰：疏食不足祭也。吾飧，作而辭曰：疏食也，不足以傷吾子。」《疏》曰：「疏粗之食。」是後一義也。前一義，後人作蔬以別之，蓋草木較穀食為牷疏，故得疏食之名，後遂引伸以稱穀食之粗疏者也。此漁獵搜採之時所食之物也，逮知耕稼而其勢一變。

　　熟食之始，或則曝之於日，或燒石以熟食物。昔從殘肉及日，《說文》。蓋曝乾之以便貯藏。〈禮運〉云：「夫禮之初，始諸飲食。其燔黍而捭豚，汙尊而抔飲，蕢桴而土鼓，猶若可以致其敬於鬼神。」《注》云：「中古未有釜甑，釋米，捭肉，加於燒石之上而食之耳，今北狄猶然。」

---

[084] 飲食：疏食。

此即今所謂石烹。[085] 逮有陶器，乃知烹煮，並有各種熟食之法。〈禮運〉言，後聖有作，修火之利，以炮、《注》：「裹燒之也！」以燔、《注》：「加於火上。」以烹、《注》：「煮之鑊也。」以炙《注》：「貫之火上。」是也。既能烹煮，則稍知調和。古但煮肉為汁，後人謂之大羹。《士昏禮注》。按汁，古文作清，見《公食大夫禮注》。後世則能和以鹽菜，為鉶羹矣。見〈禮運〉。云汙尊而抔飲者？《注》云：「汙尊，鑿地為尊也。抔飲，手掬之也。」蓋大古僅飲水，是為後世所謂玄酒。《士昏禮疏》云：「相對，玄酒與明水別，通而言之，明水亦名玄酒。」案〈禮運〉云：「玄酒之尚。」〈郊特牲〉作「玄酒明水之尚」。明水二字，乃注語也。〈魏策〉云：「昔者帝女令儀狄作酒。」後人或謂酒始於是，非也。此乃言酒之旨者，非謂前此無酒。《士昏禮疏》云：「汙尊杯飲，謂神農時。雖有黍稷，未有酒醴。後聖有作，以為醴酪，據黃帝以後。」雖出臆度然初有穀時，未必以之為酒，《聘禮注》云：「凡酒，稻為上，黍次之。」《周官·酒正疏》云：「五齊，三酒。」俱用秫、稻、麴糵，鬯酒用黑黍。則說亦可通也。汙尊杯飲，自是飲水，《疏》謂鑿地盛酒，非。《周官》酒正有五齊、三酒、四飲，四飲最薄，五齊次之，三酒最後，而昔人以五齊祭，三酒飲，可見酒味之日趨於厚矣。祭禮多存古制，如玄酒明水是也。

公產之世，飲食亦必公，[086] 斯巴達之食堂，即其遺制，非霸者所能強為也。《禮記·禮器》曰：「周禮其猶醳與？」《注》曰：「王居明堂之禮，仲秋乃命國醳。」此即後世之賜酺。獨酌本非所禁，亦不能禁，古所禁者，皆群飲也。[087] 〈酒誥〉曰：「群飲，女勿佚，盡執拘以歸於周，予其殺。」當酒禁甚嚴之世，猶或甘冒司敗之誅，蓋由積習已深，猝難改易。《易·序卦傳》曰：「飲食必有訟。」即因群聚易致爭鬨，非爭食也。當此

---

[085]　飲食：最古烹調之法。
[086]　飲食：古飲食必公。
[087]　飲食：古所禁皆群飲。

之時，其所食之物，亦必無異，故許行謂「賢者與民並耕而食，饔飧而治」也。《孟子·滕文公上》。然至後來，則顯分等級矣。《左氏》：齊師伐魯，魯莊公將戰，曹劌請見，其鄉人曰：「肉食者謀之，又何間焉？」莊公十年。《注》：「肉食，在位者。」《疏》云：「昭四年《傳》說頒冰之法云：食肉之祿，冰皆與焉。大夫命婦喪浴用冰，則大夫以上，乃得食肉。」是唯貴者乃得食肉也。〈王制〉言六十非肉不飽，《孟子》言七十可以食肉，〈梁惠王上〉。是唯老者乃得食肉也。而食肉之中，又分等級。古男子多畜犬，女子多畜豕。見第十二章第一節。鄉飲酒之禮：「其牲狗。」《禮記·鄉飲酒》。〈士昏禮〉：「舅姑入室，婦以特豚饋。」《禮記·昏義》。〈越語〉：「生丈夫者二壺酒，一犬；生女子者，二壺酒，一豚。」《吳越春秋·勾踐伐吳外傳》同。蓋各因其所牧以為饌。馬、牛、羊、豕、犬、雞，並稱六畜，農耕之世，牧地既少，馬、牛、羊皆不能多畜；馬、牛又須供耕田服乘之用；而犬、豕與雞，遂為常食，魚鱉不待畜，尤為饒多。[088]〈王制〉曰：「國君無故不殺牛，大夫無故不殺羊，士無故不殺犬豕。」亦見〈玉藻〉。《國語·楚語》：屈建曰：「祭典有之曰：國君有牛享，大夫有羊饋，士有豚犬之獻，庶人有魚炙之薦。」又觀射父曰：「天子舉以大牢，祀以會。諸侯舉以特牛，祀以大牢。卿舉以少牢，祀以特牛。大夫舉以特牲，祀以少牢。士食魚炙，祀以特牲。庶人食菜，祀以魚。」《詩》：「牧人乃夢，眾唯魚矣」，「大人占之，眾唯魚矣，實唯豐年。」《箋》云：「魚者，眾人之所以養也。今人眾相與捕魚，則是歲熟相供養之祥。」案孟子言：「雞豚狗彘之畜，無失其時，七十者可以食肉。」又言：「數罟不入汙池，魚鱉不可勝食。」與「不違農時，穀不可勝食」並言，蓋以為少者之食。《公羊》言晉靈公使勇士殺趙盾，窺其戶，方食魚飧。勇士曰：嘻，子誠仁人也。為晉國重卿，而食魚飧，是子之儉也。宣公六年。則魚飧實賤者之

---

[088]　飲食：六畜、魚鱉為常食。

食，鄭《箋》之言是也。此同一肉食，又因難得易得而分等級也。而晚周
貴族之侈靡，尤有可怵目劌心者。《墨子‧辭過》曰：「古之民，未知為飲
食時，素食而分處。故聖人作，誨男耕稼樹藝，以為民食。其為食也，足
以增氣充虛強體充腹而已矣。故其用財節，其自養儉，民富國治。今則不
然，厚斂於百姓，以為美食芻豢。蒸炙魚鱉，大國累百器，小國累十器，
前方丈。《孟子‧盡心下》：「食前方丈。」趙《注》：「食列於前方一丈。」
目不能遍視，手不能遍操，口不能遍味。冬則凍冰，夏則飾饐。人君為飲
食如此，故左右象之，是以富貴者奢侈，孤寡者凍餒，雖欲無亂，不可得
也。」案古人常食，不過羹飯。[089]〈王制〉曰：「羹食，自諸侯以下至於庶
人，無等。」《注》曰：「羹食，食之主也。」《疏》曰：「此謂每日常食。」
《左氏》隱西元年言潁考叔有獻於公，公賜之食。食舍肉。公問之，對曰：
小人有母，皆嘗小人之食矣，未嘗君之羹，請以遺之。《注》曰：「宋華元
殺羊為羹享士，蓋古賜賤官之常。」《疏》曰：「《禮》公食大夫，及〈曲禮〉
所記大夫士與客燕食，皆有牲體殽胾，非徒設羹而已。此與華元享士，唯
言有羹，故疑是賜賤官之常。」案《論語‧雍也》：孔子稱顏回一簞食，一
瓢飲，〈述而〉自言飯疏食飲水。〈鄉黨〉記孔子雖疏食菜羹，必祭。《孟
子‧告子上》言簞食豆羹。《禮記‧檀弓》言黔敖左奉食，右執飲。《墨子‧
節用》稱堯黍稷不二，羹胾不重。《戰國‧韓策》張儀言韓「民之所食，大
抵豆飯藿羹」，皆古常食以羹飯為主之徵也。《禮記‧曲禮》曰：「凡進食
之禮：左殽右胾，食居人之左，羹居人之右。膾炙處外，醯醬處內。蔥渫
處末，酒漿處右。以脯修置者，左朐右末。」《管子‧弟子職》曰：「凡彼
置食：鳥獸魚鱉，必先菜羹。羹胾中列，胾在醬前。其設要方。飯是為
卒，左酒右醬。」所加者，一不過殽胾、膾炙、醯醬、蔥渫、酒漿，一不
過酒醬及肉，然為大夫士與賓客燕食及養老之禮矣。如所言列之，方不逾

---

[089]　飲食：羹食為常。

尺，而當時貴人，至於方丈。《周官》膳夫，凡王之饋：食用六穀，見第
十二章第一節。膳用六牲，飲用六清，水、漿、醴、涼、醫、酏。羞用百
有二十品，即庶羞，出於牲及禽獸，以備滋味。據《鄭注》，即《禮記・
內則》膳膷臐膮醢至樝梨薑桂一節所言各物，唯數不及百二十耳。珍用八
物，《注》云：淳熬、淳母、炮、牂、擣珍、漬、熬、肝膋，亦見〈內則〉。
醬用百有二十甕。《注》云：醯醢，見醯人職。食醫云：掌和王之六食、
六飲、六膳、百羞、百醬、八珍之齊。王日一舉，鼎十二物皆有俎。齊則
日三舉。有小事而飲酒，謂之稍事，此後鄭說：司農以為非日中大舉時而
閒食。設薦脯醢。內羞則籩人供四籩之實，醢人供四豆之實。賓客之食，
詳見《禮經・聘禮》、《周官》掌客、大行人；士夫家飲食，詳見《禮記・
內則》；其侈亦相等。至於平民，則有啜菽飲水，並養老之禮而不能盡者。
〈檀弓〉。孔子言：「太古之民，秀長以壽者，食也。今之民，羸醜以眊者，
事也。」《大戴記・千乘》。蓋凡民皆食少事煩，遂至形容枯槁矣。〈曲禮〉
曰：「歲凶，年不順成，君膳不祭肺。」〈玉藻〉謂年不順成，則天子食無
樂。又言「至於八月不雨，君不舉」。〈王制〉曰：「三年耕，必有一年之
食。九年耕，必有三年之食。以三十年之通，雖有凶旱水溢，民無菜色，
然後天子食，日舉，以樂。」雖已非饗殺而治之規，猶略存同甘共苦之
意，後世則並此而不能行，遂至於「狗彘食人食」，而「塗有餓莩」矣。《孟
子・梁惠王上》。豈不哀哉？

　　〈郊特牲〉曰：「凡飲，養陽氣也。」〈射義〉曰：「酒者，所以養老也，
所以養病也。」《周官》疾醫，以五味、五穀、五藥養其病。瘍醫亦曰：以
五味節之，《注》曰，五味：醯、酒、飴、蜜、薑、桂、鹽之屬。蓋酒有
興奮之用，故古人謂可扶衰起病也。《周官》漿人，六飲有涼。司農曰：
「涼，以水和酒也。」其說必有所本。[090]《韓詩》說酒器曰：一升曰爵，二

---

[090]　飲食：古飲酒以水和之。

升曰觚，三升曰觶，四升曰角，五升曰散，觚、觶、角、散，總名曰爵。
其實曰觴，觴者，餉也。觥亦五升，所以罰不敬。古《周禮》說：爵一升，
觚三升，獻以爵而酬以觚，一獻而三酬，則一豆矣。馬季長說：豆當為
斗，與一爵三觶相應。《五經異義》。〈玉藻〉曰：「君子之飲酒也，受一爵
而色灑如也，二爵而言言斯，三爵而油油，以退。」古權量於今三之一，
三爵略如今一升，此尚近乎情理。《考工記》曰：「食一豆肉，飲一豆酒，
中人之量。」淳于髡說齊王：臣飲一斗亦醉，一石亦醉；《史記·滑稽列
傳》。則大遠乎事情矣。蓋古人之飲酒，皆以水和之，故其多如是。量有
不同，而獻酬所用酒器，大小相等，正以和水多少，各從其便故也。〈樂
記〉曰：「豢豕為酒，非以為禍也，而獄訟益繁，則酒之流生禍也。是故
先王因為酒禮，一獻之禮，賓主百拜，終日飲酒而不得醉焉。此先王之所
以避酒禍也。」此蓋指鄉飲等禮言之。〈賓之初筵〉之詩，極陳時人酒德之
惡。〈酒誥〉曰：「天降威，我民用大亂喪德，亦罔非酒唯行。越小大邦用
喪，亦罔非酒唯辜。」蓋淫酗之習，起於王公大人，而波及於黎庶矣。

　　刺激之品，如茶菸等，皆非古人所有。古人所好，則為香及葷辛。[091]
〈士想見禮〉：「夜侍坐，問夜，膳葷，請退可也。」《注》曰：「膳葷，謂
食之葷辛物，蔥薤之屬，食之以止臥，古文葷作薰。」《疏》曰：「云古
文葷作薰者？〈玉藻〉云：膳於君，有葷桃茢，作此葷。鄭注《論語》作
焄，義亦通，若作薰，則《春秋》一薰一蕕，薰香草也，非葷辛之字，故
疊古文不從也。」案薰與葷雖或相借，然其義自有別。薰指香料，如鬱鬯
是也。《周官·鬯人疏》，謂鬯酒非可飲之物，僅以給浴，然其初必以供飲
也。蔥薤氣雖葷而味非辛，故鄭言之屬以該之。辛蓋指薑桂等物。又《左
氏》昭公二十年：「異如和羹焉，水、火、醯、醬、鹽、梅以烹魚肉。」
《疏》云：「此說和羹而不言豉，古人未有豉也。《禮記·內則》、《楚辭·

---

[091] 飲食：香及葷辛。

招魂》，備論飲食，而不言及豉，史游《急就篇》乃有蕪荑鹽豉。蓋秦、漢以來始為之焉。」此亦古今好尚之異也。

▶ 第二節　衣服

《禮記‧禮運》曰：昔者先王「未有麻絲，衣其羽皮」，後聖有作，「治其麻絲，以為布帛」。

《墨子‧辭過》曰：「古之民未知為衣服時，衣皮帶茭，冬則不輕而溫，夏則不輕而清。聖王以為不中人之情，故作誨婦人，治絲麻，梱布帛，以為民衣。」案古冠之最通用者為弁，弁以皮為之。[092] 甲則後世猶用革。帶用韋，韈亦從韋。屨用皮。此皆衣皮之遺俗。孫詒讓《墨子閒詁》曰：「帶茭，疑即〈喪服〉之絞帶，《傳》云：「絞帶者，繩帶也。」亦即〈尚賢篇〉所謂帶索。」《禮記‧郊特牲》曰：「黃衣黃冠而祭，息田夫也。野夫黃冠，黃冠，草服也。大羅氏，天子之掌鳥獸者也，諸侯貢屬焉。草笠而至，尊野服也。」《詩》云：「彼都人士，臺笠緇撮。」《毛傳》云：「臺所以御暑，笠所以御雨也。」《箋》云：「臺夫須也。」《左氏》襄公十四年，晉人數戎子駒支曰：「乃祖吾離被苫蓋。」《注》曰：「蓋，苫之別名。」《疏》曰：「言無布帛可衣，唯衣草也。」僖公四年：「共其資糧扉屨。」《注》曰：「扉，草屨。」《孟子‧盡心上》：「舜視棄天下，猶棄敝蹝也。」《注》曰：「草履。」此則古所謂卉服。〈禹貢〉冀州島夷皮服，揚州島夷卉服，吾族演進淺時，蓋與夷狄同俗也。《新序‧雜事》：「田贊衣儒衣見荊王。荊王曰：先生之衣，何其惡也？對曰：衣又有惡此者。荊王曰：可得聞邪？對曰：甲惡於此。王曰：何謂也？對曰：冬日則寒，夏日則熱，衣無惡於甲者矣。」此即墨子不輕而清不輕而溫之說，可見知用麻絲，實為衣服之一大變也。既有絲，即有絮纊，《禮記‧玉藻》：「纊為繭褞，縕為袍。」《注》云：「纊謂

---

[092]　服飾：皮服卉服。甲之惡劣者即皮服也。

新綿，緼謂纊及舊絮。」《疏》云：「好者為綿惡者為絮。」《說文》：「絮，敝綿也。」《公羊》昭公二十年《解詁》，又以絮為新綿，蓋皆對文別，散則可以相通。古絮纊頗貴，故必五十乃得衣帛。《孟子・梁惠王上》。貴者以裘禦寒，賤者則衣褐[093]。《詩》「無衣無褐」，《箋》云：「褐，毛布也。」《孟子・滕文公上》「許子衣褐」，《注》云：「褐，以毳織之，若今馬衣。」此古衣服材料之大宗也。

　　《易・繫辭傳》日：「黃帝、堯、舜垂衣裳而天下治。」《疏》日：「以前衣皮，其制短小，今衣絲麻布帛，所作衣裳，其制長大，故日垂衣裳也。」《淮南・氾論》日：「伯余之初作衣也，緂麻索履，手經指掛，其成猶網羅。後世為之機杼勝復，以領其用，而民得以掩形禦寒。」《注》日：「伯余，黃帝臣。《世本》日：伯余製衣裳。一日伯余黃帝。」伯余黃帝之伯余二字，疑衍。謂《世本》——日黃帝作衣裳也。黃帝、堯、舜為古文明昌盛之世，其時有絲麻布帛所作衣裳，蓋可信。謂治其麻絲，即在是時，則未必然矣。

　　皮服卉服，蓋一原於南，一原於北，非卉服，無由知用麻絲，則衣服實起於南也。以材料論如此，以裁製之法論亦然。古之服：蔽上體者為衣。其後分別短者日襦，長者日袍、衫。[094]下體親身者為褌。有襱可蔽脛者日袴。袴，《說文》作絝，云：「脛衣也。襱」，《說文》云：「絝踦也。」即今所謂袴。逼束其脛，自足至膝者日邪幅，亦日逼，即後世之行縢。《詩・采菽箋》。其外為裳。裳之外又有韍，亦日韠，以皮為之，以蔽前。邪幅之外為襪。著於足者為履。覆首者有冕、弁、冠、巾等。此其形制之大略也。案衣服之始，非以裸露為褻，而欲以蔽體，亦非欲以禦寒。蓋古人本不以裸露為恥，冬則穴居或煬火，《莊子・盜跖》：「古者民不知衣服，

---

[093]　服飾：衣牛馬之衣，牛衣及褐也。
[094]　服飾：南方短衣。

夏多積薪，冬則煬之，故命之曰知生之民。[095]」亦不藉衣以取暖也。衣之始，蓋用以為飾，故必先蔽其前，此非恥其裸露而蔽之，實加飾焉以相挑誘。鄭注〈乾鑿度〉，所謂「古者田漁而食，因衣其皮，先知蔽前，後知蔽後」者也。《詩‧采菽》，《左氏》桓公二年《疏》引。夫但知蔽前為韍，兼知蔽後則為裳矣。此即南方民族之幹闌。寒地之人效之，緊束其體，則變為褌，更引而長之，而為之襱以便行動，則成為袴。《淮南‧原道》言九疑之南，「短綣不袴，以便涉遊」，可見袴非南方所有。以此推之，屨襪亦當始於北。古人以跣為敬，[096]蓋以開化始於南方，為禮之所自出，禮也者，反本修古，不忘其初，故沿襲焉而不敢變也。《史記‧叔孫通傳》，言其「短衣楚制」，可見袍衫亦必北人所為。冕弁及冠，古人視之，極為隆重，度其緣起必早，蓋亦當始於南。然亦所以為飾，而非所以取暖也。始製衣服之時不可知，其緣起之地，略可推測則如此。

　　覆首之物，最早者當為帽。《淮南‧氾論》曰：「古者鍪而卷領。」鍪即帽。《說文》：「冒，小兒蠻夷頭衣也。」蓋中國後有冠冕，小兒及蠻夷，則猶沿舊制也。冕為古人所最尊。其制：以木為幹。《周官‧弁師疏》引叔孫通漢禮器制度，廣八寸，長尺六寸。《續漢書‧輿服志》：明帝永平二年（西元 59 年），用歐陽、夏侯說制，廣七寸，長尺二寸。前圓後方。《禮記‧王制疏》引應劭《漢官儀》，廣七寸，長八寸。用布衣之。《論語‧子罕》：子曰：麻冕禮綖也，《禮記‧王制疏》：以三十升玄布為之。裡用朱，不知布繒。上玄下朱，是為延，亦作綖。前俯後仰。黈纊掩聰，纊，薛綜《東京賦注》云：以黃綿大如丸，縣冠兩邊，當耳，後易以玉；曰瑱。縣瑱之繩曰紞。見《左氏》桓公二年《疏》。垂旒蔽明。《禮記‧玉藻》：天子玉藻十有二旒。〈禮運〉云：朱綠藻十有二旒，《周官》弁師，五采繅十有

---

[095]　服飾：無衣時夏則積薪，冬則煬之。
[096]　服飾：以跣為敬？

二就，皆五采玉十有二。注云：合五采為之繩，垂於延之前後，各十二，案垂於後似非蔽明之義。又司服冕服有六，而弁師云掌玉之五冕，《注》言大裘之冕無旒，亦顯與〈郊特牲〉言「祭之日，王被袞以象天，戴冕璪十有二旒」者相背也。〈禮運〉又言鷩衣之冕九旒，毳衣之冕七，希衣之冕五，玄衣之冕三，又推言公、侯、伯、子、男、卿、大夫繅玉之制，皆以意差次，無確據。蓋野蠻時代之飾。弁制略與冕同。所異者，「弁前後平，冕則前低一寸餘耳」。《弁師疏》。《公羊》宣公三年《解詁》曰：「皮弁武冠，爵弁文冠。夏曰收，殷曰冔，周曰弁。加旒曰冕。」〈士冠禮記〉曰：「委貌，周道也；章甫，殷道也；毋追，夏后氏之道也。周弁，殷冔，夏收，三王共皮弁素積。」〈郊特牲〉同。《注》謂其制之異同皆未聞。宋綿初《釋服》云：經意若言委貌弁，章甫冔，毋追收，大同而小異，其說是也。然則弁為初制，冕其後起加飾者耳。《弁師注》：「弁者，古冠之大稱，委貌緇布曰冠。」《疏》云：「六冕皆得稱弁。委貌緇布，散文亦得言弁。」《續漢書·輿服志》：委貌冠、皮弁冠同制，長七寸，高四寸，制如覆杯，前高廣，後卑銳。所謂夏之毋追殷之章甫者也。冠之制則大異。《說文》曰：「冠，絭也，所以絭髮。」蓋古重露髮，故必韜之以縱，〈士冠禮〉：「緇纚廣終幅，長六尺。」結之為紒，然後固之以冠。〈內則〉：子生，「三月之末，擇日，翦髮為鬌，男角女羈，否則男左女右。」《注》云：「鬌，所遺髮也。夾囟曰角，午達曰羈。」《疏》云：「囟是首腦之上縫。夾囟兩方當角之處，留髮不翦。女翦髮留其頂上，縱橫各一，相交通達，不如兩角相對，故曰羈。羈者，只也。」又云：男女未冠笄者總角，則以無笄，直結其髮，聚之為兩角。此古未成人者之髮飾也。其鬌，長大猶存之。謂之髦，以順父母幼小之心。親死，既殯，乃說之，見〈既夕禮〉。其形象，《注》云未聞。《詩·柏舟毛傳》云：「髦者，髮齊眉。」古冠形略如後世之喪冠。中有梁廣二寸。喪冠廣二寸，見〈喪服〉。《疏》云：古冠

當同。冠形穹隆，其長當尺有數寸也。冠之卷謂之武。以布圍髮際，自前而後，及項，則有緌以結之，缺而不周，故謂之缺項。〈士冠禮〉。「居冠屬武。」〈玉藻〉文。居謂燕居。否則冠與武別，臨著乃合之，所謂「有事然後緌」也。亦〈玉藻〉文。緌者，以組二屬於武，結頤下，日纓，有餘，垂為飾，是日緌。冕弁有笄用紘，冠無笄用緌。紘以一條組，於右笄上繫定，繞頤下，上於右相，今之庿字。笄上繞之。以有笄，用力少，故從下而上。冠無笄，用緌力多，故從上而下也。喪冠以繩為組，故緌武同材，見〈雜記〉。冠為成人之服，亦為貴人之服若賤者則唯用巾，故《呂覽》謂庶人不冠弁，〈上農〉。〈釋名〉謂二十成人，庶人巾，士冠也。巾以葛為之，形如帕。《後漢書·郭泰傳注》引周遷《輿服雜事》。〈玉篇〉帕，帽也。巾以覆髻則日幘。〈獨斷〉謂幘古卑賤執事不冠者之所服，後世以巾為野人處士之服，蓋沿之自古也。

　　衣之制僅蔽上體。其長者有著日袍，無著日衫，僅衣之於內，外必以衣裳覆之。凡禮皆重古，故知初唯有短衣，長衣為後起也。衣之制右衽，此為中國所以異於夷狄者，故古人甚重之。《論語·憲問》：子曰：「微管仲，吾其被髮左衽矣。」《禮記·喪大記》：「小斂，大斂，祭服不倒，皆左衽。」《注》：「左衽，衽鄉左，反生時也。」則左衽中國用諸死者。裳幅前三後四，皆正裁。祭服、朝服，襞積無數，喪服則三襞積。《喪服鄭注》。袴原於裳，主為蔽脛，故不縫其當。《漢書·外戚傳》：霍光欲皇后擅寵有子，帝時體不安，左右及醫，皆阿意言宜禁內，雖宮人使令，令皆為窮絝，多其帶，後宮莫有進者。服虔日：「窮袴，有前後當，不得交通也。」師古日：「窮絝，即今之緄襠絝也。」《集韻》：「緄，縫也。」可見裳先而絝後矣。揮亦日褌。《方言》。又日犢鼻，《史記·司馬相如傳》：身自著犢鼻褌，與保庸雜作，滌器於市中。《集解》引韋昭日：「今三尺布作，形如犢鼻。」《三國·魏志·賈逵傳注》引《魏略》日：「少孤家貧，冬常無

袴，過其妻兄柳孚宿，其明，著孚袴去。」可見古人不盡著袴，又可見袴
為後起也。韍，以韋為之。下廣二尺，上廣一尺，長三尺。其制詳見〈玉
藻〉。《詩》言「赤芾在股，邪幅在下」，蓋皆以為飾。其初則所以自逼束，
便行走。故《戰國‧秦策》言蘇秦「羸縢履屏，負書儋橐」也。襪，初用
韋，故其字從韋。屨，〈士冠禮〉曰：「夏用葛，冬皮屨可也。」《周官》屨
人注曰：「復下曰舃，禪下曰屨。《疏》云：下謂底。古人言屨以通於復，
今世言屨以通於禪。」則屨舃均為皮葛通稱。《左氏疏》引《方言》曰：「絲
作者謂之屨，麻作者謂之扉。」僖公四年。《禮記‧少儀》言：「國家靡敝，
君子不履絲屨。」則絲屨君子之所服也。《詩‧葛屨疏》曰：「凡屨，冬皮
夏葛，則無用絲之時，而《〈少儀〉云國家靡敝，君子不履絲屨者，謂皮
屨以絲為飾也，似非。」〈士冠禮〉曰：「素積白屨，以魁柎之。」《注》曰：
「蜃蛤柎注也。」《疏》曰：「以蛤灰塗注於上，使色白。」故《士喪禮》又
言白屨矣。古者席地而坐，故必解屨然後升堂。既解屨，則踐地者襪也，
久立或漬汙，故必解襪然後就席。《左氏》褚師聲子襪而登席，衛出公輒
怒之是其事。哀公二十五年。屨皆說於戶外，唯尊者一人說於戶內。故
曰：「戶外有二屨，言聞則入，言不聞則不入。」〈曲禮〉。又曰：「排闔說
屨於戶內者，一人而已矣。」此禮至後世猶沿之。故漢命蕭何劍履上殿；
衛宏《漢舊儀》，謂掾吏見丞相脫屨；唐劉知幾以釋奠皆衣冠乘馬，猶譏其
襪而軽，跣而鞍；蓋至舉國胡坐時，而後跣禮始廢也。衣之外有帶。帶有
大帶革帶之別。大帶以素絲為之，亦曰鞶。其垂者曰紳。帶之制亦見〈玉
藻〉。《曲禮疏》曰：「帶有二處：朝服之屬，帶高於心，深衣之類，帶下
於脅。何以知然？〈玉藻〉說大帶，三分帶下，紳居二焉。紳長三尺，而
居帶之下三分之二，則帶之去地四尺五寸矣。人長八尺為限，若帶下四尺
五寸，則帶上所餘正三尺五寸，故知朝服等帶則高也。」案革帶為韍佩所
繫，佩有德佩事佩之別，德佩謂玉，事佩則〈內則〉所謂紛帨等也。又有

笏，亦插於帶。笏佩之制，皆見〈玉藻〉。蓋徒以為飾，故其高得如此，若推原其朔，則自當如〈深衣〉之所云也。

　　深衣之制，詳見《禮記‧玉藻》、〈深衣〉兩篇。其制，連衣裳而一之。領曰袷，其制方，後世所謂方領也。《深衣注》曰：「古者方領，如今小兒衣領。」《後漢書‧儒林傳》：「習為方領矩步。」〈馬援傳〉：朱勃衣方領，能矩步；則漢時猶有其制。袷亦曰襘，見《左氏》昭公十一年。衣袂當掖之縫曰袼。「人從脊至肩尺一寸，從肩至手二尺四寸。布幅二尺二寸。衣幅之覆臂者尺一寸。袂屬於衣，長二尺二寸，並緣寸半，二尺三寸半，除縫之所殺各一寸，餘二尺一寸。」《深衣疏》。故曰「袂之長短，反屈之及肘」也。〈深衣〉文。袂圓以應規。〈深衣〉文。袂口曰祛。「祛尺二寸。」〈玉藻〉文。裳十二幅。前後各六。皆以二尺二寸之布破為二。中四幅正裁，上下皆廣一尺一寸，各邊去一寸為縫，上下皆九寸，八幅七尺二寸。又以布二幅斜裁，狹頭二寸，寬頭二尺，各去一寸為縫，狹頭成角，寬頭一尺八寸，皆以成角者向上，廣一尺八寸者向下。四幅，下廣亦得七尺二寸。〈玉藻〉所謂「縫齊倍要」也。《疏》云：「齊裳之下畔。要，裳之上畔。」斜裁之四幅，連於裳之兩旁，名衽。其左連，時曰續衽。其右別用一幅布，上狹下闊，綴於後內衽，使句曲而前，以掩裳際，是謂句邊。江永《深衣刊誤》。「短毋見膚，長毋被土。」〈深衣〉文。衣之裂，與裳後幅之縫，垂直而下，時曰：「負繩及踝以應直。」「下齊如權衡以應平。帶，下毋厭髀，上毋厭脅，當無骨者。」皆〈深衣〉文。以白布十五升為之。《詩‧蜉蝣箋》。緣廣寸半。〈玉藻〉。「具父母，大父母，衣純以繢。具父母，衣純以青。如孤子，衣純以素。」〈深衣〉文。無純者曰襤褸。《說文》：「褸謂之襤褸，襤無緣衣也。」《左氏》宣公十二年：「訓之以若敖、蚡冒，篳路藍縷，以啟山林。」《疏》引服虔曰：「縷破藍藍然。」此別一義，今用之，然以釋《左氏》，恐未當。《戰國策‧齊策》云「下宮揉羅紈，

曳綺縠，而士不得以為緣」，謂此也。古衣裳皆異色，唯婦人之服，上下同色。《詩・綠衣箋》。深衣亦然。士以上別有朝祭之服，庶人則即以深衣為吉服。蓋古男子之好修飾，本甚於女子，古男子為求愛者，女子則操選擇之權。又唯貴族為能盡飾也。然貴族燕居，亦服深衣，即非燕居，深衣之為用亦甚廣，則所謂「可以為文，可以為武，可以擯相，可以治軍旅，完且弗費」者。〈深衣〉文。以簡便切用言，固有不得不然者矣。[097]宋衛湜《禮記集說》引呂氏曰：「深衣之用，上下不嫌同名，吉凶不嫌同制，男女不嫌同服，諸侯朝朝服，夕深衣；大夫士朝玄端，夕深衣；庶人吉服，深衣而已；此上下之同也。有虞氏深衣而養老；諸侯大夫夕深衣；將軍文子除喪而受越人弔，練冠深衣；親迎女在塗壻之父母死，深衣縞總以趨喪；此吉凶男女之所同也。蓋深衣者，簡便之服，推其義類，非朝祭皆可服之。故曰可以為文，可以為武，可以擯相，可以治軍旅也。」案朝祭之服，皆後起奢侈之制，推原其朔，則所謂，吉服者，皆不過深衣之類而已。

　　貴族服制等級，以《周官》所載為較詳。蓋《周官》為六國時書，故其等差彌備也。《司服職》云：「王之吉服，祀昊天上帝，則服大裘而冕，祀五帝亦如之。享先王則袞冕。享先公饗射則鷩冕。祀四望山川則毳冕。祭社稷五祀則希冕。祭群小祀則玄冕。凡冕服皆袞衣，《書・皋陶謨》今本《益稷》曰：「予欲觀古人之象，日、月、星辰、山龍、華蟲作會；宗彝、藻、火、粉、米、黼、黻、絺、繡，以五采章施於五色作服，女明。」《左氏》昭公二十五年《疏》云：「孔安國云：日、月、星為三辰，華象草，華蟲，雉也。畫三辰、山、龍、華蟲於衣服、旌旗、會五采也，以五采成此畫焉，宗廟彝樽，亦以山、龍、華蟲為飾。藻，水草有文者。火為火字。粉若粟冰。米若聚米。黼若斧形。黻為兩己相背。葛之精者曰絺。五色備

---

[097]　服飾：深衣之簡便。

曰繡。如孔此言，日也，月也，星辰也，山地，龍也，華也，蟲也，七者畫於衣服旌旗。山、龍、華、蟲，四者，亦畫於宗廟彝器。藻也，火也，粉也，米也，黼也，黻也，六者繡之於裳，如此數之，則十三章矣。天之大數，不過十二，若為十三，無所法象。或以為孔並華蟲為一，其言華象草華蟲雉者，言象草華之蟲，故為雉也，若華別似草，安知蟲為雉乎？未知孔意必然以否。鄭玄讀會為繢，謂畫也。絺為繡，謂刺也。宗彝，謂虎蜼也。《周禮》宗廟彝器有虎彝、蜼彝，故以宗彝名虎蜼也。《周禮》有袞冕、鷩冕、毳冕，其袞鷩毳者，各是其服章首所畫，舉其首章以名服耳。袞是袞龍也。袞冕九章，以龍為首。鷩是華蟲也，鷩冕七章，以華蟲為首。毳是虎蜼也。毳冕五章，以虎蜼為首，虎毛淺，蜼毛深，故以毳言之。毳，亂毛也，如鄭此言則於《尚書》之文，其章不次。故於《周禮》之注，具分辨之。鄭於司服之注，具引《尚書》之文，乃云：此古天子冕服十二章，絺或作繡，字之誤也。王者相變，至周而以日、月、星辰畫旌旗，所謂三辰旂旗，昭其明也。而冕服九章，登龍於山，登火於宗彝，尊其神明也。九章：初一曰龍，次二曰山，次三曰華蟲，次四曰火，次五曰宗彝，皆畫以為繢。次六曰藻，次七曰粉、米，次八曰黼，次九曰黻，皆絺以為繡，則袞之衣五章，裳四章，凡九也。鷩畫以雉，謂華蟲也，其衣三章，裳四章，凡七也。毳畫虎蜼，謂宗彝也，其衣二章，裳三章，凡五也。是鄭玄之說，華蟲為一，粉米為一也。」案鄭又云：「希刺粉米，無畫也。其衣一章，裳二章，凡三也。玄者衣無文，裳刺黻而已，是以謂之玄焉。」宋綿初駁之云：謂古天子冕服十二章，至周而九章，其說無據。又云：繪之為畫，乃假借之文，非本訓。經典無衣服用畫之文，而《周官》典絲、《考工記》皆以畫繢並舉，繪繢一字。《說文》：繪，會五采繡也。繢，織餘也。繪繡對文異，散則通。繪者，合五采絲為之，織功也。絺繡者，刺五采絲為之，箴功也。衣以繪，裳以繡，上下相變，其為采色彰施

則同。案宋氏辨繪非畫極確。章服之制，列代未必一律，經傳多以意擬製之辭，亦未必與實際合，無足深論。要之袞衣兼繪繡之功，為古貴人最華美之服，則事實也。凡兵事韋弁服。注：韋弁，以韎韋為弁，又以為衣裳。案鄭《雜問志》及《聘禮注》，又以為素裳。見《疏》。視朝則皮弁服。《注》：十五升白布衣，積素以為裳。凡甸，冠弁服。《注》：冠弁，委貌。其服緇布衣，亦積素以為裳。諸侯以為視朝之服。凡凶事，服弁服。《注》：服弁，喪冠也。其服斬衰、齊衰。凡吊事，弁絰服。《注》：如爵弁而素，加環絰。其服錫衰、緦衰、疑衰。大札，大荒，大災，素服。《注》：君臣素服縞冠。《左氏》昭公十七年《疏》云：素服，禮無明文，蓋象朝服，而用素為之。公之服，自袞冕而下，如王之服。侯伯之服，自鷩冕而下，如公之服。子、男之服，自毳冕而下，如侯伯之服。孤之服，自希冕而下，如子男之服。卿大夫之服，自玄冕而下，如孤之服。士之服，自皮弁而下，如大夫之服。」《內司服職》云：「掌王后之六服：褘衣、揄狄、闕狄、鞠衣、展衣、緣衣、素沙。辨外內命婦之服：鞠衣、展衣、緣衣、素沙。」鄭司農云：「褘衣，畫衣也。揄狄、闕狄，畫羽飾。展衣，白衣也。鞠衣，黃衣也。素沙，赤衣也。」後鄭曰：「狄當為翟。翟，雉名。伊、雒而南，素質五色皆備成章曰翬。江、淮而南，青質五色皆備成章曰搖。王后之服，刻繒為之形，而採畫之，綴於衣以為文章。褘衣，畫翬者。揄翟，畫搖者。闕翟，刻而不畫。此三者皆祭服。從王祭先王則服褘衣，祭先公則服揄翟，祭群小祀則服闕翟。鞠衣黃，桑服也，其色如鞠塵，象桑葉始生。展衣，以禮見王及賓客之服，字當為亶，直，誠也。緣衣，御於王之服，亦以燕居。男子之椽衣黑，則是亦黑也。六服備於此矣；推次其色，則闕狄赤，揄狄青，褘衣玄。婦人尚專一，德無所兼，連衣裳，不異其色，素沙者，今之白縛也。六服皆袍制，以白縛為裡，使之章顯。內命婦之服，鞠衣九嬪也，展衣世婦也，緣衣女御也。外命婦之

服，其夫孤也則服鞠衣，卿大夫也則服展衣，士也則服緣衣。三夫人及公之妻，其闕狄以下乎？侯伯之夫人揄狄，子男之夫人亦闕狄，唯二王之後褘衣。」此外掌王后之首服者有追師。職云：「掌王后之首服。為副、編、次、追衡、笄。為九嬪及外內命婦之首服。以待祭祀賓客。」《注》曰：「副之言覆，其遺像若今步繇矣，服之以從王祭祀。編，編列髮為之，其遺像若今假紒，服之以桑也。次，次第髮長短為之，所謂髮髢，服之以見王。王后之燕居，亦纚笄總而已。追，猶治也。王后之衡笄，皆以玉為之。唯祭服有衡，垂於副之兩旁，當耳。其下以紞縣瑱。外內命婦，衣鞠衣襢衣者服編，衣椽衣者服次。非王祭祀賓客，佐後，自於其家，則亦降焉。凡諸侯夫人，於其國，衣服與王后同。」掌王及後之服履者有履人。職云：「掌王及後之服履，為赤舄、黑舄，赤繶、黃繶，青句，素履、葛履。辨內外命夫命婦之命履、功履、散履。」《注》曰：「凡舄之色，如繢之次。絇、純、繶皆同色。今云赤繶、黃繶、青句，雜互言之，明舄履眾多，反覆以見之。素履，非純吉，有凶去飾者，散履亦謂去色。命夫之命履、繡履，命婦之命履、黃履以下。功履，於孤卿大夫則白履，黑履，九嬪內子亦然。世婦、命婦以黑履為功履。女御、士妻命履而已。」又云：「履自明矣，必連言服者？著服各有履也。凡履舄，各像其裳之色。王吉服有九，舄有三等，赤舄為上，冕服之舄，下有白舄、黑舄。王后吉服，亦唯祭服有舄。玄舄為上，棉衣之舄也。下有青舄、赤舄。鞠衣以下皆履耳。天子諸侯吉事皆舄。其餘唯服冕衣翟著舄。」案約，《士冠禮注》曰：「絇之言拘也，以為行戒。狀如刀鼻，在履頭。」又曰：「繶，縫中紃也。」《疏》曰：「牙底相接之縫，中有條也。」又曰：「純，緣也。」《疏》曰：「謂繞口緣邊也。」《履人注》曰：「有絇、有繶、有純者，飾也。」〈玉藻〉等篇所說，略有出入。要足見古代貴族服飾之大略也。

作事以短衣為便，古今一也。或謂其制起於趙武靈王之胡服，斯不然

矣。〈曲禮〉曰：「童子不衣裘裳。」〈玉藻〉曰：「童子不裘不帛。」〈內則〉
曰：「十年，衣不帛，襦袴；二十可以衣裘帛。」此數語實互相備，成年
則裘帛而裳，否則不裘不帛而襦袴也。《方言》曰：「複襦，江、湘之間謂
之襺。」襺即袒，與短同語，襦亦即侏儒之儒，其為短衣無疑。古少者、
賤者，皆服勞役，見第十一章第四節。而賤者恆衣短褐。[098]戴德《喪服
變除》：「童子當室，謂十五至十九，為父後，持宗廟之重者，其服深衣不
裳。」〈玉藻〉：「童子無緦服，聽事不麻。」《注》曰：「雖不服緦，猶免，
深衣，無麻，往給事也。」蓋喪祭不可以襦袴，故加之深衣；正與庶人以
深衣為吉服同也。《左氏》昭公二十五年，師己稱童謠曰：「鸜鵒跦跦，
公在乾侯，徵褰與襦。」蓋言其將跋涉於外。《方言》曰：「袴，齊、魯之
間謂之襱。」是凡行道者皆襦袴也。又成公二十六年：「見靺韋之跗注。」
《注》曰：「戎服，若袴而屬於跗。」云若袴而不云袴者，以袴不屬於跗，
非謂無跨，否則當云若裳矣。或謂即宣公十二年之甲裳，為後世之戰裙者
非也。服勞、行道、從戎皆襦袴，所以便動作也。若燕居取其溫暖，又或
取脫著之便，則又貴乎長。《論語·鄉黨》：「褻裘長。」袍亦下至跗，〈釋
名〉。皆取其暖。深衣連衣裳而一之，不過拘於禮服必用衣裳之制，其實
已與袍衫無異。後世此等拘泥去，則替深衣而徑代以袍衫矣。《方言注》：
「今或呼衫為禪襦。」《急就篇注》：「長衣曰袍，下至足跗。短衣曰襦，自
膝以上。」皆可見襦與袍衫是一。而《續漢書·輿服志》，以袍為古之深衣
者？〈釋名〉曰：「衫，芟也。衣無袖端也。」《唐書·車服志》：中書令馬
周上議：禮無服衫之文。三代之制有深衣，請加襴袖褾襈，為士人上服。
〈類篇〉：衣與裳連曰襴。褾，袖端也。襈，緣也。蓋特加袖端及緣，以象
深衣，其實則仍袍衫耳。後漢時之袍，或有褾襈，亦未可知。然觀馬周之
議，則俗去之亦已久矣。其便服轉尚裙襦，則仍取動作之便也。唯習以袴

---

[098]　服飾：勞者恆短。

為戎服及賤者之服，故必著裙。魏、晉以後，車駕親軍，中外戒嚴，皆服
袴褶。《急就篇》注：「其形若袍，短身而廣袖。一曰左衽之袍也。」案左
衽者原於胡服，非左衽者，自原於中國之戎服也。賤者之服短衣，尤古今
如一，可見有關實際之事，必不能因好尚而變遷。古今中外，雖有小異，
實必大同也。

衣之寬窄，隨氣候而異。南方氣候暖，多寬。北方氣候寒，多窄。中
國文化，本起於南，故衣服亦頗寬。貴人尤甚。蓋以是為美。《禮記・儒
行》：孔子曰：「丘少居魯，衣逢掖之衣。」《注》云：「逢，猶大也。大掖
之衣，大袂單衣，此君子有道藝者所衣也。庶人禪衣，袂二尺二寸，袪尺
二寸。」《周官》司服：士，「其齊服有玄端素端」。《注》云：「士之衣袂，
皆二尺二寸，而屬幅，廣袤等也。其袪尺二寸，大夫以上侈之。侈之者，
蓋半而益一焉？半而益一，則其袂三尺三寸，袪尺八寸。」此雖無正文，
然古必有貴者侈袂之俗，鄭乃據以為言也。

古代衣服，頗不自由。一以封建之制，藉服飾以別等級，一由錮蔽之
俗，率疾惡獨異者也。《周官》大司徒，以本俗六安萬民，六曰同衣服。[099]
《注》云：「民雖有富者，衣服不得獨異。」商君治秦，蓋用此法。見第
十一章第四節。此明等級之說也。《禮記・緇衣》：「子曰：長民者，衣服
不貳，從容有常，以齊其民，則民德一。」〈王制〉：「關執禁以譏，禁異
服。」鄭子臧好聚鷸冠，鄭伯聞而惡之，使盜殺之於陳、蔡之間。《左氏》
僖公二十四年。荀子曰：「今世俗之亂君，鄉曲之儇子，奇衣婦飾。態度
擬乎女子。婦人莫不願得以為夫，處女莫不願得以為士。束乎有司，而戮
乎大市。」〈非相〉。此惡異己者之說也。然各地方之服飾，初不甚一律，
故孔子言：「君子之學也博，其服也鄉。」〈儒行〉。《左氏》言鍾儀南冠而
縶。成公九年。《國策》言異人楚服而見。〈秦策〉。又《史記》言：「子路

---

[099]　服飾：同衣服問題。古衣服本不甚同。

冠雄雞，佩猳豚，陵暴孔子。孔子設禮，稍誘子路。子路後儒服委質，因門人請為弟子。」〈仲尼弟子列傳〉。則因氣類之異，而服飾不同者亦有之。蓋好尚之殊，習俗之異，皆能使服飾不一律也。〈儒行〉：「魯哀公問於孔子曰：夫子之服，其儒服與？」《荀子‧哀公篇》：「魯哀公問於孔子曰：吾欲論吾國之士，與之治國，敢問何如取之邪？孔子對曰：生今之世，志古之道，居今之俗，服古之服，捨此而為非者，不亦鮮乎？」《鹽鐵論‧相刺篇》：「大夫曰：今文學衣冠有以殊於鄉曲，而實無以異於凡人。」〈刺議篇〉：「文學曰：衣儒衣，冠儒冠，而不能行其道，非真儒也。」「大夫曰：文學褒衣博帶，竊周公之服。鞠躬踧踖，竊仲尼之容。」則當時儒者之服，確與恆人有異。衣服所以章身，故富貴者多好華異。然孔子曰：「國家未道，則不充其服焉。」〈玉藻〉。衛文公大布之衣，大帛之冠。《左氏》閔公二年。晏子一狐裘三十年。〈檀弓〉。此則公產之世，同甘共苦之規，演而為封建之初，制節謹度之道，有足使不稱其服之徒，抱愧色焉者矣。

古之裘，皆如今之反著。故曰「虞人反裘而負薪，彼知惜其毛不知皮盡而毛無所附」也。《新序‧雜事》。〈玉藻〉曰：「君衣狐白裘，錦衣以裼之。君之右虎裘，厥左狼裘。士不衣狐白。君子狐青裘豹褎，玄綃衣以裼之。麑裘青犴褎，絞衣以裼之。羔裘豹飾，《注》「飾猶褎。」緇衣以裼之。狐裘，黃衣以裼之。」又曰：「唯君有黼裘以誓省，大裘非古也。」《周官》：司裘：「掌為大裘，以供王祀天之服。中秋獻良裘，王乃行羽物獻。功裘，以待頒賜。」鄭司農云：「大裘，黑羔裘，服以祀天，示質。良裘，王所服也。功裘，卿大夫所服。」後鄭云：「良裘，〈玉藻〉所謂黼裘與？功裘，人功微粗，謂狐青麑裘之屬。」此皆貴族之服。〈玉藻〉又云：「犬羊之裘不裼。」《注》云：「質略，又庶人無文飾。」蓋平民之服也。裼者，以衣加於裘上。掩之曰襲，開裼衣露其裘曰裼。〈玉藻〉曰：「裘之裼也，見美也。服之襲也，充美也。」《注》：「充猶覆。」疑初因惜其毛，加衣以護之，

後又因以為飾也，「凡當盛禮者，以充美為敬。非盛禮者，以見美為敬」。《聘禮鄭注》。無裼衣為表裘，為不敬。〈玉藻〉：「表裘不入公門。」絺綌之上，亦必加禪衣，時曰袗。《論語》所謂「當暑，袗絺綌，必表而出之」者也。〈鄉黨〉。不則不敬與表裘同。

　　〈郊特牲〉曰：「大古冠布，齊則緇之。」《雜記注》曰：「大白冠，大古之布冠也。」《冠禮記》曰：「三王共皮弁素積。」其服用之甚廣，〈玉藻〉：「天子皮弁，以日視朝，遂以食。」〈鄉黨〉：「素衣麑裘」，《鄭注》：「視朝之服，君臣同服也。」〈小雅〉：「有頍《注》：「弁，皮弁也。天子諸侯朝服以燕。」〈郊特牲〉：「祭之日，天子皮弁以聽祭報。」〈明堂位〉：「皮弁，素積，以舞大夏。」〈學記〉：「大學始教，皮弁釋菜。」〈聘禮〉：賓皮弁以聘。又賓射、燕射亦用之。蓋未知染色時之遺制。〈月令〉：季夏，命婦官染採。《周官》：地官有染草，掌以春秋斂染草之物。天官有染人，掌染絲物，掌凡染事。則其技稍進矣。其物有藍、〈月令〉：仲夏，命民毋艾藍以染。蒨、《爾雅》：茹藘茅搜，即此物。齊人謂之韎。象斗、染黑，見染草。紫茢、染紫，見染草《注》。丹秫見《鍾氏》。之屬。其染法：則《爾雅》言：一染謂之縓，《既夕禮注》：「今紅也。」再染謂之䞓，《士冠禮注》：「再入謂之赬。」三染謂之纁。《士冠禮疏》：「一染至三染，同名淺絳，」《士冠禮注》曰：朱則四人與？《鍾氏疏》：「以纁入赤汁則為朱，若不入赤而入黑汁則為紺。」《考工記·鍾氏》曰：五入為緅。《士冠禮注》：「爵弁者，冕之次。其色青而微黑，如爵頭然，或謂之緅。」《疏》云：「以纁入黑則為紺，以紺入黑則為緅七人為緇。《注》云：「凡玄色者在緅緇之間，其六人者與？」《疏》云：「緇謂更以玄入黑汁。」又云：「緇與玄相類，故禮家每以緇布衣為玄端也。」《士冠禮疏》云：「古緇紂二字兼行：若據布為色者，則為緇字。若據帛為色者，則為紂字。但紂多誤為純。」又染人，秋染夏。《注》謂染五色。此古染色之大略也。〈玉藻〉云：「衣正色，裳間

色。」古皆貴正色，賤間色，實則染色之技，當以知間色者為優也。

　　《考工記》曰：「畫繢之事雜五色：東方謂之青，南方謂之赤，西方謂之白，北方謂之黑，天謂之玄，地謂之黃。青與白相次也，赤與黑相次也，玄與黃相次也。」《注》：「此言畫繢六色所象及布採之第次，繢以為衣。」又曰：「青與赤謂之文，赤與白謂之章，白與黑謂之黼，黑與青謂之黻，五采備謂之繡。」《注》：「此言刺繡採所用，繡以為裳。」繪繡之義已見前，此古人織功箴功所用之色也。

　　古喪服以布之精粗為度，非以其色也。《禮記・間傳》曰：「斬衰三升。齊衰四升、五升、六升。大功七升、八升、九升。小功十升、十一升、十二升。緦麻十五升，去其半。有事其縷，無事其布曰緦。」案《喪服記》但云：齊衰四升，大功八升若九升，小功十升若十一升，此齊衰多二等，大功小功多一等，故《鄭注》謂其「極列衣服之差」也。升者，鄭注〈喪服〉云：「布八十縷為升。升字當為登，登，成也。今之禮皆以登為升俗誤已行久矣。」《疏》云：「布八十縷為升者，此無正文，師師相傳言之。是以今亦云八十縷謂之宗，宗即古之升也。」有相傳言語為證，鄭說自屬不誤。《論語・子罕》：「子曰：麻冕，禮也。今也純，儉，吾從眾。」《集解》：「孔曰：古者績麻三十升布為之。」《疏》云：「三十升則二千四百縷矣，細縷難成，故孔子以為不如純之儉。」然其紡織之技，則甚精矣。《周官》：司服，王為三公六卿錫衰，為諸侯緦衰，為大夫疑衰。鄭司農云：「錫，麻之滑易者。十五升去其半。有事其布，無事其縷。〈喪服傳〉文。錫，今文或作緆，見《大射禮注》。疑衰十四升。」此無文。蓋至十五升則為吉布也。

▶ 第三節　宮室

　　人類藏身，古有兩法：一居樹上，一居穴中。《禮記・禮運》曰：「昔者先王未有宮室，冬則居營窟，夏則居檜巢。」《孟子》言：「當堯之時，

水逆行，氾濫於中國，龍蛇居之，民無所定，下者為巢，上者為營窟。」〈滕文公上〉。《淮南子》言：「舜之時，江、淮流通，四海溟涬，民上丘陵，赴樹木。」〈本經訓〉。即其事。《詩》云：「古公亶父陶復陶穴。」《禮記·月令疏》曰：「古者窟居，隨地而造。若平地則不鑿，但累土為之，謂之為復。若高地則鑿為坎，謂之為穴。其形皆如陶竈。故《詩》云陶復陶穴也。」《詩疏》不甚清晰，故引《禮記疏》。此古穴居之法。巢居，今世野人猶有之。其法連結大樹之枝，使其中可容人，去地三五十尺。鑿樹幹為級，以便上下。亦有能造梯者，人既上則藏之。《淮南·本經》謂容成氏之時，「託嬰兒於巢上」，蓋其事。穴居多在寒地。巢居則在溫熱而多毒蛇猛獸之區。《御覽·皇王部》引項峻〈始學篇〉曰：「上古皆穴處，有聖人教之巢居，號大巢氏，今南方人巢居，北方人穴處，古之遺俗也。」可見其一起於南，一起於北也。

　　築室材料，不外木、石、土三者，磚即熟土。寒帶之人，有以雪為屋者，溫帶熱帶無之也。《易·繫辭傳》曰：「上古穴居而野處，後世聖人易之以宮室，上棟下宇，以待風雨。」《淮南子·修務訓》曰：「舜作室築牆茨屋，闢地樹穀，令民皆知去巖穴，各有家室。」棟宇者，巢居之變，築牆則穴居之變也。《左氏》：鄭伯有為窟室而飲酒，襄公三十年。吳公子太陽能甲於堀室，以弒王僚，昭公二十七年。皆古穴居之遺。〈月令〉：「仲秋，穿竇窖。」《注》：「入地，橢曰竇，方曰窖。」此亦穴居遺法。《呂覽·召類》曰：「明堂茅茨蒿柱，土階三等，以見節儉。」《注》曰：「茅可覆屋，蒿非柱任也，雖云節儉，實所未聞。」此實巢居之遺制，高氏自不解耳。然《大戴記·盛德篇》，謂「周時德澤洽和，蒿茂大，以為宮柱，名蒿宮」，業已曲為之說，更無責乎高氏矣。[100]

　　漁獵之世，民多山居，亦有藉水以自衛者。希臘史家希羅多德（Horo-

[100]　宮室：窟室、竇窖皆穴居之遺。

dotus），謂古屋皆在湖中，築於杙上，唯一橋通出入，與《史記‧封禪書》：公玉帶上明堂圖，水環宮垣，上有樓，從西南人，名為崑崙者酷相似。西元千八百五十三年，歐洲大旱，瑞士秋利伊湖涸，湖居遺址見，人類學家、古物學家皆以為邃古之遺。今委內瑞拉、新幾內亞之民，仍有湖居者，可知以水自環，實野人防衛之法也。中國古者，州洲同字，洲字即今島字。已見第七章第三節。明堂稱辟雍。辟即璧，《說文》「璧，瑞玉圜也」，又曰「璧，肉好若一謂之環」，蓋取周還之意。雍，篆書作雝，乃借字，其本字當作邕，從川邑，《說文》云「四方有水，自邕成池」者是也，蓋正指洲言之。《易‧泰卦爻辭》曰：「城復於隍。」《爾雅‧釋言》曰：「隍，壑也。」城臨壑，猶湖居時遺法也。湖居蓋邃古之事，稍進則依丘陵。[101] 古丘虛同字。書傳言先代都邑者，皆曰某某氏之虛，即某某氏之丘也。至農耕之世，民乃降丘宅土。《淮南》以作室築牆茨屋，與闢地樹穀並舉其徵。此時文明日進，營造之技日精，城郭宮室，乃次弟興起矣。

　　《禮記‧王制》曰：「司空執度以度地，《注》：「度，丈尺也。」居民山川沮澤，時四時，《注》：「觀寒暖燥溼。」量地遠近，《注》：「制並邑之處。」任事興力。」《注》：「事，謂築邑廬宿市也。」此古經野之法。《管子‧乘馬》云：「凡立國都，非於大山之下，必於廣川之上，高毋近旱，而水用足，下毋近水，而溝防省。因天材，就地利，故城郭不必中規矩，道路不必中準繩。」此則建國之法也。〈篤公劉〉之詩曰：「涉則在巘復降在原，逝彼百泉，瞻彼溥原。乃陟高崗，乃覯於京。既溥既泉，既景乃岡。相其陰陽，觀 [1] 宮室：窟室、竇窖皆穴居之遺。[2] 宮室：古湖居稍進依丘陵。其流泉。度其夕陽。豳居允荒。」即古建國時計度之事。《漢書‧藝文志‧數術略》有形法家，《漢志》說其學云：「大舉九洲之勢，以立城郭宮室。」蓋即其法，而今亡矣。古制：百里之國，九里之城。七十里之

---

[101]　宮室：古湖居稍進依丘陵。

國。五里之城。五十里之國，三里之城。《詩・文王有聲疏》引《尚書》傳《注》云：「玄或疑焉。[102]匠人營國方九里，謂天子之城。今大國九里，則與之同。然則大國七里之城，次國五里之城，小國三里之城為近耳。或者天子實十二里之城，大國九里，次國七里，小國五里。」焦循《群經宮室圖》曰：「《周書・作雒篇》：作大邑成周於土中，城方千六百二十丈，計每五步得三丈，每百八十丈得一里，以九乘之，千六百二十丈，與《考工記》九里正合。」則謂天子之城九里者是也。城之牆曰墉。《爾雅・釋宮》：「牆謂之墉。」《疏》：「亦為城，〈王制〉云：小城曰附庸。《大雅・皇矣》云：以伐崇墉。義得兩通也。」又於其上為垣，於其中睥睨非常，是曰陴，亦曰堞，亦曰女牆。《說文》：「陴，城上女牆，俾倪也。」又曰：「堞，女牆也。」〈釋名〉：「城上垣曰睥睨，言於其中睥睨非常也。亦曰陴，陴，俾也，言俾助城之高也。亦曰女牆，言卑小，比之於城，若女子之於丈夫也。」門外有曲城，謂之闉。《詩》：「出其闉闍。」《毛傳》：「闉，曲城也。」《說文》：「闉，城內重門也。」《詩疏》云：「闉是門外之城，即今之門外曲城是也。」其上有臺曰闍。《詩》：「出其闉闍。」《毛傳》：「闍，城臺也。」《爾雅・釋宮》：闍謂之臺。四角為屏以障城曰城隅。《考工記》：「王宮門阿之制五雉。宮隅之制七雉。城隅之制九雉。門阿之制，以為都城之制。宮隅之制，以為諸侯之城制。」《注》：「阿，棟也。宮隅、城隅謂角浮思也。」《疏》：「漢時云東闕浮思災，言災，則浮思者小樓也。」焦氏曰：「浮思，《廣雅》、〈釋名〉、《古今注》，皆訓為門外之屏。城之四角，為屏以障城，城角隱僻，恐奸宄踰越，故加高耳。《詩・邶風・靜女》：俟我於城隅《傳》云：城隅，以言高不可逾。《箋》云：自防如城隅。皆明白可證。《疏》據漢時浮思災，以城隅為小樓，非也。《古今注》謂罳罘合板為之，則屏自可災。」城版築所成。城之外為郭，亦曰郛，則依山川形勢

---

[102]　經學：鄭玄疑天子城九里誤，疑九女亦然。

為之，非如城之四面有垣也。《周書・作雒解》：作大邑成周於土中，城方千六百二十丈，郛方七十二里，南繫於雒水，北因於郟山，以為天下之大湊。郭所以御小寇，有大敵則不能守，故春秋列國相攻，不聞守外城者。郭之設，如專於一面，即為長城，[103] 亦所以防鈔掠。戰國時秦、趙、燕三國，皆有長城，所以防北族，齊亦有長城，則所以防淮夷也。郭以內為郊，郊猶稱國中；郭以外為鄙，亦曰野，則野人之居矣。《春秋》之例，未入郭曰侵某鄙，伐某鄙，入郭曰入某郊，入城曰入。郭為古征服者與所征服者之界。見第十章第四節。郭之門即郊門，其外有關。關多據形勝之地，不必盡在界上，蓋扼險之始也。《周官・司關注》曰：「關，界上門。」《儀禮・聘禮》：「賓及竟，乃謁關人。」然《左氏》定公六年，鄭伐關外，《注》云：「關外，周邑。」蓋周以伊闕險隘，設關守之，謂之闕塞，闕塞之外，未嘗無邑也。昭西元年，孟仲之子殺豎牛於塞關之外，此齊、魯分界之關，關外即齊。襄公十七年，齊伐我北鄙，圍桃。高厚圍臧紇於防，師自陽關迎臧孫，至於旅松，則桃、防皆在陽關外。成公二年，齊侯入徐關。十七年，高弱叛盧，慶克圍之。國佐殺克，以谷叛，齊侯與盟於徐關。則徐關外亦有盧、谷等邑也。《考工記》：「匠人營國，左祖右社，面朝後市。」《注》云：「王宮所居。」謂中為王宮也。天子諸侯皆三朝。《禮記・明堂位》：「庫門，天子皋門。雉門，天子應門。」《注》：「言廟及門如天子之制也，天子五門：皋、庫、雉、應、路，魯有庫、雉、路，則諸侯三門與？」戴震謂天子亦三門，焦循《群經宮室圖》從之。門：最在外者曰皋門，諸侯曰庫門。庫門之內為外朝，九棘三槐在焉。《周官・朝士》。其內為應門，諸侯曰雉門。門之內為治朝，群臣治事之朝也。《周官・大宰注》：「其位，司士掌焉。」「宰夫察其不如儀。」見《宰夫注》。治朝之內為路門。路門之內曰燕朝。燕朝之後曰六寢。六寢之後為六宮。此係據

---

[103] 宮室：郭專一面即為長城。

《周官》為說，見《天官宮人》及《內宰》。今文家說，則謂天子諸侯皆三寢，見《公羊》莊公三十二年《解詁》，二者不可強合。六寢之後，六宮之前，為內宮之朝。《匠人》云：「內有九室，九嬪居之。外有九室，九卿朝焉。」內九室當在內宮之朝，外九室當在治朝也。又有官府次舍，其所在不可悉考。《周官‧宮正》：「以時比宮中之官府、次舍之眾寡。」《注》：「官府之在宮中者，若膳夫、玉府、內宰、內史之屬。次，諸吏直宿，若今部署諸廬者。舍，其所居寺。」《宮伯》，「授八次八舍之職。」《注》：「衛王宮者，必居四角、四中，於徼候便也。次謂宿衛所在。舍其休沐之處。」應門之旁有闕，即觀也，亦日象魏，[104] 為縣法之地。〈天官塚宰〉，「正月之吉，縣治象之法於象魏。」司農云：「象魏，闕也。」《左氏》哀公三年，司鐸火季桓子御公，立於象魏之外，命藏象魏，日：「舊章不可亡也。」杜《注》日：「《周禮》，正月，縣教令之法於象魏，使萬民觀之，故謂其書為象魏。」案魏者，闕名，象者，形象，其初本皆一名，後單音語變為複音，乃並二者皆稱為象魏耳。《公羊》昭公二十五年，子家駒日：「設兩觀，乘大路，天子之禮也。」《解詁》日：「禮，天子諸侯臺門，天子外闕兩觀，諸侯內闕一觀。」《禮記‧禮器》：「天子諸侯臺門。」又日：「家不臺門。」《注》：「闍者謂之臺。」《疏》日：「兩邊築闍為基，上起屋日臺門，故乘之可以眺遠。」〈禮運〉「昔者仲尼與於蠟賓，事畢出遊於觀之上」是也。城亦有之，《詩‧鄭風》「佻兮達兮，在城闕兮」是也。塾在路門之側，為門闈之學所在。《爾雅》：「門側之堂謂之塾。」〈學記〉：「古之教者，家有塾。」即在於此。《疏》日：「《周禮》二十五家為閭，同共一巷。巷首有門，門邊有塾。謂民在家之時，朝夕出入，恆就教於塾。」此即《公羊》宣公十五年《解詁》，所謂「田作之時，父老及里正，旦開門坐塾上晏出後時者不得出，暮不持薪樵者不得入」者也。《戰國策‧齊策》：王孫賈之母謂賈日：「女

---

[104] 刑：象魏。

朝出而晚來，則吾倚門而望汝，暮出而不還，則吾倚閭而望汝。」秦有閭左之戍，晁錯謂入閭取其左。《後漢書・齊王縯傳》云：使天下鄉亭，皆畫伯升象於塾，且起射之。則古民居之巷通稱閭，閭之兩端恆有門，其側皆有室，至漢世猶名為塾也。寢之制：前為堂，後為室。堂之左右為夾，亦曰廂。東廂之東曰東堂，西廂之西曰西堂。東西牆謂之序。其下曰階。東為阼階，西為賓階。室之左右為房。鄭云：天子諸侯左右房，大夫士僅有東房，見《詩・斯干箋》、《禮・公食大夫禮注》。其北為北堂。《詩・伯兮》：「焉得諼草，言樹之背。」《毛傳》曰：「背，北堂也。」《疏》：「〈士昏禮〉云：婦洗在北堂，〈有司徹〉云：致爵於主婦，主婦北堂，《注》皆云：北堂，房半以北為北堂。堂者，房室所居之地，總謂之堂，房半以北為北堂，房半以南為南堂也。」《士昏禮疏》曰：「房與室相連為之，房無北壁，故得北堂之名。」堂北有階曰北階。戶在室東南，牖在西南，北亦有牖，曰北牖。牖戶之間，謂之扆。其內謂之家。室：西南隅為奧，尊者處之。西北隅謂之屋漏，當室之白，日光所漏入也。《爾雅疏》引孫炎說。東北隅曰宧，宧，養也，《疏》引李巡說。蓋飲食所藏。東南隅曰窔，在戶下，亦隱暗也。郭《注》。中室曰中霤，復穴之世開其上以取明，雨霤之，後因名焉。《月令疏》。《爾雅》曰：「室有東西廂曰廟，無東西廂有室曰寢。」蓋寢廟之制大同，故其稱亦互受也。以上言城郭朝寢之制，略據焦循《群經宮室圖》。

　　穴處之世，室內蓋甚幽暗。野蠻人入室，行臥坐立，皆有定處，蓋此時之遺習。中國古禮，室中居有常處，蓋亦由是也。《墨子》曰：「未有宮室之時，因陵丘堀穴而處焉。聖王慮之，以為堀穴，冬可以避風寒，逮夏潤溼，上熏烝，恐傷民之氣，於是作為宮室而利。」〈節用〉中。又〈辭過〉曰：「古之民，未知為宮室時，就陵阜而居，穴而處，下潤溼，傷民，故聖王作為宮室。」今野蠻人亦有冬夏異居者。〈月令〉：季秋：「乃命有

司曰：寒氣總至，民力不堪，其皆入室。」〈豳風之詩〉曰：「十月蟋蟀入我床下，穹窒燻鼠，塞向瑾戶。嗟我婦子，曰為改歲，入此室處。」《公羊》宣公十五年《解詁》曰：「在田曰廬，在邑曰里。吏民春夏出田，秋冬人保城郭。」此即〈堯典〉春云「厥民析」，冬云「厥民隩」者，其俗蓋由來甚久。[105]「霜降逆女，冰泮殺止」之禮，由是作也。參看第十一章第一節。貴人築室於爽塏之處，是為〈月令〉所謂「居高明」。仲夏之月。然古營高明之技似甚拙。《爾雅》曰：「闍謂之臺。」又曰：「四方而高曰臺。」注謂積土為之。又曰：「有木者謂之榭。」榭有二義：一此所謂臺上起屋，一則《爾雅》所云：「無室曰榭。」《左氏》宣公十六年杜《注》引之，謂：「屋歇前者。」疏云：「歇前者，無壁，如今廳是也，為講武屋。」「陝而修曲者曰樓」，則於臺上起屋。《淮南·本經》曰：「逮至衰世，構木為臺，積壤而丘處。」亦即指此。蓋不能為今世之樓，苟非因高為高，即須於平地累土，其勞民力尤甚，故古人恆以為戒也。[106]《公羊》莊公三十一年《解詁》曰：「禮：天子有靈臺，以候天地。諸侯有時臺，以候四時。登高遠望，人情所樂，動而無益於民者，雖樂不為也。」《孟子·盡心下》：「孟子之滕，館於上宮。」《注》：「上宮，樓也，孟子舍止賓客所館之樓上也。」《史記·平原君列傳》：「平原君家樓臨民家。民有躄者，盤散行汲。平原君美人居樓上，臨見，大笑之。」可以居人，當是今日之樓。《春秋》莊公三十一年，春，築臺於郎。《公羊》曰：「何以書？譏。何譏爾？臨民之漱浣也。」[107] 秋築臺於秦，《公羊》曰：「何以書？譏。何譏爾？臨國也。」三十二年，《左氏》謂公築臺臨黨氏，則今之樓，戰國之世乃能為之，春秋時尚無有也。

　　寢之制，前堂而後室，與今民居不同。《漢書·晁錯傳》：錯言：「古

---

[105]　宮室：古春析冬入邑。
[106]　宮室：古不能為樓臺，最勞民力。
[107]　宮室：譏臨民。

之徙遠方以實廣虛也，先為築室，家有一堂二內。」則近今中為堂，左右為室之制矣。張晏曰：「二內，二房也。」蓋平民之居，無寢制之所謂堂，即以其室為堂，房為室耳。[108]《史記・孔子世家》：「故所居堂，弟子內，後世因廟，藏孔子衣冠琴車書。」蓋改一堂二內之居，為廟寢之制也。《史記・外戚世家》：「帝求王大后女，女亡匿內中床下。」亦即「故所居堂弟子內」之內。

　　《禮記・儒行》曰：「儒有一畝之宮，環堵之室，篳門圭窬蓬戶甕牖。」《注》曰：「五版為堵，五堵為雉。今《戴禮》韓《詩》說：「八尺為版，五版為堵，五堵為雉。」古《周禮》及《左氏》說：「一丈為版，」見《詩・鴻雁》、《左氏》隱西元年《疏》。篳門，荊竹織門也。圭窬，門旁窬也，穿牆為之，如圭矣。」《疏》云：「一畝，謂徑一步，長百步為畝。若折而方之，則東西南北各十步為宅也。牆方六丈，故曰一畝之宮，謂牆垣也，環謂周迴。東西南北唯一堵。《釋文》：方丈為堵。蓬戶，謂編蓬為戶，又以蓬塞門，謂之蓬戶。甕牖者，謂牖窗圓如甕口也。又云以敗甕口為牖。」案以敗甕口為牖，今世猶有之。《左氏》襄公十年，王叔之宰詆瑕禽曰：「篳門閨竇之人，而皆陵其上，其難為上矣。」杜《注》：「篳門，柴門。閨竇，穿壁為戶，上銳下方，狀如圭也。」則古平民之居皆如是。又十七年，宋子罕曰：「吾儕小人，皆有闔廬，以闢燥溼寒暑。」《注》云：「闔，謂門戶閉塞。」《疏》云：「〈月令〉仲春修闔扇。鄭玄云：用木曰闔，用竹葦曰扇。是闔為門扇，所以閉塞廬舍之門戶也。」此亦篳門之類也。可見古者民居之簡陋矣。

　　然貴族之居，則有甚侈靡者。子產譏晉，謂文公無觀臺榭，今銅鞮之宮數里，而諸侯舍於隸人。《左氏》襄公三十一年。子西譏吳，謂闔廬室不崇壇，宮室不觀，舟車不飾，而夫差次有臺榭陂池。哀西元年。宋向戌

---

[108]　宮室：一堂二內，蓋以室為堂，房為內，無堂也，後世多進之屋，廳為堂，共一堂也。

聘魯，見孟獻子，尤其室，對曰：「我在晉，吾兄為之。」襄公十五年。
齊景公欲更晏子之宅，辭，及如晉，則公更其宅矣。昭公三年，參看下
文。蓋俗以逾侈為高，如孔子所稱衛公子荊善居室，始有曰苟合，少有曰
苟完，富有曰苟美者寡矣。《論語·子路》。勞民之事，見於記載者：晉有
虒祁之宮。昭公八年。楚有章華之臺。昭公七年。又作乾溪之臺，三年不
成。《公羊》昭公十三年。齊高臺深池，宮室日更。《左氏》昭公二十年。
魯雖小，襄公反自楚，猶作楚宮。[109]襄公三十一年。此亦猶秦每破諸侯，
寫放其宮室，作之咸陽北阪上矣。《史記·秦始皇本紀》二十六年。東周
諸大國中，唯秦最簡陋，而商君告趙良，以大築冀闕，營如魯、衛自誇，
《史記》本傳。則自孝公變法而後，亦不肯以簡陋自安，阿房、驪山，未
始非作法於貪者有以致之也。

　　宮室而外，又有苑囿之樂。[110]《說文》云：「苑所以養禽獸也。」高誘
注《淮南·本經》云：「有牆曰苑，無牆曰囿。」其注《呂覽·重己》則云：
「畜禽獸所，大曰苑，小曰囿。」囿蓋猶今之動物院，苑則畫地，任自然之
禽獸蕃殖其中者也。苑囿義雖有別，散文則通，後且為復語，故書傳每連
舉也。《孟子》言：「文王之囿，方七十里，芻蕘者往焉，雉兔者往焉。」
此蓋山澤之地尚為公有之世，其後施以厲禁，則有如齊宣王之囿，方四十
里，為阱於國中者矣。參看第十二章第一節。《公羊》成公十八年《解詁》
云：「天子囿方百里，公侯十里，伯七里，子男五里，取一也。」《疏》
云：「《孟子》文，《司馬法》亦云也。」今《孟子》無此文，《司馬法》則已
亡；然《穀梁疏》引徐邈說，與何君同，其說必有所本，蓋《春秋》制也。
《詩·靈臺毛傳》云：「天子百里，諸侯四十里。」《周官》閽人《疏》引《白
虎通》云：「天子百里，大國四十里，次國三十里，小國二十里。」蓋古文

---

[109]　宮室：襄公作楚宮，猶秦寫放諸侯宮室。
[110]　宮室：今古說苑囿之大。

說。《穀梁疏》引《毛傳》作三十里，三蓋誤字。《孟子》言紂「棄田以為園囿」。〈滕文公下〉。《詩·駟鐵序》曰：「美襄公也。始命，有田狩之事，園囿之樂焉。」《疏》云：「有蕃曰園，有牆曰囿，囿者，域養禽獸之處，因在其內調習車馬。」此即《周官·載師》「以場圃任園地」之園。後世民家無囿，而猶有園，因而疊石穿池，構亭臺，植卉木，則成今所謂園林，古苑囿實非其倫。《孟子》「棄田以為園囿」之園，疑實苑之誤字也。

　　貴族宮室園囿，占地甚多，平民之居，則有甚為局促者。古宅地謂之廛，[111] 皆掌諸官。《孟子》「許行自楚之滕，踵門而告文公曰：聞君行聖人之政，願受一廛而為氓，文公與之處」是也。〈滕文公上〉。〈管子問〉：「問死事之孤，其未有田宅者有乎？外人之來從而未有田宅者幾何人？」則並不待其乞請矣。〈王制〉言「田里不粥，墓地不請」，蓋各舉一偏以相備也。《孟子》「五畝之宅」，趙《注》言廬井邑居各二畝半，〈梁惠王上〉。此即《公羊解詁》言「一夫一婦，受田百畝，公田十畝，廬舍二畝半，秋冬入保城郭，一里八十戶」者，宣公十五年。地在郊野。「市廛而不稅」，〈王制〉，《孟子》作「廛而不徵」。則在國中者也。《左氏》：昭公三年：「景公欲更晏子之宅，曰：子之宅近市，湫隘囂塵，不可以居，請更諸爽塏者。辭曰：小人近市，朝夕得所求，小人之利也，敢煩里旅？及晏子如晉，公更其宅，反則成矣。既拜，乃毀之，而為里室，皆如其舊，則使宅人反之。」《注》曰：「本壞里室以大晏子之宅，故復之。」則城市之中，民居已極闐溢。[112] 然猶曰國中則然。韓、魏之民，復陰陽澤水者過半。已見第十一章第三節。《史記·仲尼弟子列傳》：孔子卒，原憲亡在草澤中。子貢相衛，結駟連騎，排藜藿，入窮閭，過謝原憲。案《周官·載師注》：「《故書》廛或作壇，鄭司農云：壇讀為廛。」〈序官〉廛人《注》：「《故書》

---

[111] 宮室：廛，即㕓。
[112] 宮室：城野民居皆擁擠。

廛為壇，杜子春讀壇為廛。」壇者，築土為之，所以備營建，《管子·五輔》「利壇宅」，《注》云「壇堂基」是也。《荀子·王制》云：「定廛宅。」可見廛壇同字。居於草澤之中，排藜藋而後入，其無基址審矣。此則在野之民，亦不能得宅地也。度地居民之制，蓋蕩焉無復存者矣。

　《周官·量人》：「掌建國之法，以分國為九州。九州二字，義有廣狹。已見第十章第二節。此九州二字，乃指國以內之九聚落言，範圍尤隘，實近九州二字之初義也。營國城郭，營後宮，量市朝、道巷、門渠，造都邑，亦如之。營軍之壘舍，量其市朝、州、塗、軍社之所里。」《考工記》：「匠人建國，水地以縣，《注》：「於四角立植，而縣以水，望其高下，高下既定，乃為位而平地。」《疏》曰：「此經說欲置國城，先當以水平地，欲高下四方皆平，乃始營造城郭也。云於四角立植而縣者，植即柱也，於造城之處，四角立四柱而縣，謂於柱四畔縣繩以正柱。柱正，然後去柱，以水平之法，望柱高下定，即知地之高下，然後平高就下，地乃平也。」置槷以縣，視以景。注：「於所平地，中央樹八尺之臬以縣正之，視之以其景，將以正四方也。」《疏》云：「置槷者，槷亦謂柱，云以縣者，欲取柱之景，先須柱正，欲須柱正，當以繩縣而垂之，於柱之四角四中，以八繩縣之，其繩皆附柱，則其柱正矣。然後視柱之景，故云視以景也。」為規，識日出之景，與日入之景。《注》：「日出日入之景，其端則東西正也。又為規以識之者，為其難審也。自日出而畫其景端，以至日入，既則為規，測景兩端之內規之，規交乃審也。度兩交之間，中屈之以指臬，則南北正。」晝參諸日中之景，夜考之極星，以正朝夕。」《春秋》莊公二十二年：「丹桓宮楹。」《穀梁》曰：「禮：天子諸侯黝堊，《疏》：「徐邈云：黝，黑柱也。堊，白壁也。」大夫倉，士黈。《注》：「黈，黃色。」丹楹，非禮也。」二十四年：「刻桓宮桷。」《穀梁》曰：「禮，天子之桷，斲之礱之，加密石焉。《注》：「以細石磨之。」諸侯之桷，斲之礱之。大夫斲之。

士斫本。刻桷，非正也。」《公羊解詁》略同。《疏》云：「皆《外傳》、〈晉語〉張老謂趙文子椽之制。」《禮記·禮器注》：「宮室之飾：士首本，大夫達稜，諸侯斫而礱之，天子加密石焉，無畫山藻之禮也。」疏云：「《禮緯·含文嘉》云：大夫達稜，謂斫為四稜，以達兩端。士首本者，士斫去木之首本，令細，與尾頭相應。〈晉語〉及《含文嘉》並《穀梁傳》，雖其文小異，大意略同也。」《禮記·禮器》：「管仲鏤簋朱紘，山節藻梲，君子以為濫矣。」〈明堂位〉曰：「山節，藻梲，復廟，重檐，刮楹，達鄉，反坫，出尊，崇坫，康圭，疏屏：天子之廟飾也。」《注》：「山節，刻欂盧為山也。藻梲，畫侏儒柱為藻文也。復廟，重屋也。重檐，重承壁材也。刮，刮摩也。鄉，牖屬，謂夾戶窗也，每室八窗為四達。反坫，反爵之坫也。出尊，當尊南也。唯兩君為好，既獻，反爵於其上，禮：君尊於兩楹之間。崇，高也。康讀為亢龍之亢。又為高坫，亢所受圭，奠於上焉。屏謂之樹，今浮思也，刻之為雲氣蟲獸，如今闕上為之矣。」《疏》云：「皇氏云：鄭云重檐，重承壁材也，謂就外簷下壁，復安板簷，以闢風雨之灑壁，故云重檐，重承壁材。」並可見古者建築之術。然古宮室城郭，皆役民為之，能守成法以其時者蓋寡，故古多以事土木為大戒也。

中國最古之建築，莫如明堂。蔡邕《明堂月令章句》，謂：「明堂者，天子大廟，所以祭祀，饗功，養老，教學，選士，皆在其中。取正室之貌，則曰大廟；取其正室，則曰大室；取其堂，則曰明堂；取其四時之學，則曰大學；取其圓水，則曰辟雍；雖名別實同。」袁準難之，殊不中理。阮元謂：「有古之明堂，有後世之明堂。古者政教樸略，宮室未興，一切典禮，皆行於天子之居，後乃禮備而地分。禮不忘本，於近郊東南，別建明堂，以存古制。」《研經室集·明堂說》。其說是也。明堂之制，今古文皆謂其以茅蓋屋，蓋猶祭祀之存玄酒大羹。今《戴禮》說：明堂九室，室四戶八牖。古《周禮孝經》說：明堂東西九筵，南北七筵，堂崇一筵。

其壯麗，殊與樸略之世不稱，蓋晚周之制也。鄭玄謂《戴禮》所云，雖出〈盛德篇〉，云九室，三十六戶，七十二牖似秦相呂不韋作《春秋》時說，得其實矣。《淮南·本經》云：「古者明堂之制，下之潤溼弗能及，上之霧露弗能入，四方之風弗能襲，土事不文，木工不斲，堂大足以周旋。理文靜潔，足以享上帝，禮鬼神。」可見明堂之初制。合初制與呂不韋所說觀之，可見自隆古至晚周建築之精進也。本節引《禮記·明堂位疏》。蔡邕說詳見《續漢書·祭祀志》注。《考工記·匠人》說明堂之制，與古《周禮》、《孝經》說同。

　　《周官》：天官掌舍，掌王之會同之舍。設梐枑再重。《注》：「鄭司農云：梐枑，謂行馬。」案謂互動設木，以資守衛也。設車宮轅門。《注》：「謂王行止宿阻險之處，備非常，次車以為藩，則仰車，以其轅表門。」為壇壝宮棘門。《注》：「謂王行止宿，平地築壇，又委遺土起堳埒以為宮。鄭司農云：棘門，以戟為門，杜子春云：棘門，或為材門。」《疏》：「閔二年，衛文公居楚丘，國家新立，齊桓公共門材，先令豎立門戶，故知棘門亦得為材門，即是以材木為門也。」為帷宮設旌門。《注》：「謂王行止，晝有所展肆，若食息，張帷為宮，則樹旌以表門。」無宮則共人門。《注》：「謂王行有所逢遇，若住遊觀，陳列周衛，亦立長大之人以表門。」此古人行道止舍之法也。

　　古人席地而坐，尊者則用几。阮諶《禮圖》云：「几長五尺，高尺二寸，廣二尺。」《曾子·問疏》。其高尚不如今之椅也。其坐則略如今之跪。寢則有床，《詩》所謂「載寢之床」也。《左氏》襄公二十七年：「床笫之言不逾閾。」《注》：「笫，簀也。」《正義》：「《釋器》云：簀謂之笫，孫炎曰：床也：郭璞曰：床版也。然則床是大名，簀是床版。〈檀弓〉云：大夫之簀與？簀名亦得統床，故孫炎以為床也。」室中用火有二：一以取暖，一以取明。《漢書·食貨志》云：「冬民既入，婦人同巷相從夜績。必

相從者？所以省費燎火。」師古曰：「燎，所以為明；火，所以為溫也。」
古無蠟燭所謂大燭庭燎者？以葦為中心，以布纏飴蜜灌之，樹於門外曰大
燭，於門內曰庭燎。平時用荊燋為火炬，使人執之，所謂執燭抱燃，所謂
燭不見跋，皆指此。《周官·秋官》司烜氏《疏》。《左氏》昭公十年：「宋
平公卒。初，元公惡寺人柳，欲殺之。及喪，柳熾炭於位，將至則去之。
比葬，又有寵。」定公三年：「邾子自投於床，廢於爐炭，遂卒。」則取暖
亦用炭也。

　　述宮室及與宮室附麗之器用既竟，請再略言葬埋之制。古之葬，蓋有
於山者，亦有於平地者。《孟子》曰：「蓋上世，嘗有不葬其親者矣，其親
死，則舉而委之於壑。他日過之，狐狸食之，蠅蚋姑嘬之。」「蓋歸，反
虆梩而掩之。」〈滕文公上〉。此田獵之世之葬於山。《易》言：「古之葬者，
厚衣之以薪，葬之中野，不封不樹。」《繫辭傳》。此則耕稼之世之葬於地
者也。農民葬埋，率就所耕之地。[113]〈曾子問〉：「下殤葬於園：」亦其一
證。故《孟子》言：「死徙無出鄉。」〈滕文公上〉。《公羊解詁》述井田之
制曰：「死者得葬焉。」宣公十五年。〈檀弓〉曰：「孔子既得合葬於防，曰：
吾聞之，古也墓而不墳；今丘也，東西南北之人也，不可以弗識也，於是
封之，崇四尺。」蓋古之所以不封不樹者，正以葬地距所居甚邇，不待識
別也。《詩》：「行有死人，尚或墐之。」毛《傳》：「墐，路塚也：」路人而
猶為之塚，亦以便識別也。貴族則以中田為不安，而求葬於高燥之處。
《呂覽》謂「葬必於高陵之上，以避狐狸之患，水泉之溼」是也。〈節喪〉。
於是葬地距所居漸遠，不得不為之識別，而有所謂丘封之度與樹數，《周
官》塚人，以爵等為丘封之度，與其樹數。並有以人力為丘陵者矣。顧亭
林《日知錄》云：「古王者之葬，稱墓而已。春秋以降，乃有稱丘者。趙

---

[113] 葬埋：葬埋率就所居之地？故言不欲去墳墓。故墓而不墳？以中田不安，求高燥之處？則遠
乃墳。

肅侯、秦惠文、悼武孝文三王始稱陵至漢則無帝不陵者矣。」此葬地之變也。〈檀弓〉曰：「有虞氏瓦棺，夏后氏墍周，殷人棺椁。」《淮南‧氾論》同。鄭《注》言有虞氏始不用薪，高《注》言禹世無棺椁，以瓦廣二尺，長四尺，側身累之以蔽土，曰：墍周，蓋尚未能用木。[114]《墨子》言「禹葬會稽，桐棺三寸。」實假託之辭也。見〈節葬〉。上文云：「古聖王製為葬埋之法。曰：棺三寸，足以朽骨。」下文又云：「子墨子製為葬埋之法，曰：棺三寸，足以朽骨。」可見實為墨子所定之制。《左氏》哀公二年，趙鞅誓眾曰：「若其有罪，絞縊以戮，桐棺三寸，不設屬闢。」墨子所據，自是當時縠薄之制也。〈檀弓〉言：「夫子制於中都，四寸之棺，五寸之椁。」《孟子》言：「中古棺七寸，椁稱之。」〈公孫丑下〉。而天子諸侯，棺椁皆至數重。〈檀弓〉：「天子之棺四重，水兕革棺被之，其厚三寸，杝棺一，梓棺二，四者皆周。」鄭《注》以水兕革棺為一重，杝棺即椑棺，梓棺為屬與大棺，〈喪大記〉：「君大棺八寸，屬六寸，椑四寸；上大夫大棺八寸，屬六寸；下大夫大棺六寸，屬四寸。」蓋即〈禮器〉所謂諸侯三重，大夫再重者，諸侯無革棺，大夫無椑也。又云：士棺六寸，則士無屬也。〈禮器〉又云：「天子五重。」鄭謂加抗木與茵，疏云：「古者為椁，累木於其四邊，上下不周，致茵於椁下，所以藉棺，從上下棺之後，又置抗木於椁之上，所以抗載於上茵者。藉棺外，下褥，用淺色緇布為之，每將一幅，輒合縫為囊，將茅秀及香草著其中，如今有絮褥也。」案《莊子‧天下》：「天子棺椁七重，諸侯五重，大夫三重，士再重。」七重，蓋以水兕革棺為二，茵與抗木，亦各為一重。《荀子‧禮論》：「天子棺椁十重。」十，蓋七字之誤。此棺椁之變也。〈檀弓〉又曰：「仲憲言於曾子曰：夏后氏用明器，示民無知也。殷人用祭器，示民有知也。周人兼用之，示民疑也。」其論三代制禮之意非，言三代異禮當是。所謂明器者，「竹不成用，瓦不成味，木不成

斫，琴瑟張而不平，竽笙備而不和，有鐘磬而無簨虡」，亦〈檀弓〉文。蓋其時製器之技，本只如此。「孔子謂為芻靈者善，謂為俑者不仁。」芻靈與塗車並稱，亦見〈檀弓〉。蓋在瓦棺堲周之世，俑則與棺槨並興也。[115]此葬器之變也。凡此皆葬埋之法，隨文明之進而臻美備者也。

昔之論者，恆謂古人重神不重形，故其葬埋不至逾侈，其說實似是而非。[116]〈檀弓〉言延陵季子適齊，比其反也，其長子死，葬於嬴、博之間。既封，左袒，右還其封，且號者三，曰：「骨肉歸復於土，命也；若魂氣，則無不之也！無不之也！」《左氏》定公五年：「吳師居麇，子期將焚之，子西曰：父兄親暴骨焉，不能收，又焚之，不可。子期曰：國亡矣，死者若有知也，可以歆舊祀，豈憚焚之？」合此兩事觀之，似古人之重神，誠過於其形，且以形魄為無知矣。然《穀梁》僖公十年：「驪姬謂君曰：吾夜夢夫人趨而來，曰：吾苦畏。胡不使大夫將衛士而衛塚乎？」則謂古人謂神不棲於丘墓者，非也。或謂《穀梁》之言，乃漢師之說，不免以後世事附會。然「孔子死，子貢築室於場，獨居三年，然後歸」，《孟子·滕文公上》。此即後世之廬墓，與將士而衛塚何異？且自武王，即已上祭於畢矣。見第八章第六節。而齊亦有東郭墦間之祭。《孟子·離婁下》。「奔喪者不及殯，先之墓，哭盡哀。除喪而後歸，之墓哭成踊。」《禮記·奔喪》。「去國則哭於墓而後行，反其國不哭，展墓而入。」〈檀弓〉。「大夫士去其國，止之曰：奈何去墳墓也？」〈曲禮〉。苟以形魄為無知，又何為是戀戀也？〈檀弓〉曰：「大公封於營丘，比及五世，皆反葬於周。君子曰：樂，樂其所自生，禮不忘其本。古之人有言曰：狐死正丘首，仁也。」然則季子之不歸葬，亦力有不逮耳，非果以形魄為無知，而棄之於遠也。職是故，古貴族乃多違禮厚葬者，觀《呂覽·安死》、〈節葬〉二篇可知。《論

---

[115] 葬埋：塗車芻靈其時，俑則與棺槨並興也。

[116] 葬埋：謂古不重形之非。

語》言顏淵死，門人慾厚葬之。子曰：不可，而門人弗聽。〈先進〉。蓋雖聖門之弟子，且不免隨俗矣。知厚葬之習之入人深也。道術之士所以多非厚葬者，墨家詆儒家厚葬，然儒家葬法，較之流俗，已遠薄矣。一不欲以死傷生，一則禮多守舊，前世之法，既成道習，不欲輕違也。然一二智士之曉音瘏口，豈能回千百流俗人之聽哉？

　　古言葬埋之侈者，莫過於吳闔廬，及秦惠、文、武、昭、莊襄五王，劉向〈諫起昌陵疏〉見《漢書》本傳。或謂此六王之事，乃以世近而有傳，他國王侯，亦未必不如此。然《左氏》成公二年，宋文公卒，始厚葬，君子譏華元、樂舉之不臣。《史記·秦本紀》：武公卒，初以人從死，獻西元年又止之。《左氏》成公二年，亦云宋始用殉。則戰國初年以前，違禮厚葬者，似確不如後來之甚。[117] 蓋禮恆守舊，非至風俗大變時，敢顯然違之者少也。此乃習俗之拘束，非真知禮義，故堤防一潰，遂橫決不可遏止矣。

　　《周官》：塚人：「掌公墓之地，辨其兆域而為之圖。」墓大夫：「掌凡邦墓之地域，為之圖，令國民族葬。」〈檀弓〉：「晉獻文子成室，晉大夫發焉。張老曰：美哉輪焉，美哉奐焉。歌於斯，哭於斯，聚國族於斯。文子曰：武也得歌於斯，哭於斯，聚國族於斯，是全要領以從先大夫於九京也，北面再拜稽首。」《注》曰：「晉卿大夫之墓地在九京，京蓋原字之誤。」[118] 案《左氏》襄公二十五年，楚掩辨京陵。《注》云：「以為塚墓之地。」《爾雅·釋丘》曰：「絕高謂之京。」《周官·大司徒注》曰：「高平曰原。」二者義實無大異，則作京亦可通。〈檀弓〉又曰：「成子高曰：吾聞之，生有益於人，死不害於人，吾縱生無益於人，吾可以死害於人乎哉？我死，則擇不食之地而葬我焉。」丘陵不必皆不食，然究非土田之比，族

---

[117]　葬埋：厚葬確晚起之事。

[118]　葬埋：九京不必改字，蓋由求高燥。

葬於丘陵，則地之棄於葬者較少，猶較以人力為丘陵者為善也。

　　《墨子・節葬》曰：「秦之西，有儀渠之國者，其親戚死，聚柴薪而焚之，燻上，謂之登遐，然後成為孝子。」《呂覽・義賞》曰：「氐、羌之民其虜也，不憂其繫累，而憂其死不焚也。」《荀子・大略》同。此為異民族之俗，非漢族所有，彼蓋誠重神而不重形者矣。

▶ 第四節　交通

　　《易・繫辭傳》述黃帝、堯、舜之事曰：「刳木為舟，剡木為楫，舟楫之利，以濟不通。」又曰：「服牛乘馬，引重致遠。」《墨子》曰：「古之民，未知為舟車時，重任不移，遠道不至，故聖王作為舟車以便民之事。」〈辭過〉。《淮南子》曰：「古者大川名谷，衝絕道路，不通往來也，乃為窬木方版，以為舟航，故地勢有無，得相委輸。乃為蹩躠而超千里。肩荷負儋之勤也，而作為之揉輪建輿，駕馬服牛，民以致遠而不勞。」《氾論》。皆以舟車之興，為大有益於人類。蓋無舟車，則一水之隔，即可使人不相通，陸路雖可步行，然水性使人通，山性使人塞，跋涉千里，業已甚勞，況加以儋荷負戴提挈邪？人之軀體，能運物者有四：肩、背、頭、手是也，肩以儋，背以負，頭以戴，手以提挈。合兩人之手，則為舁。舟車之興，其大有益於人類，確不誣也。[119]

　　舟之興，蓋始於浮木。《莊子・逍遙遊》曰：「今子有五石之瓠，何不慮以為大樽，而浮乎江湖？」《釋文》引司馬云：「樽如酒器，縛之於身，浮於江湖，可以自渡。」以手足擊水而進。此時人之手足即楫也。此蓋最古之法。稍後，則知刳木。《淮南子・說山》曰：「古人見竅木浮而知舟。」《詩》曰：「就其深矣，方之舟之。」《疏》云：「《易》曰：利涉大川，乘木舟虛。《注》曰：舟謂集板，如今船，空大木為之，曰虛。即古又名曰虛，

---

[119]　交通：舟橋之始。

總名皆曰舟。」案《詩》所謂方，即《淮南子》所謂方版，乃後世之筏，不足以當舟虛則其所謂窬木，而亦即《易》所謂刳木也。舟之始，蓋僅如此，能方版而為筏，技已稍精，知造舟則更進矣。既能浮木以渡水，則亦能駕木以為橋。《說文》：「梮，水上橫木，所以渡者」是也。其字亦作楑。《孟子》曰：「歲十一月徒杠成，十二月輿梁成。」梁與楑字並從木，蓋亦架木為之。《爾雅》曰：「石杠謂之徛。」則後來更用石也。《爾雅》：「堤謂之梁。」《注》：「即橋也。或曰：石絕水者為梁，見《詩傳》。」案梁亦初用木，後用石也。郭《注》云：「聚石水中，以為步渡。」蓋未能為橋時，又有此法。雖云簡陋，然較之「山無蹊隧，澤無舟梁」之世，見《莊子‧馬蹄篇》。已迥不相侔矣。

車之興，必有較平坦之道，故其時之文明程度必更高。《日知錄》論騎射之始云：「春秋之世，戎翟雜居中夏者，大抵皆在山谷之間，兵車之所不至。齊桓、晉文僅攘而卻之，不能深入其地者，用車故也。中行穆子之敗翟於大鹵，得之毀車崇卒；而知伯欲伐仇猶，遺之大鐘，以開其道，其不利於車可知，勢不得不變而為騎。騎射，所以便山谷也。胡服，所以便騎射也。」此雖論軍事，而交通從可見焉。後來夷狄之情形，即中國古代之情形也。中國文明，大啟於河域之平原，故車之為用尤廣。《考工記》曰：「一器而工聚焉者，車為多。」可見古人之殫心於是矣。

〈曲禮〉曰：「前有車騎，則載飛鴻。」《疏》云：「古人不騎馬，故經但記正典，無言騎者。今言騎，當是週末時禮。」《左氏》昭公二十五年，「左師展將以公乘馬而歸。」《疏》曰：「古者服牛乘馬，馬以駕車，不單騎也。至六國時始有單騎，蘇秦所云車千乘，騎萬匹是也。〈曲禮〉曰前有車騎者，《禮記》漢世書耳，經典無騎字也。炫謂此欲共公單騎而歸，此騎馬之漸也。」案世無知以馬駕車而不知騎乘之理，亦無久以馬駕車而仍不知騎乘之理，古書不見乘馬事，自如劉子玄議，以記庶民事少；兵有車

而無騎，自如亭林言，以古華夏多居平地，與戎狄爭不甚劇也。《日知錄》云：「《詩》云：古公亶父，來朝走馬，馬以駕車，不可言走，曰走者，單馬之稱。」段玉裁《說文解字注》謂：「趙游以其良馬二，濟其兄與叔父，即是單騎。」《馬部》騎下。則急遽之時，古固有跨馬者。予案載重亦宜於車，古貴族之行，載物必多，安能用騎？《史記·秦始皇本紀》：八年（西元前 239 年），「輕車重馬，東就食」，疑即是舍車而騎。毛奇齡《經問》云：「古書不記事始，今人但以書之所見，便為權輿，此最不通。《易》、《書》、《詩》無騎字，遂謂古人不騎馬，騎是戰國以後字，然則六經無髭髯字，將謂漢後人始生髭髯乎？」語雖謔，實中事理也。

　　古車亦有以人輓者，輦是也。《周官》鄉師云：「大軍旅會同，正治其徒役與其輂輦。」《注》云：「輂駕馬，輦人挽行，所以載任器也。止以為藩營。《司馬法》曰：夏后氏謂輦曰餘車，殷曰胡奴車，周曰輜輦。輦，一斧、一斤、一鑿、一梩、一鋤，周輦加二版二築。」又曰：「夏后氏二十人而輦，殷十八人而輦，周十五人而輦。」案〈春官〉巾車，「王后之五路」有輦車。《注》云：「為輇輪人挽之而行。」《疏》：「《說文》：有幅曰輪，無幅曰輇。」又服車五乘，士乘棧車，庶人乘役車。《注》但云：役車方箱，可載任器以共役，與棧車皆不言為人挽。而《詩》：「有芃者狐率彼幽草，有棧之車，行彼周道。」《毛傳》云：「棧車，役車也。」《箋》云：「狐草行草止，故以比棧車、輦者。」一似棧車、役車，以皆人挽行者。蓋役車既可駕馬，又可人挽行，既可乘坐亦可共役；而棧車、役車同為無飾，故二者又可通名也。〈巾車〉，王之五路：曰玉路，以祀。曰金路，以賓，同姓以封。曰象路，以朝，異姓以封。曰革路，以即戎，以封四衛。曰木路，以田，以封蕃國。王后之五路：曰重翟，曰厭翟，曰安車，曰翟車，曰輦車。服車五乘：孤乘夏篆，卿乘夏縵。大夫乘墨車，士乘棧車，庶人乘役車。《注》云：玉路以玉飾，金路以金飾，象路以象飾，革路鞔之以

革，而漆之，無他飾，木路不輓以革。漆之而已。重翟，重翟雉之羽也。厭翟，次其羽，使相迫也。安車，坐乘車。翟車，不重不厭，以翟飾車之側爾。輦車，但漆之而已。夏篆，《故書》為夏緣。司農云：夏，赤也。緣，緣色。或曰：夏篆，篆讀為圭瑑之瑑，夏篆，轂有約也。玄謂夏篆，五采畫轂約也，夏縵亦五采畫，無緣，墨車不畫，棧車不革，輓而漆之。案《考工記》云：「棧車欲弇，飾車欲侈。」《注》云：棧車欲弇，「為其無革挽，不堅，易折壞也」。飾車，「謂革輓輿也」。《疏》云：「云大夫以上，則天子諸侯之車以革輓。但有異物之飾者，則得玉金象之名號，無名號者，直以革為稱。木路亦以革輓，但不漆飾，故以木為號。」與《巾車注》不合。《疏》說當是。或其初但用木，後雖以革輓，猶蒙木名也。棧車則仍用木。《巾車疏》引《唐傳》云「庶人木車單馬」是也。用木即是無飾，故《唐傳》又云：「古之帝王，必有命民，命然後得乘車、駢馬。」《考工記》引《殷傳》亦云：「未命為士者，不得乘飾車。」《公羊》昭公二十五年《解詁》，亦云：「天子大路，諸侯路車，大夫大車，士飾車」也。駕數：《易》孟、京、《春秋》、《公羊》說：天子駕六。《毛詩》說：天子至大夫同駕四，士駕二。《禮．王度記》曰：天子駕六，諸侯與卿同駕四，大夫駕三，士駕二，庶人駕一。說與《易》、《春秋》同，見《五經異義》。〈曲禮〉云：「婦人不立乘。」故《巾官注》云：「凡婦人車，皆坐乘。」《疏》云：「皇后五路皆坐乘，獨此得安車之名者，以此無異物之稱，故獨得安車之名也。」又云：《曲禮上》。「大夫七十而致事，若不得謝，則必賜之幾杖，乘安車，則男子坐乘，亦謂之安車也。」《說文》：「輦，輓車也，從車扶，扶在車歬，引之也。」扶訓並行，蓋二人挽之，亦或一推一挽。[120]《司馬法》所言，乃行軍時制，尋常役車，固不必如是其大也。《論語．為政》：「子曰：大車無輗，小車無軏，其何以行之哉？」《集解》：「包曰：大車，

---

[120] 交通：輦僅二人挽之。

牛車；《考工記・輈人注》同。《車人注》曰：「平地載任之車。」小車，駟
馬車。」中央兩馬夾轅者名服，兩邊名騑，亦曰驂。《左氏》桓公三年《疏》
云：「總舉一乘，則謂之駟。指其騑馬，則謂之驂。」則古車有服牛、乘馬
與以人輓，凡三種也。[121] 古喪車亦以人輓，〈既夕禮〉，屬引，《注》曰：
「屬，猶著也，引，所以引柩車，在軸輴曰紼，古者人引柩。」《疏》云：
「言古者人引，對漢以來不使人也。」

　　輂即《史記・夏本紀》「山行乘橇」之橇。《河渠書》作「山行即橋」。
案禹乘四載，[122]《史記・夏本紀》、《河渠書》、《漢書・溝洫志》、《呂覽》、
《慎勢》。《淮南王書》〈齊俗〉、〈修務〉。《說文》、《史記集解》引《尸子》
及徐廣說所作字互異，其中陸行乘車，水行乘舟或作船，無足疑。山行則
橇與橋外，又作梮、蕝、樏、欙；澤行作毳、橇、蕝、軌、輴、楯；而《呂
覽》及《淮南・修務》，又云沙行乘鳩，〈齊俗〉作肆。肆疑誤字。莊逵吉
曰：「鳩車聲相轉，古蓋別有一種小車，名鳩。軌、輴、楯三字同類，橇、
毳、蕝三字同類。《周禮》曰：孤乘夏軌，又下棺車亦曰軌，古字無輴，
楯乃以闌楯借用耳。」案莊氏說是也。梮字見〈玉篇〉，云：「輿食器也，
又土轝也。」雷浚《說文外編》云：「土轝之字，《左傳》作梮。襄公九年，
陳畚梮，杜《注》：「梮，土轝。」《漢書・五行志》引作輂。應劭曰：「輂，
所以輿土也。」《說文》：「輂，大車，駕馬也。」蕝、樏即一字，顯而易
見，亦即《孟子》反虆梩而掩之之虆。《滕文公》上。趙《注》云：「虆梩，
籠臿之屬，可以取土者也。」蓋梮本取土之器，駕馬則以輂名，而虆亦取
土器，故輂又可名欙，而輂之音又轉為橋，則即後世之轎字。徐廣曰：「橇
者，直轅車。」韋昭云：「梮，木器，如今輿狀，人舉以行。」蓋其物在魏、
晉時，尚可以人舁，可以駕馬也。

---

[121]　交通：古喪車亦以人挽。
[122]　交通：四載。

　　有國中之道，有野鄙之道，國中之道，匠人職之。《考工記》云：「國中九經九緯，經塗九軌，《注》：「軌謂轍廣，乘車六尺六寸，旁加七寸，凡八尺，是謂轍廣，九軌積七十二尺。」環塗七軌。杜子春云：「環塗，謂環城之道。」野塗五軌。環塗以為諸侯經塗，野塗以為都經塗。」蓋極寬平坦蕩。野鄙之道，則不能然。[123]《周官》遂人云：「遂上有徑，溝上有畛，洫上有塗，澮上有道，川上有路，以達於畿。」《注》云：「徑容牛馬，畛容大車，塗容乘車一軌，道容二軌，路容三軌。」其路，依蓋田間水道。《月令·季春》：「令司空曰：時雨將降，下水上騰，循行國邑，周視原野，修利堤防，道達溝瀆，開通道路，毋有障塞。」鄭《注》云：「古者溝上有路。」此溝為遂、溝、洫、澮之總名，路亦徑、畛、塗、道之總名也，此等路，即役人民修之。《國語·周語》：單襄公引《夏令》曰：「九月除道，十月成梁。」又曰：「其時儆曰：收而場功，待而畚梮，營室之中，土功其始。火之初見，期於司里。」其技，自不如匠人等有專職者之精，又政令時或不舉，故其寬平不如國中。《儀禮·既夕禮》：「商祝執功布，以御柩執披。」《注》云：「居柩車之前，若道有低仰、傾虧，則以布為抑揚左右之節，使引者執披者知之。」《周官》喪祝，掌大喪勸防之事。《注》云：「勸，猶倡帥，前引者。防，謂執披備傾戲。」〈曲禮〉亦曰：「送葬不避塗潦。」此野鄙之道，不盡平坦之證。《左氏》成公五年，梁山崩，晉侯以傳召伯宗。伯宗闢重，曰闢傳，重人曰：「待我，不如捷之速也。」《周官》野廬氏，「凡道路之舟車轚互者，敘而行之。」此野鄙之道，不盡寬廣之證也。〈曲禮〉言歲凶則馳道不除，蓋唯馳道為寬平，餘則不免傾仄，三代時亦與秦、漢同矣。古道路與溝洫相輔而行，即所謂阡陌。井田未廢時，溝洫占地頗多，亦頗平直，與之相依之阡陌，亦必較寬且直可知。至阡陌開，則無復舊觀矣。故路政之壞，亦與土地私有之制駢進者也。

---

[123]　交通：野鄙之道不善。

　　古國小而為治纖悉，其路政自較後世為修飭。然其欲設險以慎固封守亦較大一統時為甚。故其往來之際，阻礙頗多。後人讀古書，不審當時字義，而以後世字義釋之，則失其實矣。《周官》野廬氏，掌達國道路，至於四畿。合方氏，掌達天下之道路。量人，邦國之地與天下之塗數，皆書而藏之。此皆所以利交通。司險，掌九州之圖，以周知其山林川澤之阻，而達其道路。設國之五溝、五塗而樹之林，以為阻固，此則所以慎封守也。九州字義，廣狹不同，已見第十章第二節及上節。所謂天下者，亦就其時交通所及言之耳。〈月令〉：「孟冬，命百官，謹蓋藏。命有司，循行積聚，無有不斂。壞城郭，戒門閭，修鍵閉，慎管籥，固封疆，備邊竟，完要塞，謹關梁，塞蹊徑。」皆慎固封守之事。蓋農耕之民，收穫之後，最懼劫掠，故古即有「重門擊柝」之事，見《易‧繫辭傳》。後世政令，仍沿襲此意也。因列國之互相猜忌，於是往來之間，非有符節不能通，甚至國內亦然。符節之制，《周官》最詳，以其為六國時書也。〈地官〉掌節云：「山國用虎節，土國用人節，澤國用龍節，門關用符節，貨賄用璽節，道路用旌節，皆有期以反節。」〈秋官〉小行人無貨賄用璽節句，而云「都鄙用管節。」虎節，人節，龍節，使臣所用；旌節，符節，管節，則人民所用也。鄭《注》云：「門關，謂司門司關也。貨賄，主通貨賄之官，謂司市也。道路，主治五塗之官，謂鄉遂大夫也。都鄙，公之子弟及卿大夫采地之吏也。」又云：「凡民遠出至於邦國，邦國之民，若來入，由門者，司門為之節；由關者，司關為之節；其商則司市為之節；其以徵令及家徙，則鄉遂大夫及采地吏為之節。將送者，執此節以送行者，皆以道里日時課，如今郵行有程也。」案〈秋官〉行夫云：「掌邦國傳遞之小事，媺惡而無禮者，凡其使也，必以旌節。」掌交云：「掌以節與幣，巡邦國之諸侯，及其萬民之所聚者。」此出使者之必以節也。司關云：「有外內之送令，則以節傳出內之。」環人云：「掌送逆邦國之通賓客，以路節達諸四方。」懷方氏

云：「掌來遠方之民，致方貢致遠物而送逆之，達之以節。」此來使者之必以節也。大司徒云：「國有大故，令無節者不行於天下。」鄉大夫云：「國有大故，則令民各守其閭，以旌節輔令則達之。」司險云：「國有故，則藩塞阻路而止行者，以其屬守之。唯有節者達之。」「大故。」鄭《注》曰：「謂王崩及寇兵也。」此有事時禁民往來也。掌節云：「凡通達於天下者，必有節以傳輔之，無節者有幾則不達。」此平時禁民往來也。此猶日往來於列國之間也。比長云：「徙於國中及郊，則從而授之，若徙於他，則為之旌節而行之。若無授無節，則唯圜土內之。」《注》云：「或國中之民出徙郊；或郊民入徙國中，皆從而付所處之吏，明無罪惡。徙於他，謂出居異鄉也，授之者有節乃達。」此即《孟子》所謂「死徙無出鄉」者。《詩・碩鼠箋》云：「古者三年大比，民或於是徙。」[124] 其言亦當有所據，則雖一國之中，遷徙亦不自由矣。案《管子・大匡》：「三十里置遽委焉，有司職之。客與有司別契，至國八契。」八契，蓋入契之誤，此亦符節之類。《史記・楚世家》言齊王折楚符而合於秦，〈張儀列傳〉言楚王使勇士至宋，借宋之符，北罵齊王。又言儀使其舍人馮喜之楚，借使之齊。樂毅〈報燕惠王書〉曰：「具符節，南使臣於趙。」蘇代〈遺燕昭王書〉曰：「使之盟於周室，盡焚天下之秦符。」〈魏策〉：宋郭曰：「請焚天下之秦符者，臣也。次傳焚符之約者，臣也。」皆列國往來無符節即不得通之證。而關之譏察尤嚴，其極，遂至藉以為暴。關之始，蓋專為譏察計，〈王制〉謂關執禁以譏，禁異服，察異言是也。其後因以徵商，然譏察之法仍不廢。《周官》有司門以主城門，司關以主界上之門，又有閽人以守王宮之門，皆以幾訶為事。《左氏》昭公二十年，晏子言：「縣鄙之人，入從其政，逼介之關，暴徵其私。」《注》云：「邊鄙之人，既入服政役，又為近關所徵稅相暴，奪其私物。」入服政役而猶有幾，正與《周官》雖有徵令，猶須符節相合，

---

[124]　交通：古者三年大比，民或於是徙。

知六國時自有此事，故作《周官》者，亦據以立言也。從而奪其私財，則
盜賊不啻矣。宜乎《孟子·盡心下》篇，謂「古之為關也，將以御暴；今
之為關也，將以為暴」也。然《左氏》文公二年，以廢六關為臧文仲三不
智之一，則古視設關幾察之制甚重矣。此以言其為阱於國中也。關之設，
後雖或在國內，乃因國竟開擴使然，其初則必在界上，故於列國往來，所
關尤巨。《史記·張儀列傳》言，楚懷王聽儀計，閉關絕約於齊《戰國·魏
策》：宋郭曰：「欲使五國約閉秦關者，臣也。」是絕約必先閉關也。〈魏策〉
又曰：「通韓之上黨於共莫，使道已通，因而關之，出入者賦之，是魏重
質韓以其上黨也。共有其賦，足以富國，韓必德魏，愛魏，重魏，畏魏，
韓必不敢反魏，韓是魏之縣也。」則又可設關阻道以自利矣。《左氏》成公
十二年，晉、楚盟辭曰：「道無壅。」蓋即指此等事言之，可見列國並立之
世，交通之梗阻矣。宜乎漢有天下後，論者以通關梁、一符傳為美談矣。

　　古民間之往來不盛，故道途宿息，及既至後之館舍，皆須官為措
畫。[125]《周官》野廬氏：「比國郊及野之道路宿息井樹。」遺人：「凡國野
之道：十里有廬，廬有飲食。三十里有宿，宿有路室，路室有委。五十里
有市，市有候館，候館有積。」遺人職云：「郊里之委積，以待賓客。野鄙
之委積，以待羈旅。」委人職亦云：「以稍聚待賓客，以甸聚待羈旅。」掌
訝職云：「若將有國，賓客至，則戒官修委積。」又云：「及委則致積。」
懷方氏職云：「治其委積、館舍、飲食。」《管子·五輔》亦云：「修道路，
便關市，慎將宿。」〈覲禮〉：天子有賜舍，〈曾子問〉曰：「卿大夫之家曰
私館，公館與公所為曰公館。」其事也。〈雜記〉：「公館者，公宮與公所
為也。私館者，自卿大夫以下之家也。」〈覲禮〉又曰：「卿館於大夫，大
夫館於士，士館子工商。」蓋無特設之客舍，故各就其家館之。〈聘禮〉：
「有司入陳。」《注》云：「入賓所館之廟，陳其積。」案古廟寢同制，故可

---

[125] 交通：古無逆旅。

以舍客。民間往來，當亦如是。《史記・商君列傳》：商君亡至關下，欲捨客舍。舍人不知其是商君也，曰：「商君之法，舍人無驗者坐之。」此客舍必是民家。若關下官所為舍，則本非有符節不能止宿矣。《左氏》僖公二年，晉人假道於虞曰：「虢為不道，保於逆旅，以侵敝邑之南鄙。」此逆旅亦必是民家，若專以宿客為業，官自可加以封禁也。《史記・扁鵲列傳》：「少時為人舍長。舍客長桑君過，扁鵲獨奇之。」《索隱》引劉氏云：「守客館之師，故號云舍長。」此客館似是專業，然此等似不多也。《商君書・墾令篇》：「廢逆旅，則奸偽躁心私交疑農之民不行。逆旅之民，無所於食，則必農。農則草必墾矣。」當時之秦，未必有專營客館者，蓋亦民家以此牟利，故欲返諸農易也。

　　操舟之技，北不如南，內地又不如緣海。案《左氏》僖公十三年，秦輸粟於晉，自雍及絳相繼，命之曰泛舟之役。《史記》亦云：「以船漕車轉自雍相望至絳。」見第九章第三節。[126]《戰國・楚策》：張儀說楚王曰：「秦西有巴蜀，方船積粟，起於汶山，循江而下，至郢三千餘里。舫船載卒一舫載五十人，與三月之糧，下水而浮，一日行三百餘里，里數雖多，不費馬汗之勞，不至十日，而距捍關。捍關驚，則從竟陵以東，盡城守矣。」似西北操舟之技，亦已甚優。然北人徒涉者甚多，可見其濟渡尚乏。案古濟渡有二法：一以船自此岸渡至彼岸，詩所謂「誰謂河廣，一葦杭之」者也。此法見於記載者甚少。二以舟自此岸接於彼岸，人馬行其上。《爾雅》云：「天子造舟，諸侯維舟，大夫方舟，士特舟，庶人乘柎。」《公羊》宣公十二年《解詁》同。《詩・大明疏》所謂「加板於上，即今之浮橋」者也。古人所以如此，蓋緣其造橋之技頗拙。《孟子》言：「歲十一月，徒杠成。十二月，輿梁成。」蓋僅能於水小之時，架木為橋，水大即不免斷絕，故不得不如此。然亦由其行舟之技尚拙，舟船較少故也。《詩》曰：「子惠思

[126]　交通：徒涉之多。

我，褰裳涉溱。」《論語・憲問》曰：「深則厲，淺則揭。」此皆所謂徒涉。
《易・既濟》：「初九，曳其輪，濡其尾。」《孟子・離婁下》：「子產聽鄭國
之政，以其乘輿濟人於溱、洧。」此則所謂「以車載而渡之者。」《論語・
述而》：「子曰：暴虎馮河，死而無悔者，吾不與也。」《禮記・檀弓》曰：
「死而不弔者三：畏，厭，溺。」〈祭義〉曰：「一舉足而不敢忘父母，是故
道而不徑，舟而不遊。」《左氏》哀公十五年，芋尹蓋謂吳大宰嚭曰：「苟
我寡君之命，達於君所，雖隕於深淵，則天命也，非君與涉人之過也。」
《荀子・天論》曰：「水行者表深，表不明則陷。」〈大略〉曰：「水行者表
深，使人無陷。」則古過涉滅頂者甚多，《易》所由取為大過之象也。《呂
覽・過理篇》言：「紂截涉者脛而視其髓。」《注》曰：「以其涉水能寒也，
故視其髓，欲知其與人有異否也」此即偽〈泰誓〉「斮朝涉之脛」語所本。
《戰國策・齊策》云：「有老人涉菑而寒，出不能行，坐於沙中。」正因戰
國時徒涉者甚多，乃以是附會紂之惡耳。巴蜀之文明，多受之於楚，其長
於操舟，未始非東南人之教也。中國與海外之交通，自漢以後乃有可徵，
然燕、齊之民，當先秦之世，散布於遼東西者已甚眾。史記封禪書言，齊
威、宣、燕昭王，即使人人海求蓬萊、方丈、瀛州，此三山，據近人所考
證，實為今之日本。見馮承鈞譯《中國史乘中未詳諸國考證》，商務印書
館本。然則先秦之世，燕、齊之人，航勃海者已盛，故能有此傳聞，其散
布遼東西，未必非浮海而往矣。然北方諸國，未聞有用舟師者，至南方，
則吳徐承帥舟師欲自海入齊。[127]《左氏》哀公十年。越王勾踐亦命范蠡、
後庸率師沿海溯淮，以絕吳路。《國語・吳語》。而吳、楚水戰之事，尤不
可一二數。入郢之役，楚所以大敗者，亦以吳忽舍舟而陸，卒不及防也。
海外黑齒等國之見知，必南方航海者所傳述也。〈禹貢〉九州貢路，皆有
水道。於揚州云，「沿於江、海，達於淮、泗」，此正吳徐承、越范蠡、後

---

[127]　交通：南方先用舟師。

庸所由之路，此亦見〈禹貢〉為戰國時書。知緣岸航行，南人久習為故常
矣。而東南溝渠之貫通，尤足為其長於舟楫之證。《史記・河渠書》云：「滎
陽下引河東南為鴻溝，以通宋、鄭、陳、蔡、曹、衛，與濟、汝、淮、泗
會於楚；西方則通渠漢水、雲夢之野，東方則通鴻溝、江、淮之間。於
吳，則通渠三江、五湖。於齊，則通菑、濟之間。於蜀，蜀守冰，鑿離碓
闢沫水之害，穿二江成都之中。此渠皆可行舟，有餘則用溉浸，百姓饗其
利。」《左氏》昭公九年：「吳城邗，溝通江、淮。」〈吳語〉：夫差「起師
北征，闕為深溝，通於商、魯之間。北屬之沂，西屬之濟，以會晉公午於
黃池」。亦見《吳越春秋・夫差內傳》。「北屬之沂」，誤作「北屬蘄。」案越
亂既聞，王孫雒曰：「齊、宋、徐夷，將夾溝而廢我。」夫差既退於黃池，
又使王孫苟告勞於周，曰：「餘沿江溯淮，闕溝深水，出於商、魯之間，
以徹於兄弟之國。」可見當時水道所通甚遠。苟，《吳越春秋》作駱，當
即《國語》上文之王孫雒，苟乃誤字也。蓋自江至河，水道幾於縱橫交貫
矣。果誰所為不可知，古水利修治，溝渠到處皆是，連屬之而為可以通舟
之漕渠，初不難也。而其較大之工程，明見記載者，為徐偃王、吳夫差。
徐偃王事，見第八章第八節。可知舟楫之技，東方長於西方，東南尤長於
東北也。此已開後世恃江河為大動脈之先聲矣。

　　交通，通訊，論者多併為一談，其實當分為二事。通訊者，所以使人
之意，離乎其身而行者也。通訊之最早者為驛傳，其初蓋亦以便人行，後
因其節級運送，人畜不勞，而其至可速，乃因之以傳命。《說文》傳、遽
互訓，而《管子》大匡，言三十里置遽委，有司職之，若宿者，令人養其
馬，食其委，是其徵也。〈吳語〉言「徒遽日至」，則傳命者不必皆車騎。
《周官》行夫：「掌邦國傳遽之小事，雖有難而不時，必達。」則用車騎者，
亦不必盡由求速也。用以通訊，時名曰郵，郵之義為過，〈王制〉「郵罰麗
於事」鄭《注》。蓋過而不留之義，故孔子云：「德之流行，速於置郵而傳

命。」《孟子・公孫丑上》。而《說文》及《漢書注》，〈平帝紀〉、〈淮南厲王〉、〈薛宣〉、〈京房傳〉、〈五行志〉。皆以郵為行書舍也。驛有車有騎。《說文》：「驛，置騎也。」《呂覽・士節》高《注》：「馹，傳車也。」《爾雅・釋言》舍人注：「馹，尊者之傳也。」則馹為傳車，尊者所乘。[128]《左氏》所載楚子乘馹，會師於臨品，文公十六年。《國語》所載晉侯乘馹，會秦於王城等事，〈晉語〉。並是乘車。顧亭林《日知錄》，指為事急不暇乘車，或是單乘驛馬，則誤矣。《左氏》定公十三年，郉意茲言：「銳師伐河內，傳必數日而後及絳。」自河內至絳僅數日，較之師行日三十里，吉行日五十里者，不可同日語矣。皆節級傳遞之功也。

　　自有郵政，而人之意可離其身而行，自有電報，而人之言之行，乃速於其身之行，古無電訊，言之行，不能速於身之行也，於是有烽燧置鼓，用人之耳目，以傳機速之事焉。《史記・周本紀》言：「周幽王為烽燧大鼓，有寇至則舉烽火」是也。[129]〈周本紀〉云：「幽王為烽燧大鼓，有寇至，則舉烽火。」《正義》云：「晝日然烽以望火煙，夜舉燧以望火光也。烽，土櫓也。燧，炬火也。皆山上為之。有寇舉之。」《呂覽・疑似》云：「為高堡，置鼓其上，遠近相聞，即傳寇至，傳鼓相告。」此法至後世猶用之，即今亦未能盡廢也。

---

[128]　交通：馹為車。
[129]　交通：烽燧大鼓。

第十四章　政治制度

▶ 第一節　封建

　　中國以統一之早，豪於世界，然秦始皇之滅六國，事在民國紀元前二千一百三十二年，亦不過餘二千年耳。自此上推，迄於史事略有可知之時，其年歲必不止此。則中國之歷史，猶是分立之時長，統一之時短也。分立之世，謂之封建，統一之時，號稱郡縣，為治史者習用之名。然以封建二字，該括郡縣以前之世，於義實有未安。何則？封者裂土之謂，建者樹立之義，必能替彼舊酋，改樹我之同姓、外戚、功臣、故舊，然後封建二字，可謂名稱其實，否即難免名實不符之誚矣。故封建以前，實當更立一部族之世之名，然後於義為允也。「部落曰部，氏族曰族」，見《遼史·營衛志》。

　　部族之世，事蹟已鮮可徵，然昔人想像之辭，亦有不盡誣者。《呂覽》曰：「凡人之性，爪牙不足以自守衛，肌膚不足以扞寒暑，筋骨不足以從利闢害，勇敢不足以卻猛禁悍，然猶且裁萬物，制禽獸，寒暑燥溼弗能害，不唯先有其備而以群聚邪？群之可聚也，相與利之也。利之出於群也，君道立也。自上世以來，天下亡國多矣，而君道不廢者，天下之利也。四方之無君者，其民少者使長，長者畏壯；有力者賢，暴傲者尊；日夜相殘，無時休息，以盡其類，聖人深見此患也，故為天下長慮，莫如置天子也；為一國長慮，莫如置君也。」[130]〈恃君覽〉。《墨子》曰：「夫明乎天下之所以亂者生於無政長，是故選天下之賢可者，立以為天子。天子

---

[130] 政體：〈恃君覽〉言立君之理尚同立天子之理。

立，以其力為未足，又選擇天下之賢可者，置立之以為三公。天子三公既已立，以天下為博大，遠國異土之民，是非利害之辨，不可一二而明知，故畫分萬國，立諸侯國君。諸侯國君既已立，以其力為未足，又選擇其國之賢可者，置立之以為正長。」〈尚同上〉。由《呂覽》之說，則自下而上；由《墨子》之說，則自上而下；二者皆有真理存乎其間，蓋古之民，或氏族而居，或部落而處，彼此之間，皆不能無關係。有關係，則必就其有才德者而聽命焉。又或一部族人口獨多，財力獨裕，兵力獨強，他部族或當空無之時，資其救恤；或有大役之際，聽其指揮；又或為其所懾；於是諸部族相率聽命於一部族，而此一部族者，遂得遣其同姓、外戚、功臣、故舊，居於諸部族之上而監督之，亦或替其舊酋而為之代。又或開拓新地，使其同姓、外戚、功臣、故舊分處之。此等新建之部族，與其所自出之部族，其關係自仍不絕。如此，即自部族之世，漸人於封建之世矣。先封建之世，情形大略如此。

封建之制，蓋亦嘗數變矣。其有傳於後而較完整者，蓋唯儒家之說。儒家之說，又分今古文兩派。孰非孰是，向為經生爭辯之端。其實二者皆擬議之辭，非史實也。今先略述二家之說，然後考其說之所由來。儒家之說既明，而封建之世之情形，亦略可睹矣。

《禮記·王制》曰：「王者之制祿爵：公、侯、伯、子、男，凡五等，諸侯之上大夫卿、《白虎通》引無卿字，又云：「諸侯所以無公爵者，下天子也。」則上大夫即卿可知。下大夫、上士、中士、下士，凡五等。天子之田方千里，公侯田方百里，伯七十里，子男五十里，不能五十里者，不合於天子，附於諸侯，曰附庸。天子之三公之田視公侯，天子之卿視伯，天子之大夫視子男，天子之元士視附庸。制農田百畝，百畝之糞，上農夫食幾人，其次食八人，其次食七人，其次食六人，下農夫食五人。庶人在官者，其祿以是為差也。諸侯之下士視上農夫，祿足以代其耕也。中士倍

下士，上士倍中士，下大夫倍上士，卿四大夫祿，君十卿祿。次國之卿三大夫祿，君十卿祿。小國之卿倍大夫祿，君十卿祿。」《孟子·萬章下》答北宮錡問周室之班爵祿略同。《孟子》云「天子一位，公一位，侯一位，伯一位，子男同一位，凡五等」，與〈王制〉公、侯、伯、子、男凡五等異。其云「君一位，卿一位，大夫一位，上士一位，中士一位，下士一位，凡六等」，則與〈王制〉似異實同。又云「下士與庶人在官者同祿」，亦與〈王制〉小異。《白虎通》引《含文嘉》，亦以為周制。云：殷爵三等。合子男從伯，或曰合從子。地三等不變。《含文嘉》又云：夏爵亦三等，見《王制疏》。鄭注〈王制〉則云：「此地殷所因夏爵三等之制也。《春秋》變周之文，從殷之質，合伯子男以為一，則殷爵三等者。公、侯、伯也異畿內謂之子。周武王初定天下，更立五等之爵，增以子男，而猶因殷之地，以九州之界尚狹也。周公攝政，致大平，斥大九州之界。封王者之後為公，及有功之諸侯，大者地方五百里。其次侯，四百里。其次伯，三百里。其次子，二百里。其次男，百里。所因殷之諸侯，亦以功黜陟之。其不合者，皆益之地為百里焉。是以周世有爵尊而國小，爵卑而國大者。唯天子畿內不增，以祿群臣，不主為治民。」案《周官》大司徒云：「諸公之地，封疆方五百里，其食者參之一。諸侯之地，封疆方四百里，其食者參之一。諸伯之地，封疆方三百里，其食者參之一。諸子之地，封疆方二百里，其食者四之一。諸男之地，封疆方百里，其食者四之一。」鄭氏偏據《周官》，遇禮制與《周官》不合者，輒擠為夏、殷制，實皆無稽之談也。

　　無論《周官》、〈王制〉，皆屬學者擬議之辭，本非古代史實。然擬議之說，亦必有其所由。《穀梁》曰：「古者天子封諸侯，其地足以容其民，其民足以滿城而自守也。」襄公二十九年。此以人口之眾寡言之。《孟子》曰：「天子之地方千里，不千里，不足以待諸侯；諸侯之地方百里，不百里，不足以守宗廟之典籍。」〈告子下〉。此以財用之多少言之。足見封地

之大小，實視事勢而定，非可任意為之也。《易・訟卦》九二：「不克訟，
歸而逋，其邑人三百戶，無眚。」《疏》：「此小國下大夫之制。《周禮》小
司徒，方十里為成，九百夫之地。溝渠，城郭，道路，三分去一，餘六百
夫。又以不易，一易，再易，定受田三百家。」此即《左氏》所謂夏少康有
田一成，哀西元年。亦即《論語》所謂奪伯氏駢邑三百者。〈憲問〉。在春
秋時為下大夫之封，在古則為成國矣。《呂覽》謂「海上有十里之諸侯」，
《慎勢》。蓋指此，此封建之最早者也。稍進則為今文家所言之制。古之居
民，實以百里為一區。已見第十一章第三節。其不及此者，則《孟子》所
謂「今滕絕長補短，方五十里」者也。〈滕文公上〉。過於此者，則〈明堂
位〉謂成王封周公於曲阜，地方七百里；《史記・漢興以來諸侯年表》，謂
周封伯禽、康叔於魯、衛，地各四百里；大公於齊，兼五侯地。此為《周
官》上公之封。《孟子》曰：「周公之封於魯，為方百里也，地非不足，而
儉於百里。」「今魯方百里者五。」〈告子下〉。〈明堂位〉、《史記》蓋皆據
後來封域言之，在周初尚無此等國，故今文家所擬制度，大國猶僅百里；
春秋以來，此等國漸多，作《周官》者，遂增公侯之封，至於四五百里，
而以百里為男國也。更大於此者，則《孟子》所謂「海內之地，方千里者
九，齊集有其一」；〈梁惠王上〉。子產所謂「大國地多數圻」。《左氏》襄
公三十五年。此等大國，從無受封於人者，故作《周官》者亦不之及也。
公、侯、伯、子、男，皆為美稱，見《白虎通義・爵篇》。語其實則皆曰
君。故〈曲禮〉謂「九州之長，入天子之國曰牧，於外曰侯，於其國曰君」
也。公、侯、伯、子、男，雖為美稱，然古碻亦以是為進退。[131]《史記・
衛康叔世家》，自貞伯以上皆稱伯。頃、釐兩世稱侯。武公平戎有功，平
王命之，自此稱公，成侯復貶號為侯。及子平侯皆稱侯。嗣君貶號曰君。
以下四世，又皆稱君，皆從其實書之，必國史元文也。君其實，稱君則無

---

[131]　政體。

復誇飾。〈趙世家〉:「五國相王,武靈王獨不肯,曰:「無其實,敢有其名乎?令國人謂己曰君。」」,謙,不欲妄有美稱也。牧與伯即一物,自其受職於天子言之曰牧,自其長一州言之曰伯,故〈王制〉言「八州八伯」,而〈曲禮〉言州長曰牧。王者天下所歸往,伯則諸侯之長。凡並時尊無與敵者,則謂之王。受命於王,以監察一方者,則謂之伯。然所謂王者,非真普天之下,尊無二上,亦就一區域之內言之,故春秋時吳、楚等國皆稱王以其所王之區,本非周室號令所及也。參看第九章第二節楚熊渠、熊通事。徐偃王亦稱王。《穀梁》哀公十三年,與吳辭尊稱而居卑稱,以令乎諸侯,以尊天子,即謂去王而稱子也。然此特在中國,在江東未必如是。越之亡也,《史記》言其諸族子或為王,或為君,濱於江南海上,服朝於楚,為王而仍可服朝於人,即因其各居一區也。伯之始,似是就一區之內,分為九州,中由天子自治,是為縣內,其外更分為八區,各委一人治之。堯、舜時封域,實不過今山東一隅,其時已有九州之制。已見第十章第二節。故《尚書大傳》即有所謂八伯。見第七章第四節。其後疆域式廓,而此制不廢,則其所治者,侔於〈禹貢〉之一州矣。召康公命齊大公,見《左氏》僖公四年。周命楚成王、見第九章第二節。秦穆公見第九章第四節。皆如此。此即〈王制〉所謂八州八伯,亦即〈曲禮〉所謂九州之長者。又周初聲教所及既廣,天子一人治理難及,於是有周、召分陝之制,見《公羊》隱公五年。後擬制者亦沿之,則〈王制〉所謂「分天下以為左右曰二伯」,〈曲禮〉所謂「五官之長曰伯是職方」者也。《史記‧五帝本紀》言黃帝「置左右大監,監於萬國」,疑亦附會此制以立說。〈王制〉又曰:「天子使其大夫為三監,監於方伯之國,國三人。」此則依附周初使管叔、蔡叔、霍叔監殷之事者也。周、召二公,世為王室卿士,二伯分陝之制,可謂仍存,特不克舉其職耳。五霸迭興,亦即九州之長之職,特其會盟征伐,所攝而及者更廣;而秦始皇分天下為三十六郡,郡置守尉監,亦

即三監之制；蓋當時自有此法，故儒家之擬制者，亦以是為言也。李斯為荀卿弟子，此制或即原於儒家之說，亦未可知。戰國之世，所謂七雄者，地小者與王畿侔，大者則又過之，實即春秋以前之王，故各國後皆稱王。此時列國之封其臣，小者稱君，如孟嘗君、望諸君是也。大者亦稱侯，如穰侯、文信侯是也。則臨其上者，非更有他稱不可。其時之人所擬之稱號為帝，故齊、秦嘗並稱東西帝，秦圍邯鄲時，魏又欲尊秦為帝。始皇並六國後，令丞相御史議更名號，博士初上尊號為泰皇，始皇命去泰著皇，採上古帝位號，號曰皇帝，名為法古，實亦順時俗所習聞也。

　　巡守朝貢之制，其為虛擬而非事實，亦與制祿爵之說同。〈王制〉云：「諸侯之於天子也，比年一小聘，三年一大聘，五年一朝。天子五年一巡守。歲二月東巡守，至於岱宗。五月南巡守，至於南嶽。八月西巡守，至於西嶽。十有一月北巡守，至於北嶽。」《周官》大行人則云：「侯服歲一見，其貢祀物。甸服二歲一見，其貢嬪物。男服三歲一見，其貢器物。採服四歲一見，其貢服物。衛服五歲一見，其貢材物。要服六歲一見，其貢貨物。九州之外，謂之蕃服，世一見，各以其所寶貴為摯。王之所以撫邦國諸侯者：歲遍存。三歲遍頫。五歲遍省。七歲屬象胥，諭言語，協辭命。九歲屬瞽史，諭書名，聽聲音十有一歲，達瑞節，同度量，成牢禮，同數器，修法則。十有二歲，王巡守殷國。」案晏子說巡守之禮曰：「春省耕而補不足，秋省斂而助不給。」《孟子‧梁惠王上》。與《周官》、〈王制〉所說，主為治諸侯者，絕不相同。〈王制〉云：「山川神祇，有不舉者為不敬，不敬者，君削以地，宗廟有不順者為不孝，不孝者，君絀以爵。變禮易樂者為不從，不從者君流。革制度衣服者為畔，畔者君討。有功德於民者，加地進律。」《孟子‧告子下》曰：「入其疆，土地闢，田野治，養老尊賢，俊傑在位，則有慶，慶以地。入其疆，土地荒蕪，遺老失賢，掊克在位，則有讓。」此皆三公黜陟之事。《白虎通義‧巡狩篇》曰：「天

道時有所生，歲有所成。三歲一閏，天道小備，五歲再閏，天道大備，故五歲一巡狩。三年小備，二伯出述職黜陟。一年物有終始，歲有所成，方伯行國。時有所生，諸侯行邑。」夫省耕省斂，則所謂時有所生者也。齊景公問於晏子曰：「吾欲觀於轉附、朝舞，遵海而南，放於琅邪，吾何修而可以比於先王觀也？」《孟子・梁惠王下》。自營丘至於琅邪，則所謂方伯行國者也，二伯出述職黜陟，即周、召分陝之事，猶之蒙古憲宗命世祖治漠南，阿里不哥治漠北耳。設使周王是時，猶能親歷所屬，安用是紛紛為？然則所謂巡守者，邦畿之大，不過齊之先君，猶能行之，過此以往，則不可知矣。安得如〈堯典〉所云，一歲之中，驅馳萬里乎？〈王制〉所言巡守之法，皆本〈堯典〉，即〈堯典〉之傳也。《書疏》云：「鄭玄以為每嶽禮畢而歸，仲月乃復更去，計程不得周遍，此事不必然也。」然果以東嶽為泰山，西嶽為華山，南嶽為衡山，北嶽為恆山，即不歸而徑往，又安得周遍乎？作《周官》者，亦知其事之不可行，故改為十二歲一巡守。然如〈堯典〉之所說，雖十二歲一舉，亦豈能行？《左氏》莊公二十一年，「王巡虢守」，近畿之國，雖東周後，亦未嘗不可舉行巡守之典也。即如《周官》所說屬象胥、屬瞽史等，亦千里之內，猶或難之，況欲行之方數千里之廣邪？

　　《左氏》昭公三年，子大叔曰：「昔文、襄之霸也，令諸侯三歲而聘，五歲而朝。」昭公十三年，叔向曰：「明王之制，使諸侯歲聘以志業，間朝以講禮，《注》：三年而一朝。再朝而會以示威，《注》：六年而一會。再會而盟以顯昭明。」《注》：十二年而一盟。其說與《周官》、〈王制〉相出入。叔向所云明王之制，《義疏》引崔氏，以為朝霸主之法，蓋是。春秋時，魯數朝於晉，又嘗朝於楚，馳驅皆在數千里外，然則《周官》、〈王制〉所云，其為按春秋、戰國時事立說無疑也。是時大國之誅求於小國者甚酷。如《左氏》襄公二十九年，女叔侯謂魯之於晉，「職貢不乏，玩好時至，公

卿大夫相繼於朝，史不絕書，府無虛月」是也。八年，公如晉朝，以聽朝
聘之數。是歲，五月，會於邢，以命朝聘之數。然則朝聘之疏數，亦大國
製之，無定法也。[132]貢賦之數，本大國多，小國少。《左氏》昭公十三年，
子產爭承曰：「昔天子班貢，輕重以列。列尊貢重，周之制也。卑而貢重
者，甸服也。鄭，伯男也，而使從公侯之貢，懼弗給也。」是其事也。襄
公二十七年，弭兵之會，季武子使謂叔孫，以公命，曰：「視邾、滕。」既
而齊人請邾，宋人請滕，皆不與盟。[133]叔孫曰：「邾、滕，人之私也，我
列國也，何故視之？宋、衛吾匹也。」乃盟。邾、滕之不與盟，即所謂附
庸也。此等附庸，仍助大國共賦役。襄公四年，公如晉聽政，請屬鄫。晉
侯不許。孟獻子曰：「鄫無賦於司馬，為執事朝夕之命敝邑，敝邑褊小，
闕而為罪，寡君是以願藉助焉。」定西元年，城成周。宋仲幾不受功，
曰：「滕、薛、郳，吾役也。」是其事也。又貢於大國多，貢於小國少。哀
公十三年，黃池之會，吳人將以公見晉侯。子服景伯曰：「王合諸侯，則
伯帥侯牧以見於王；伯合諸侯則侯帥子男以見於伯，自王以下，朝聘玉帛
不同，故敝邑之職貢於吳，有豐於晉，無不及焉，以為伯也。今諸侯會而
君將以寡君見晉君，則晉成為伯矣，敝邑將改職貢。」是其事也。《周官・
司徒》，其食者幾，鄭《注》云：「足其國禮俗、喪紀、祭祀之用，乃貢其
餘，若今度支經用，餘為司農穀矣。」〈月令〉：季秋：「合諸侯，制百縣，
為來歲受朔日，與諸侯所稅於民輕重之法，貢職之數，以遠近土地所宜為
度，以給郊廟之事，無有所私。」季冬：「乃命太史，次諸侯之列，賦之
犧牲，以共皇天上帝社稷之饗。乃命同姓之邦，共寢廟之芻豢。命宰歷卿
大夫，至於庶民土田之數，而賦犧牲，以共山林名川之祀。」蓋亦行於畿
內之法，而後推之遠國者也。《左氏》襄公二十二年：「臧武仲如晉，雨，

---

[132] 封建：貢大國多小國少。
[133] 封建：齊人請邾，宋人請滕，即附庸仍助大國供賦役。

過御叔。御叔在其邑，將飲酒，曰：焉用聖人？我將飲酒而已，雨行，何以聖為？穆叔聞之，曰：不可使也，而傲使人，國之蠹也。令倍其賦。」《注》云：「古者家其國邑，故以重賦為罰」，《疏》云：「言以國邑為己之家，有貢於公者，是減已而貢之，故以重賦為罰。」[134] 大國之誅求於小國，猶國君之誅求於大夫也。

　　古有所謂興滅國，繼絕世者，書傳以為美談，實則貴族之互相迴護而已。興滅國，繼絕世，說見《尚書大傳》，曰：「古者諸侯始受封，必有采地：百里諸侯以三十里，七十里諸侯以二十里，五十里諸侯以十五里。其後子孫雖有罪黜，其采地不黜，使其子孫之賢者守之，世世，以祠其始受封之人。此之謂興滅國，繼絕世。」案東周之亡也，秦盡入其國，而不絕其祀，以陽人賜周君，奉其祭祀，此即《書傳》所謂興滅國繼絕世者。而如〈樂記〉述《牧野之語》，謂武王既克殷，反商，未及下車，而封黃帝之後於薊，封帝堯之後於祝，帝舜之後於陳；下車而封夏侯氏之後於杞，投殷之後於宋；《五經異義》：「《公羊》說：存二王之後，以通三統。古《春秋左氏》說：封夏、殷二王之後，以為上公，封黃帝、堯、舜之後，謂之三恪。」通三統之說，見於隱公三年，《公羊解詁》云：使統其正朔，服其服色，行其禮樂，蓋儒家謂三王之道若循環，終而復始，故必存二代之法，以備本朝之治既敝而取資焉，此乃儒家之說。三恪之名，見於《左氏》襄公二十五年，然僖公二十五年、昭公二十五年，皆云「宋於周為客」，則並非專指黃帝、堯、舜之後，亦不必專指夏、殷。蓋尊禮先代之後，古確有其事，儒家乃因之以立通三統之義也。此亦猶契丹大祖尊遙輦於御營，亦貴族之互相迴護而已。後世於此等事，率美而傅之，然於民何與焉？則尤其大焉者。蓋古貴族皆恃封土以為食，而古人迷信「鬼猶求食」，亦與生人同。《左氏》宣公四年。失其封土，則生無以為養，死不能

---

[134]　封建：賦於邑。

盡葬祭之禮，故古人以為大戚。紀季之以酅入齊也，曰：「請復五廟，以存姑姊妹。」即此義也。見《公羊》莊公二十三年。東周時國，往往有滅而復見者，則古人能行此者蓋甚多。然有國有家者之所以爭，以其利也，利其土地人民而爭之，而復與之以采地，又何以充不奪不饜之慾乎？此先王之後所以卒絕，而封建之所以終變為郡縣也。「寓公不繼世」亦此義。

〈王制〉曰：「天子之縣內諸侯，祿也。外諸侯，嗣也。」以制爵祿之道言之，內諸侯與外諸侯，絕無以異，所異者，世與不世而已。變封建為郡縣，無他，即變外諸侯為內諸侯而已。何以言之？案古之居民，最小者曰聚，大曰邑，又大曰都。[135] 何以知聚最小，邑較大，都更大？以《史記》言舜所居「一年成聚，二年成邑，三年成都」；〈五帝本紀〉。《左氏》言「邑有宗廟先君之主曰都，無曰邑」也。莊公二十八年，都邑等時亦通稱，不可泥。合若干都與邑而統屬之，則曰國。其君不世繼者則為縣。何以知縣與國是一？以古書多記滅國為縣者。其不記其興滅建置者，縣名亦率多舊國名，可推想其滅國而為縣也。昭公二十八年（西元前 514 年），晉分祁氏之田以為七縣，羊舌氏之田以為三縣。五年，蔿啟疆言：「韓賦七邑皆成縣。」又言：「因其十家九縣長轂九百，其餘四十縣，遺守四千。」此卿大夫之采地，寖盛而成為縣者也。《史記·商君列傳》，言商君治秦，集小都鄉邑聚為縣，此則國家新設之縣，君之者不復世襲者也。楚縣尹稱公，楚稱王，其所封之大國，固得稱公也。然既謂之縣尹，則必不復世襲，此即內諸侯祿之制。縣為居民之區。已見第十一章第三節。郡則為軍事而設。姚氏鼐曰：「郡之稱，蓋始於秦、晉。以所得戎翟地遠，使人守之，為戎翟民君長，故名曰郡。如所云陰地之命大夫，即郡守之謂也。案見《左氏》哀公四年。趙簡子之誓曰：上大夫受縣，下大夫受郡。見哀公二年。郡遠而縣近，縣成聚富庶而郡荒陋，故以美惡異等。愚案《周書·作雒》云：

---

[135] 實業：聚小於邑，邑小於都。

「千里百縣，縣有四郡。」則亦有大小之異。〈晉語〉：夷吾謂公子縶曰：君實有郡縣。言晉地屬秦，異於秦之近縣，非云郡與縣相統屬也。及三卿分范、中行、知氏之縣，其縣與己故縣隔絕，分人以守，略同昔者使人守遠地之體，故率以郡名，然而郡乃大矣，所統有屬縣矣。」愚案《史記》：甘茂謂秦王曰：「宜陽大縣也，上黨、南陽，積之久矣。名曰縣，其實郡也。」春申君言於楚王曰：「淮北地邊齊，其事急，請以為郡便。因並獻淮北十三縣，請封於江東。」皆見本傳。此皆郡之軍備優於縣之證。楚有巫、黔中；趙有雲中、雁門、代郡；燕有上谷、漁陽、右北平、遼西、遼東；魏有河西、上郡；皆所以控扼戎翟。參看第十章第一節。宜陽、淮北，則所以捍禦敵國。吳起為魏文侯守西河，晉文公問原守於寺人勃鞮，見《左氏》僖公二十五年。即其類。然則郡縣之興久矣。東周之世，諸大國中所苞之郡縣，固不少矣。秦始皇滅六國，以其異國初服，不可無以控制之，乃皆裂其地以為郡，使信臣精卒，陳利兵而誰何焉，然非創製也。始皇之所異者，深鑑天下苦戰鬥不休，以有侯王，復立國是樹兵，故身有海內，而子弟為匹夫，謂其行郡縣，不如謂其廢封建之為當也。

▶ 第二節　官制

古代官制，今古文說亦不同。〈王制〉云：「天子三公、九卿、二十七大夫、八十一元士。」《五經異義》今《尚書》歐陽、夏侯說同。《尚書大傳》云：「每一公，三卿佐之。每一卿，三大夫佐之。每一大夫，三元士佐之。」《白虎通義》同。公、卿、大夫、元士凡百二十。《通義》云：「下應十二子。」《春秋繁露·官制象天篇》，益以二百四十三下士，凡三百六十三，近乎一歲之日數。此即《尚書·洪範》所謂「王省唯歲，卿士唯月，師尹唯日」者也。其官：則三公：一曰司徒，二曰司馬，三曰司空。《異義》。《韓詩外傳》云：司馬主天，司空主土，司徒主人。九卿經傳皆

無說。《荀子・王制》、〈序官〉，所舉官名凡十三：曰宰爵，曰司徒，曰司馬，曰大師，曰司空，曰治田，曰虞師，曰鄉師，曰工師，曰傴巫跛擊，曰治市，曰司寇，曰塚宰。除塚宰、司徒、司馬、司空外，凡九官，或曰即九卿也。此今文說也。

　　古《周禮》說，亦見《異義》。曰：「天子立三公：曰大師、大傅、大保。無官屬，與王同職。故曰：坐而論道，謂之三公。又立三少以為之副，曰少師、少傅、少保。是為三孤。塚宰、司徒、宗伯、司馬、司寇、司空，是為六卿。之同其。屬，大夫、士、庶人在官者，凡萬二千。」《偽古文尚書・周官篇》本之。〈周官〉無師、傅、保之名，然朝士建外朝之法，「左九棘，孤卿大夫位焉。面三槐，三公位焉。」他官職文，涉及公孤者尚眾。宰夫、司服、典命、巾車、司常、射人、司士、大僕、弁師、小司寇等。則謂《古文尚書》之〈周官篇〉為偽物可，謂其偽而又誤，固不可也。此古文說也。

　　今古文異說，每為經生聚訟之端，實則其說亦各有所據。《禮記・文王世子》曰：「《記》曰：虞、夏、商、周，有師、保，有疑、丞，設四輔，及三公。」《書傳》曰：「古者天子必有四輔：前曰疑，後曰丞，左曰輔，右曰弼。」〈文王世子〉引舊《記》，是三言韻語，故於四輔三公之名，皆僅舉其二。或指此篇為古文，謂其說不與今文相中，非也。不特此也，《大戴記・保傅》曰：「昔者周成王幼，在襁褓之中，召公為大保，周公為大傅，大公為大師，保保其身體，傅傅之德義，師道之教訓，此三公之職也。於是為置三少，皆上大夫也。曰少保、少傅、少師，是與大子燕者也。」案〈保傅〉亦見《賈子書》，此大子作天子，是也。與古《周禮》說合，《戴禮》亦今文說也。又曰：「明堂之位曰篤仁而好學，多聞而道慎，天子疑則問，應而不窮者，謂之道。道者，道天下以道者也。常立於前，是周公也。誠立而敢斷，輔善而相義者，謂之充。《賈子》作輔。充

者，充天子之志者也。志，《賈子》作意。常立於左，是大公也。潔廉而切直，匡過而諫邪者，謂之弼。弼者，弼天子之過者也。常立於右，是召公也。博聞而強記，接給而善對者，謂之承。承者，承天子之遺忘者也。常立於後，是史佚也。」亦即《書傳》之疑、丞、輔、弼。則謂今文無師、傅、保之官者必非矣。然則今古之說，又何別乎？曰：有大學之三老焉。有治朝政之三官焉。大師、大傅、大保，大學中之三老也。[136] 司徒、司馬、司空，治朝政之三官也。公乃爵之最高者，本不限於三人。治朝政之三官，蓋自古即稱三公。大學中之三老，其初雖為天子私暱，其後體制漸尊，故亦稱為公。然究為天子私人，言國政者並不之及，故《周官》雖有公孤之名而無其職。而漢儒治古文者，乃將其與理政之官，併為一談，此武帝所以譏《周官》瀆亂不驗也。何以知師、傅、保為大學中之三老也？案《保傅篇》又曰：「《學禮》曰：帝入東學，上親而貴仁，則親疏有序，而恩相及矣。帝入南學，上齒而貴信，則長幼有差，而民不誣矣。帝入西學，上賢而貴德，則聖智在位，而功不匱矣。帝入北學，上貴而尊爵，則貴賤有等，而下不逾矣。帝入大學，承師問道，退習而端於大傅，太傅罰其不則，而達其不及，則德智長而理道得矣。」東南西北四學，蓋疑、南。丞、北。輔東。弼西。所在，大學則師、傅、保所在，合三公四輔凡七人，故《孝經》言，「天子有爭臣七人，雖無道不失其天下」也。《戴記》所言，為王居明堂之禮，《禮記・禮運》亦然。〈禮運〉曰：「三公在朝，三老在學，王前巫而後史，卜筮瞽侑，皆在左右，王中，心無為也，以守至正。」巫、史、卜筮、瞽侑，即疑、丞、輔、弼，三老即師、傅、保。三公蓋司徒、司馬、司空，一言在朝，一言在學，古明堂大學同物，亦即天子之居，此三公三老，一治國政，一為天子私暱之徵也。[137]《禮記・曾

---

[136]　職官：三師之如僕御。
[137]　職官：在朝在學之異。

子問》言：「古者男子，外有傅，內有慈母。」而〈內則〉言養子之禮曰：「異為孺子室於宮中，擇於諸母與可者。必求其寬裕慈惠，溫良恭敬，慎而寡言者，使為子師，其次為慈母，其次為保母，皆居子室。他人無事不往。」師保之名，父母皆同，傅夫一字，《禮記・郊特牲》：「夫也者，夫也」，《注》：「夫，或為傅。」女子不可言夫，故變文言慈。古以三為多數，貴族生子，蓋使三父三母左右之，《公羊》襄公三十年《解詁》：「禮，後夫人必有傅母，所以輔正其行，衛其身也。選老大夫為傅，選老大夫妻為母。」則女子亦有男女侍從。三母曰師、慈、保，三父則師、傅、保也，然則師、傅、保之初，亦僕御之類耳，云保其身體或有之，安能傅之德義，道之教訓？更安能坐而論道邪？治民事者，古多言五官。[138]〈曲禮〉曰「天子之五官：曰司徒、司馬、司空、司士、司寇，典司五眾」者也。《左氏》載郯子、蔡墨，《淮南・天文》、《春秋繁露・五行相勝篇》所言略同。《左氏》昭公十七年，郯子之言曰：「祝鳩氏，司徒也。睢鳩氏，司馬也。鳲鳩氏，司空也。爽鳩氏，司寇也。鶻鳩氏，司事也。五鳩，鳩民者也。」司事即司士，鳩民，即「典司五眾」之謂也。《春秋繁露・五行相勝》曰：「木者，司農也。火者，司馬也。土者，君之官也。其相曰司營。金者，司徒也。水者，司寇也。」司營即司空，司農即司事，農者民事也。《淮南子・天文訓》曰：「何謂五官？東方為田，南方為司馬，西方為理，北方為司空，中央為都。」田即司農，理即司寇，都即司徒也。《左氏》昭公二十九年，蔡墨曰：「木正曰句芒，火正曰祝融，金正曰蓐收，水正曰玄冥，土正曰后土。」名雖異，其象五行則同。又《大戴・盛德》：「設其四佐：司徒典春，司馬司夏，司寇司秋，司空司冬」，亦即《繁露》之說，特未及君之官耳。今文家取其中之司徒、司馬、司空為三公，古文則易司士以宗伯，益塚宰為六官。案《左氏》昭公四年，杜洩謂季孫曰：「夫子受

---

[138]　職官：五官六官亦見大戴。

命於朝而聘於王。王思舊勳而賜之路。覆命而致之君。君不敢違王命，而復賜之。使三官書之。吾子為司徒，實書名。夫子為司馬，與工正書服。孟孫為司空，以書勳。」則司徒、司馬、司空並稱三官，春秋列國，確有是制。而宋官制有六卿。其名為右師、左師、司馬、司徒、司城、司寇，見《左氏》文公七年、十六年、成公十五年、哀公二十年。[139]《大戴禮記・盛德篇》曰：「塚宰之官以成道，司徒之官以成德，宗伯之官以成仁，司馬之官以成聖，司寇之官以成義，司空之官以成禮。」則《周官》之制所本也。《管子・五行篇》曰：「黃帝得蚩尤而明於天道，得大常而察於地理，得奢龍而辨於東方，得祝融而辨於南方，得大封而辨於西方，得后土而辨於北方。黃帝得六相而天地治，神明至。蚩尤明乎天道，故使為當時。大常察乎地利，故使為廩者。奢龍辨乎東方，故使為土師。祝融辨乎南方，故使為司徒。大封辨於西方，故使為司馬。后土辨於北方，故使為李。是故，春者，土師也。夏者，司徒也。秋者，司馬也。冬者，李也。」說雖不與《周官》同，而亦相類。案塚宰不獨天子有之，[140] 諸侯之國、大夫之家皆有之。《左氏》隱公十六年：「羽父請殺桓公，將以求大宰。」《孟子》言「求也為季氏宰」〈離婁上〉。是也。《論語》曰：「季氏富於周公，而求也，為之聚斂而附益之。」〈先進〉。《史記・孔子世家》：「孔子欣然而笑曰：有是哉！顏氏之子，使爾多財，吾為爾宰。」宰蓋主財利之官，故〈王制〉猶言「塚宰制國用」。宰又為「群吏之長」，《儀禮・特牲饋食禮注》。故《論語》曰：君薨，百官總己，以聽於塚宰，三年。〈憲問〉。〈檀弓〉曰：「陳子車死於衛，其妻與家大夫謀以殉葬，定而後陳子亢至，以告，曰：夫子疾，莫養於下，請以殉葬。子亢曰：以殉葬，非禮也，雖然，則彼疾，當養者，孰若妻與宰？得已，則吾欲已，不得已，則吾欲以二子者之為之

---

[139]　職官：三官六官春秋時事亦（有）據。
[140]　職官：宰。

也。」則宰又主飲食，故叔孫使豎牛為政，而豎牛絕其飲食以死。《左氏》昭公四年。然則宰者，富貴之家，僕役之用事者耳，安得與治國政之三官比哉？今文家說，重國政而輕君之褻臣，故雖長群吏之塚宰，於制國用而外，亦絕不齒及也。《考工記》曰「國有六職」「坐而論道，謂之王公」，此王公乃指天子諸侯，鄭《注》。而為古學者竊之以論三公，彌不仇矣。謂《周官》為瀆亂不驗之書，信不誣也。卿與鄉實一字，《書‧甘誓》：「大戰於甘，乃召六卿。」《墨子‧非攻》云：晉有六將軍。〈尚同〉以將軍大夫連舉，皆卿即將軍之證，然則卿本軍率之稱也。

　　〈王制〉云：「大國三卿，皆命於天子。下大夫五人，上士二十七人。次國三卿，二卿命於天子，一卿命於其君。下大夫五人，上士二十七人。小國二卿，皆命於其君。下大夫五人，上士二十七人。」《注》云：「小國亦三卿，一卿命於天子，二卿命於其君，此文似誤脫耳。」案〈王制〉又云：「小國之上卿，位當大國之下卿，中當其上大夫，下當其下大夫。」則鄭說是也。《公羊》襄公十一年《解詁》曰：「古者諸侯有司徒、司空、上卿各一，下卿各二。司馬事省，上下卿各一。」下卿即〈王制〉所謂下大夫也。《疏》引崔氏，謂司徒兼塚宰，司馬兼宗伯，司空兼司寇。司徒下小卿二：曰小宰、小司徒。司空下小卿二：曰司寇，曰小司空。司馬下小卿一，曰小司馬。牽合《周官》為說，殊無謂也。

　　《周官》地方之制：王城之外為鄉，鄉之外為外城，外城之外為近郊，近郊之外為遂，遂之外為遠郊，遠郊謂之野，野之外為甸，甸之外為稍，稍之外為縣，縣為小都；小都之外為鄙，鄙為大都。甸、稍、縣、都皆采邑。鄉以五家為比，五比為閭，四閭為族，五族為黨，五黨為州，五州為鄉。比長為下士，閭胥中士，族師上士，黨正下大夫，州長中大夫，鄉大夫即卿。遂以五家為鄰，五鄰為里，四里為酇，五酇為鄙，五鄙為縣，五縣為遂。鄉長，里宰，酇長，鄙師，縣正，遂大夫，比鄉官遞降一級。遂

大夫為中大夫，鄰長無爵。《管子・立政》：「分國以為五鄉，鄉為之師。分鄉以為五州，州為之長。分州以為十里，里為之尉。分里以為十遊，遊為之宗。十家為什，五家為伍，什伍皆有長焉。」〈小匡〉參國之法：「制五家為軌，軌有長。十軌為里，里有司。四里為連，連有長。十連為鄉，鄉有良人。三鄉一帥。」五鄙之法：「制五家為軌，軌有長。六軌為邑，邑有司。十邑為率，率有長。十率為鄉，鄉有良人。三鄉為屬，屬有帥。五屬一大夫。」說雖不同，要皆以五起數，與軍制相應。《尚書大傳》云：「古八家而為鄰，三鄰而為朋，三朋而為里，五里而為邑，十邑而為都，十都而為師，州十有二師焉。」則以三起數，與井田之制相合。《禮記・雜記注》引《王度記》云：「百戶為里，里一尹。」《疏》云：「《撰考》云：古者七十二家為里。」七十二家即三朋。《公羊》宣公十五年《解詁》云：「一里八十戶，八家共一巷。選其耆老有高德者，名曰父老。其有辨護伉健者為里正。」《管子・度地》云：「百家為里，里十為術，術十為州，州十為都，都十為霸國。」曰百家，曰八十家，蓋皆以成數言之也。古行貢法之地，其民服兵役，以什伍編制。行助法之地，民不為兵，則以八家起數。二說蓋各有所據。什伍之制，多存於後世，而鄰朋之制不可見者，則以井田廢壞，而野鄙之民，後亦為正兵故也，參看第四第五兩節自明。

孟子曰：天子一位，《繁露》曰：土者君之官，則人君之尊，初非殊絕於其臣，而天子之尊，亦非殊絕於群後也。然其後卒至殊絕者，則事勢之遷流實為之。一群之中，公事本無由一人把持之理，故邃初政制，必為民主。迨以兵戈相懾服，勝者入據敗者之群，而為之首長，則不復能以眾意為興替，於是世及之制興焉。而氏族之長，與部落之酋，承襲之法，併為一談矣，此以言乎一國之君也。至合眾國而奉一國為共主，則其國初無一定，故邃初無所謂王霸。其後一部落漸強，諸部落莫能代興，則此部落屍共主之位漸固，於是有天子諸侯之別。然為諸部落之共主者，雖有一

定，而身膺共主之位者，尚不必即此部落中之酋長。如蒙古自成吉思汗以後，大汗之位，雖非成吉思汗之子孫莫屬，然仍必由忽烈而臺推戴，即其事也。[141] 中國之所謂「唐、虞禪」，蓋亦如此。其後此一部族之力益強，酋長之承襲，不復許他部族置喙，則一國之君之承襲，與各國共主之承襲，又併為一談。猶蒙古自仁宗以後，遂公然建儲矣。此則中國自夏以來之制也。民權遺跡，猶有存於各國之中者。其大者，莫如《周官》之詢國危，詢國遷，詢立君。[142] 見小司寇。《左氏》定公八年，衛侯欲叛晉，朝國人，使王孫賈問焉；哀西元年，吳召陳懷公，懷公召國人而問焉：此所謂詢國危者也。盤庚之將涉河也，命眾悉造於庭；《書·盤庚上》。大王之將遷岐也，屬其耆老而告之：《孟子·梁惠王下》。此所謂詢國遷者也。《左氏》僖公十五年，子金教郤缺：朝國人，而以君命賞。且告之曰：孤雖歸，辱社稷矣，其卜貳圉也；昭公二十四年，晉侯使士景伯蒞問周政，士伯立於乾祭，而問於介眾；哀公二十六年，越人納衛侯。文子致眾而問焉：此所謂詢立君者也。鄉大夫《注》引鄭司農說，謂大詢於眾庶，即《洪範》所謂謀及庶民。案《洪範》云：「三人占，則從二人之言。」又以謀及乃心，謀及卿士，謀及庶人，謀及卜筮並言，則庶人操可否之權，亦五之一。又《孟子》言：「國人皆曰賢，然後察之，見賢焉，然後用之。」「國人皆曰不可，然後察之，見不可焉，然後去之。」「國人皆曰可殺，然後察之，見可殺焉，然後殺之。」〈梁惠王下〉。此雖似空論，然《韓非子·外儲說》，謂齊桓公將立管仲，令群臣曰：善者入門而左，不善者入門而右，與《左氏》言陳懷公朝國人，令欲與楚者左，欲與吳者右相合。則古必有成法，特其後漸廢不行，遂至無可考耳。《管子》言黃帝立明臺之議，堯有衢室之問，舜有告善之旌，禹立諫鼓於朝，湯有總街之庭，武王有靈臺之復，

---

[141]　政體：禪＝忽力而臺繼＝仁宗後建儲。
[142]　政體：大詢之事蹟。刑賞詢於眾。

欲立噴室之議，人有非上之所過者內焉，〈桓公問〉。疑亦必有所據，非盡假託之辭矣，暴其民甚者，若周屬王之監謗，勢不可以口舌爭，則國人起而逐之，此等事雖不多見，然古列國之君，暴虐甚者，大夫多能逐之；大夫暴虐甚者，其君亦多能正之；諸侯與諸侯，大夫與大夫之間，亦恆互相攻擊，雖其意不在弔民伐罪，然暴民甚者，亦多因此而覆亡焉。此平民革命之事，所以不數數見也。[143] 孟子曰：「賊仁者謂之賊，賊義者謂之殘，殘賊之人謂之一夫。聞誅一夫紂矣，未聞弒君也。」〈梁惠王下〉。又曰：「民為貴，社稷次之，君為輕。」「諸侯危社稷，則變置。」〈盡心下〉。《淮南子》曰：「肆一人之邪，而長海內之禍，此大倫之所不取也。所為立君者，以禁暴討亂也。今乘萬民之力，而反為殘賊，是為虎傅翼，曷為弗除？夫畜池魚者必去猵獺，養禽獸者必去豺狼，又況治人乎？」〈兵略〉。南宮邊子曰：「昔周成王之卜居成周也，其命龜曰：予一人兼有天下，闢就百姓，敢無中土乎？使予有罪，則四方伐之，無難得也。周公卜居曲阜，其命龜曰：作邑乎山之陽，賢則茂昌，不賢則速亡。季孫行父之戒其子也，曰：吾欲作室之挾於兩社之間也，使吾後世有不能事上者，其替益速。」《說苑·至公》。邾文公卜遷於繹，史曰：利於民而不利於君。邾子曰：苟利於民，孤之利也。天生民而樹之君，以利之也。民既利矣，孤必與焉。左右曰：命可長也，君何弗為？邾子曰：命在養民。死之短長，時也。民苟利矣，遷也。吉莫如之。遂遷於繹。《左氏》文公十三年。蓋貴族之馮恃兵力者，其初雖視所征服之民，悉為俘虜，財產亦悉為所有，而有「普天之下，莫非王土，率土之濱，莫非王臣」之說，然天下非一人所私有之義，卒莫能泯，故賢者亦多能行之；而道術之士，尤曉音瘏口以讜言之也。[144] 特是時之庶民，無拳無勇，欲倡使革命甚難，而以君正其臣，

---

[143] 政體：諸侯大夫互攻與平民革命實質是一。

[144] 政體：革命之理論。

以列國之君之有道者，正其無道者，其勢較易。於是尊王尊君之義大昌，而君主專制之權，遂日益鞏固矣。

世及為禮之世，君位之承襲，往往與國家之治亂有關，故言治者恆致謹焉。氏族承襲之法，有相及者，有相繼者。[145] 繼之中，又有立長者，有立少者，已見第十一章第二節。《左氏》昭公二十六年，王子朝告諸侯曰：「先王之命曰：王后無適，則擇立長。年鈞以德，德鈞則卜。[146] 襄公三十一年，穆叔亦曰：「太子死，有母弟則立之。無則長立。年鈞擇賢，義鈞則卜。古之道也。」案〈檀弓〉：「石駘仲無適子，有庶子六人，卜所以為後者。」《左氏》昭公十三年，「楚共王無塚適，有寵子五人，無適立焉，乃大有事於群望，曰：當璧而拜者，神所立也，誰敢違之？既乃與巴姬密埋璧於大室之庭，使五人齊而入拜。」定西元年，子家曰：「若立君，則有卿士大夫與守龜在。」皆立君以卜之事也。王不立愛，公卿無私，古之制也。」先別適庶，次計長幼，制蓋莫嚴於周，後世皆遵行焉。《公羊》隱西元年曰：「立適以長不以賢，立子以貴不以長。」《解詁》曰：「適，謂適夫人之子，尊無與敵，故以齒。子，謂左右媵及姪娣之子。位有貴賤，又防其同時而生，故以貴也。禮：適夫人無子立右媵。右媵無子立左媵。左媵無子立適姪娣。適姪娣無子立右媵姪娣，右媵姪娣無子立左媵姪娣。質家親親先立娣，文家尊尊先立姪。適子有孫而死，質家親親先立弟，文家尊尊先立孫。其雙生也，質家據見立先生，文家據本意立後生。」此蓋《春秋》所立之法，古制未必嚴密如是。素王之法，亦所以防爭亂也。《春秋》隱公四年，「衛人立晉」。《公羊傳》曰：「立者何？立者，不宜立也。其稱人何？眾立之辭也。眾欲立之，其立之非也。」《春秋》之立君，主依法，不主從眾，以成法易循，眾意難見也。

---

[145] 政體：孫林父甯殖相二周召。
[146] 政體：立君以卜。

　　古代君臣相去，初不甚遠，故有君薨百官總己以聽於塚宰之制。《尚書‧大誥》之「王若曰」，王肅以為成王，鄭玄以為周公。案《春秋》魯隱公攝政，初未嘗事事以桓公之命行之，則鄭說是也。[147]《左氏》襄公十四年，衛獻公出奔，衛人立公孫剽，孫林父、甯殖相之，以聽命於諸侯。此雖有君，實權皆在二相，實與周、召之共和行政無異。若魯昭公出居乾侯，則魯並未嘗立君也。[148] 知古貴族之權之大。君權既昌，此等事遂絕跡矣。

▶ 第三節　選舉

　　邃古之世，公產之群，群之公事，必有人焉以治之，則必舉其賢者能者，此即孔子所謂「選賢與能」。〈禮運〉。斯時之公職，既無利可圖，而人之賢能與否，為眾所共見，自亦不易欺蔽，其選舉，必最能得人者也。逮此等公產之群，漸為黷武之群所征服，夷為有國有家者之屬地，居其上而統治之者，乃有所謂君大夫。百戰所得，視同私產，位皆世襲，不在選舉也。俞正燮《癸巳類稿‧鄉興賢能論》云：「太古至春秋，君所任者，與共開國之人及其子孫。上士、中士、下士、府、史、胥、徒，取諸鄉賢興能，大夫以上皆世族，不在選舉也。周單公用羈，鞏公用遠人，皆被殺。古人身經百戰，而得世官，而以遊談之士加之，不服也。立賢無方，則古者繼世之君，又不敢得罪於巨室也。」然所征服之社會，舊有之事，征服者初不甚干涉之，故其選舉之法仍存，此即《周官》鄉舉里選之制。有國有家者，間亦擇其人而用之，其初蓋專取勇力之士，後乃及於凡賢者能者，此則《禮記‧王制》、〈射義〉諸篇，所述升於學及貢士等制所由來也。上既以是擇用，下自可因之以謀利祿，於是選舉之途漸擴。東周以

---

[147]　政體：王若曰鄭玄以為周公二魯隱公攝。
[148]　政體：魯昭公出二屬王奔齔。

後，貴族驕淫矜誇，不足任國事，人君亟於擢用賢能；而井田制廢，士之失職者亦益眾，遊士遂遍天下矣。此先秦之世，選法變遷之大略也。

《周官》：大司徒：「以鄉三物教萬民，而賓興之。一曰六德知、仁、聖、義、中、和，二曰六行：孝、友、睦、婣、任、恤，三曰六藝：禮、樂、射、御、書、數。」鄉大夫之職：「正月之吉，受教法於司徒，退而頒之於其鄉吏，使各以教其所治，以考其德行，察其道藝。三年則大比，考其德行道藝，而興賢者能者。鄉老及鄉大夫，帥其吏與其眾寡，以禮禮賓之。厥明，鄉老及鄉大夫、群吏，獻賢能之書於王。王再拜受之。登於天府。內史貳之，退而以鄉射之禮五物詢眾庶：一曰和，二曰容，三曰主皮，四曰和容，五曰興舞。此謂使民興賢，出使長之；使民興能，入使治之。」《管子·君臣下》云：「鄉樹之師，以遂其學；官之以其能；及年而舉之；則士反行矣。」即此制也。[149]〈小匡〉曰：「正月之朝，鄉長復事，公親問焉，曰：於子之鄉，有居處為義，好學聰明，質仁慈孝子父母，長弟於鄉里者？有則以告。有而不以告，謂之蔽賢，其罪五。有司已於事而竣。公又問焉，曰：於子之鄉，有拳勇股肱之力，筋骨秀出於眾者？有則以告。[150]有而不以告，謂之蔽賢，其罪五。有司已於事而竣。公又問焉，曰：於子之鄉，有拳勇股肱之力，筋骨秀出於眾者？有則以告。有而不以告，謂之蔽才，其罪五。有司已於事而竣。公又問焉，曰：於子之鄉，有不慈孝於父母，不長弟於鄉里，驕躁淫暴，不用上令者？有則以告。有而不以告，謂之下比，其罪五。有司已於事而竣。於是乎鄉長退而修德進賢，桓公親見之，遂使役之官。公令官長期而書伐以告，且令選官之賢者而復之。」於五屬大夫同。〈立政〉曰：「凡孝悌忠信，賢良俊材，若在長家，子弟、臣妾、屬役、賓客，則什伍以復於遊宗，遊宗以復於州長，州長以計於鄉

---

[149] 選舉：管子鄉樹之師，以遂其學，官之以其能，及年而舉之。此似周官審其行，繼觀其能，進之朝也。後世不以是進，士而鬪有譽望者誤矣。達與聞（第312頁）。

[150] 選舉：初所取者勇力之士。

師，鄉師以著於士師。凡過黨，其在家屬，及於長家；其在長家，及於什伍之長；其在什伍之長，及於遊宗；其在遊宗，及於里尉；其在里尉，及於州長；其在州長，及於鄉師；其在鄉師，及於士師。三月一復，六月一計，十二月一著。」皆與《周官》之制相似。俞正燮曰：「出使長之，用為伍長也。入使治之，用為鄉吏也。」《鄉興賢能論》。其用之止於此而已矣。

《禮記・王制》曰。「命鄉論秀士，升之司徒，曰選士。司徒論選士之秀者而升之學，曰俊士。升於司徒者不徵於鄉。升於學者不徵於司徒，曰造士。」「大樂正論造士之秀者，以告於王，而升諸司馬，曰進士。司馬辨論官材，論進士之賢者，以告於王，而定其論。論定後然官之，任官然後爵之，位定然後祿之。」案《周官》司士：「掌群臣之版，以治其政令，歲登下其損益之數，辨其年歲，與其貴賤，周知邦國都家縣鄙之數，卿大夫士庶子之數，依賈《疏》，當作卿大夫士士庶子。以詔王治。以德詔爵，以功詔祿，以能詔事，以久奠食。掌國中之士治，凡其戒令。掌擯士者，凡邦國，三歲，則稽士任而進退其爵祿。」亦司馬屬官也。〈射義〉曰：「古者天子之制，諸侯歲獻，[151] 貢士於天子。《注》：「歲獻，獻國事之書及計偕物也。三歲貢士，舊說云：大國三人，次國二人，小國一人。」《疏》云：「知歲獻國事之書者？小行人云：令諸侯春入貢，秋獻功。《注》云：貢六服所貢也。功，考績之功也。秋獻之，若今計文書斷於九月，其舊法也。云三歲而貢士者，以經貢士之文，系歲獻之下，恐每歲貢士，故云三歲而貢士也。又知三歲者？案《書傳》云：古者諸侯之於天子也，三年一貢士。一適謂之好德，再適謂之賢賢，三適謂之有功。有功者，天子賜以衣服弓矢。再賜以秬鬯，以虎賁百人，號曰命諸侯。不云益地者，文不具矣。《書傳》又云：貢士一不適謂之過。《注》云：謂三年時也。再不適謂之敖，《注》云：謂六年時也。三不適謂之誣，《注》云：謂九年時也。一絀以爵，再

---

[151] 職官、封建：歲獻似即上計。

絀以地，三絀而地畢，《注》云：凡十五年。鄭以此故知三歲而貢士也。」天子試之於射宮。其容體比於禮，其節比於樂，而中多者，得與於祭。其容體不比於禮，其節不比於樂，而中少者，不得與於祭。數與於祭而君有慶，數不與於祭而君有讓。數有慶而益地，數有讓而削地。故曰：射者，射為諸侯也。」又曰：「天子將祭，必先習射於澤。《注》：「澤，宮名也。」《疏》：「蓋於寬閒之處，近水澤為之。《書傳》論主皮射云：鄉之取也於囿中，勇力之取也。今之取也於澤宮，揖讓之取也。」澤者，所以擇士也。已射於澤，而後射於射宮。射中者得與於祭，不中者不得與於祭。不得與於祭者有讓，削以地，得與於祭者有慶，益以地。進爵絀地是也。」古明堂大廟同物，《左氏》文公二年，狼瞫曰：「《周志》有之，勇則害上，不登於明堂」，即不與於祭之謂。觀鄉大夫既獻賢能之書，復退而行鄉射之禮，可見古者專以射選士。諸侯貢士，其初殆如周世宗、宋太祖，升州兵之強者於京師耳。《管子·明法解》：「明主在上位，則竟內之眾，盡力以奉其主；百官分職，致治以安國家。亂主則不然，雖有勇力之士，大臣私之，而非以奉其主也；雖有聖智之士，大臣私之，非以治其國也。」[152] 此選舉之所以屬司馬也。《白虎通義》曰：「諸侯三年一貢士者，治道三年有成也。諸侯所以貢士於天子者，進賢勸善者也。天子聘求之者，貴義也。治國之道，本在得賢。得賢則治，失賢則亂。故〈月令〉：季春之月，開府庫，出幣帛，周天下，勉諸侯，聘名士，禮賢者。有貢者復有聘者何？以為諸侯貢士，庸才者貢其身，盛德者貢其名，及其幽隱，諸侯所遺失，天子之所昭，故聘之也。」《白虎通佚文》，據陳立《疏證本》卷十二。觀其所貢，而其所聘者可知矣。蓋古之汲汲於求勇士如此。然演進漸深，政治所涉漸廣，所求之材，不止一途，則其所舉之士，亦漸不專一格矣。鄉舉里選，為農耕社會固有之制，故不專尚武勇。

---

[152] 選舉：大臣私勇力聖知之士。

　　古之選舉者，其初蓋專於鄉，以其為戰士所治之區也。《管子》參國伍鄙之法，制國以為二十一鄉，工商之鄉六，士鄉十五。江永《群經補義》，謂十五鄉有賢能，五鄉大夫有升選之法，故謂之士鄉。其說是也。然工商之鄉，亦未嘗遂無所舉。〈大匡篇〉言：桓公使鮑叔識君臣之有善者，晏子識不仕與耕者之有善者，高子識工賈之有善者令鮑叔進大夫，令晏子進貴人之子、士耕者，令高子進工賈是也。《周官》遂大夫之職云：「三年大比，則帥其吏而興甿。」《注》曰：「興甿，舉民賢者、能者，如六鄉之為也。」《疏》云：「此文不具，故鄭就鄉大夫解之。」案遂賓興之法，果與鄉同，《周官》不應略不之及，則其選舉之法，必不能如六鄉之優可知矣，蓋國與野之界限，未能全泯也。參看第十一章第四節。

　　私家之臣，升於朝者，古亦多有。如《論語》言「公叔文子之臣大夫僎，與文子同升諸公」，〈憲問〉。《左氏》言「子伯季子初為孔氏臣，新登於公」哀公十六年。是也。古代公家用人，由大夫保任者似頗多。羈旅之士，亦或因之以進。故《孟子》言「觀近臣以其所為主，觀遠臣以其所主」也。〈萬章上〉。《史記・蔡澤列傳》云：「秦之法，任人而所任不善者，各以其罪罪之。」《國語・晉語》云：「董叔將取於范氏。叔向曰：范氏富，盍已乎？曰：欲為系援焉。他日，董祁愬於范獻子曰：不吾敬也。獻子執而紡於庭之槐。叔向過之。曰：子盍為我請乎？叔向曰：求系既系矣，求援既援矣，欲而得之，又何請焉？」《商君書・農戰》曰：「下官之冀遷者，皆曰：多貨，則上官可得而欲也。[153]曰：我不以貨事上，而求遷者，則如以貍餌鼠耳，必不冀矣；若以情事上而求遷，如引諸絕繩而求乘柱木也，俞不冀矣。」貴族之任人如此，宜乎人君不得不求之草澤也。

　　歷代世祿之家，未有不盤樂怠敖，一無所能者。《春秋》譏世卿之義，蓋由是而興。見隱公三年、宣公十年。然其事有甚難焉者。蓋古之事人，

---

[153]　選舉：大夫任人，或以貨。

恆以其族，去官則族無所庇，《左氏》文公十六年：「司城蕩卒，公孫壽辭司城，請使意諸為之。既而告人曰：君無道，吾官近，懼及焉。棄官則族無所庇。子，身之貳也，姑紓死焉。雖亡子，猶不亡族。」故有一族之人，並起而為難者。王子朝「因舊官百工之喪職秩者以作亂」是也。《左氏》昭公二十二年，七月，單子使王子處守於王城，盟百工於平宮，八月，司徒醜以王師敗績於前城，百工叛。孟子曰：「國君進賢，如不得已。將使卑逾尊，疏逾戚，可不慎與？」〈梁惠王下〉。鞏簡公棄其子弟而用遠人，為群子弟所賊；《左氏》昭公二年。單獻公棄親用羈，為襄、頃之族所殺；七年。吳起、商鞅，皆身見誅戮；亦可謂難矣。然大勢卒不可挽，「孟子見齊宣王曰：所謂故國者，非謂有喬木之謂也，有世臣之謂也。王無親臣矣，昔者所進，今日不知其亡也。」〈梁惠王下〉。蓋時局日亟，絕非驕淫矜誇者所能支持，故其時之人，雖猶習以世臣為與國同休戚，然卒不能不坐視遊談之士，代之而興也。

　　遊談之士之興也，蓋亦緣迫於生計，炫於富貴。《戰國·秦策》記蘇秦之事，可謂盡之矣。然其事實不自戰國始。《論語》言：「子張學干祿。」〈為政〉。又曰：「三年學，不至於穀，不易得也。」《泰伯》。又曰：「君子謀道不謀食，耕也，餒在其中矣，學也，祿在其中矣，君子憂道不憂貧。」〈衛靈公〉。則春秋之世，士之干進者既多矣。孟子曰：「傳曰：孔子三月無君，則皇皇如也，出疆必載贄；公明儀曰：古之人，三月無君則吊。」則儒家亦不以為非也，況於縱橫家乎？此等失職之士，其初求舉，蓋仍在鄉里之間。《論語》：「子張問士，何如斯可謂之達矣？子曰：何哉？爾所謂達者。子張對曰：在家必聞，在邦必聞。子曰：是聞也，非達也。夫達也者，質直而好義，察言而觀色，慮以下人，在邦必達，在家必達夫聞也者，色取仁而行違，居之不疑，在邦必聞，在家必聞。」〈顏淵〉。蓋違道干譽之流，主進取者，為孔子所謂聞，求無過者，則孟子之所謂鄉原；《孟子·盡心

下》曰：「行何為踽踽涼涼？生斯世也，為斯世也，善斯可矣。閹然媚於世也者，是鄉原也。」《管子‧大匡》曰：「凡於父兄無過，州里稱之，吏進之，君用之，有善無賞，有過無罰，吏不進，廉意。於父兄無過，於州里莫稱，吏進之，君用之，善為上賞，不善吏有罰。」可見當時視鄉評頗重，州里莫稱者，吏敢舉之者必少也。其實皆以求利而已矣。然「民之飢，以其上食稅之多」。《老子》。目睹夫「一日縣令，子孫累世絜駕」，《韓非‧五蠹》。則鄉舉里選之士，用之止於府史胥徒之流者，不復足以屬其欲，而不得不歷說諸侯之廷矣。《史記‧呂不韋傳》言「諸客求宦為嫪毐舍人千餘人」，又何怪奔走諸侯之廷者之眾也？此等遊說之士，其達者則後車數十乘，從者數百人。[154]《孟子‧滕文公下》。《戰國策‧齊策》亦曰：「齊人見田駢曰：今先生設為不宦，資養千鍾，徒百人。」案當時遊說之士，頗以朋友接引為重。《穀梁》昭公九年曰：「子既生，不免乎水、火，母之罪也。羈貫成童，不就師傅，父之罪也。就師學問無才，心志不通，身之罪也。心志既通，而名譽不聞，友之罪也。名譽既聞，有司不舉，有司之罪也。有司舉之，王者不用，王者之過也。」《禮記‧儒行》曰：「儒有內稱不避親，外舉不避怨。程功積事，推賢而進達之，不望其報。君得其志，苟利國家，不求富貴：其舉賢援能有如此者。儒有聞善以相告也，見善以相示也，爵位相先也，患難相死也，久相待也，遠相致也：其任舉有如此者。」《中庸》曰：「獲乎上有道，不信乎朋友，不獲乎上矣。」皆朋友互相援引之證。叔孫通從儒生弟子以遊漢，先秦時早有其事矣。其窮則「家累千金，以遊仕不遂，而破其家」。[155]《史記‧吳起列傳》。甚有宦三年不得食者。《左氏》宣公二年，初，宣子田於首山，舍於翳桑，見靈輒餓，問其病。曰：不食三日矣。食之，舍其半。問之。曰：宦三年矣，未知母之

---

[154]　選舉：重友遊揚，漢亦如此。
[155]　選舉：宦破其家。

存否，今近，請以遺之。與王符、葛洪所譏漢、晉時遊宦之士何以異？使此等人與人國家事，安得不唯利是圖？《史記‧田敬仲世家》言：「後勝相齊，多受秦間金，多使賓客入秦。秦又多與金。客皆為反間，勸王去從朝秦，不修攻戰之備，不助五國攻秦。秦以故得滅五國。五國已亡，秦兵卒入臨淄，民莫敢格者。王建遂降，遷於共。故齊人怨王建不蚤與諸侯合從攻秦，聽奸臣賓客，以亡其國。歌之曰：松耶柏耶？住建共者客耶？疾建用客之不詳也。」乍觀之，一似齊人謀國不臧，嫁罪於客者。然《管子‧八觀》曰：「權重之人，不論材能而得尊位，則民倍本行而求外勢。民倍本行而求外勢，則國之情偽，竭在敵國矣。」《商君書‧農戰篇》，亦以「民隨外權」為慮。則食其祿而反為間諜者未始無人。韓非疾「寬則寵名譽之人，[156]急則用介冑之士，所養非所用，所用非所養」；《史記》本傳。商君亦疾禮樂、詩書、修善、孝弟、誠信、貞廉、仁義，見〈飭令〉、〈農戰〉等篇。而欲一其民於農戰；蔡澤稱吳起之功，在於「破橫散從，使馳說之士，無所開其口，禁朋黨以厲百姓」；本傳。宜矣。此所以貴族雖不可用，而韓非所亟稱之法術之士，亦終不能躋斯世於治平與？

　　古代用人，雖亦不能盡當，然其論材之法，則有大可取者，《大戴記‧文王官人》之篇是也。《周書‧官人篇》大同。此亦專門之學，劉劭之《人物誌》，猶衍其緒，殊足究心也。

▶ 第四節　租稅

　　取民之法，最早者有三：一曰稅，二曰賦，三曰役。[157] 而此三者，實仍是一事。蓋邃古職業少，人皆務農，按其田之所獲而取之，是為租。馬牛車輦等供軍用者，自亦為其所出，是為賦。有事則共赴焉，是曰役。至

---

[156]　選舉：寬則用名譽之人。
[157]　賦稅：古只稅賦役三者。然布縷亦漸普通。

於山林藪澤等，其初本屬公有，自無所謂賦稅。關之設，所以譏察非常，不為收稅。商則行於部族與部族間，不為牟利之舉。當部族分立之時物產既少，製造之技亦尚未精。或則必需之品，偶爾缺乏，不得不求之於外。又或其物為本部族所無，不得不求之於外。此時奢侈之風未開，所求者大抵有用之品，於民生利病，關係甚巨。有能挾之而來者，方且慶幸之不暇，安有徵稅之理？《金史·世紀》：「生女直舊無鐵，鄰國有以甲胄來易者，景祖傾貲厚賈，以與貿易，亦令昆弟族人皆售之。得鐵既多，因之以修弓矢，備器械，兵勢稍振。」古厚待商人，多以此等故也。故山、海、池、澤徵商之稅，無一非後起之法也。

欲明古代之田稅，必先知古代之田制。《孟子》曰：「夏后氏五十而貢，殷人七十而助，周人百畝而徹，其實皆什一也。」〈滕文公上〉。後人疑之者：一謂三代授田，忽多忽少，則田之疆界，豈不將時時更易？勞民而無益於事。二則貢徹二法，田無公私之別，按其所收穫，而取其十分之一，謂之什一則可矣；井田之制，「方里而井，井九百畝。其中為公田，八家皆私百畝，同養公田」，亦見《孟子》。說者謂一夫一婦，受田百畝公田十畝，廬舍二畝半，《公羊》宣公十五年《解詁》。《韓詩外傳》卷四同。《孟子·梁惠王上》：「五畝之宅。」趙《注》：「廬井邑居，各二畝半以為宅，冬入保城二畝半，故為五畝也。」則為十一分而稅其一矣，安得云什一？殊不知三代皆異民族；三代之王，皆為同族，然其所治之民，則不必同族。興起之地，亦復不同；既非前後相承，何怪不能畫一？至於什一之數，不能密合，則古人言數，率多辜較之辭，而尤好舉成數。井田之法，以一區之中，公田與私田之比率論，為一與八；就一夫所治之田論，則為十一分之一；古人既辭不審諦，概以什一言之，亦無足怪。《孟子》又云「請野九一而助」，則其所行者，不得謂與「方里而井，井九百畝，中為公田，八家皆私百畝同養公田」者有異，自不得謂「其實皆什一」一語為可

疑也。故孟子所言三代稅法，必為當時實事也。

　　田有畦田與井田之別。〈九章〉有圭田求廣從法，有直田截圭田法，有圭田截小截大法，凡零星不成井之田，一以圭法量之。蓋井田者，平地之田；畦田，則在高下不平之處者也。圭畦即一字。[158]《孟子》趙《注》云：「圭，潔也。」《王制疏》云：「圭，潔白也。言卿大夫德行潔白，乃與之田。」乃曲說。後世城市，求利交通，必築於平夷之地。古代則主為守禦，必築於險峻之區，故曰：「王公設險以守其國。」《易·坎卦象辭》。又曰：「域民不以封疆之界，固國不以山溪之險。」《孟子·公孫丑下》。古之民，有征服者與所征服者之別。征服者必擇險峻之地，築城而居，而使所征服者，居四面平夷之地，為事耕耘。故鄭注《周官》，謂鄉遂用貢法，都鄙用助法，雖未能言其所以然，然於事實初不繆也。《匠人注》云：「畿內用貢法者，鄉遂及公邑之吏。旦夕從民事，為其促之以公，使不得恤其私。邦國用助法者，諸侯專一國之政，為其貪暴，稅民無藝。」此說未合事情，然又引《孟子》，謂邦國亦異外內，自不誤也。孟子說滕文公「請野九一而助，國中什一使自賦」，亦猶行古之道耳。至所謂「卿以下必有圭田，圭田五十畝」者，其田即國中什一使自賦之田，以其在山險之地，不可井授故名之曰圭田，此即〈王制〉「夫圭田無徵」之圭田。以其免稅，〈王制〉鄭《注》。故特言之，其田則初無以異也。又云「餘夫二十五畝」，則平地零星不可井之田，與圭田之在國中者異。夏、殷之世，田制已難具詳。周代國中用貢法，野用助法，必無大繆[159]，故《孟子》言「周人百畝而徹」，徹即什一使自賦之法，又云「雖周亦助」也。

　　貢與徹何別？曰：農耕之群之初為黷武之群所征服也，則取其租稅以自奉而已矣，其群之事，非所問也。職是斯時之納稅者，乃為所征服者之

---

[158]　田制：圭畦一字。
[159]　田制：周國中貢野助必無大繆。

群而非其人人。猶後世義役之制，鄉自推若干人以應役，官但求役事無闕，應役者為誰，初不過問也。職是故，乃有「校數歲之中以為常，樂歲粒米狼戾，多取之而不為虐，則寡取之，凶年冀其田而不足，則必取盈」之惡法焉，孟子引龍子語。徹無是也。故貢與徹，取民之數同，其取之之法則大異。助徹二法，取民之數，大致相同，然助法公私田分別，吏無以肆其誅求，故龍子謂「治地莫善於助」也。及後世公私之利害，益不相容；則民有盡力於私田，而置公田於不顧者，於是有履畝而稅之法。《春秋》之「初稅畝」是也。此時公私田之別猶在，至阡陌開，而公私之別蕩然矣。然阡陌之開，為勢不容已之事，故其後履畝而稅，逐漸成常法也。

　　地稅初蓋唯有田，其後任地之法各異，利亦迥殊，而分別之稅法出焉。《周官》載師：「以廛里任國中之地，以場圃任園地，以宅田、士田、賈田任近郊之地。以官田、牛田、賞田、牧田任遠郊之地。以公邑之田任甸地。以家邑之田任稍地。以小都之田任縣地。以大都之田任疆地。凡任地：國宅無徵。園廛二十而一。近郊十一。遠郊二十而三。甸、稍、縣、都皆無過十一。唯其漆林之徵，二十而五。凡宅不毛者有里布。凡田不耕者出屋粟。凡民無職事者，出夫家之徵。」《注》云：「廛，民居之區域也。里，居也。圃，樹果蓏之屬，季秋於中為場。樊圃謂之園。宅田，致仕者之家所受田也。士讀為仕。仕者亦受田，所謂圭田也。[160]賈田，在市賈人其家所受田也。官田，庶人在官者其家所受田也。牛田牧田，畜牧者之家所受田也。公邑，謂六遂餘地。天子使大夫治之，自此以外皆然。家邑，大夫之采地。小都，鄉之采地。大都，公之采地，王子弟所食邑也。疆，五百里王畿界也。國宅，凡官所有宮室，吏所治者也。周稅輕近而重遠，近者多役也。[161]園廛亦輕之者，廛無穀，園少利也。宅不毛者罰以一里

---

[160]　田制：士田同仕亦圭田。

[161]　田制：貢徹之異。

二十五家之泉。空田者，罰以三家之稅粟。民雖有閒無職事者，猶出夫稅家稅也。夫稅者百畝之稅。家稅者，出士，從車輦，給徭役。」案《周官》戰國時書，故稅地之法稍雜。《孟子》言：「廛無夫里之布，則天下之民，皆悅而願為之氓矣。」〈公孫丑上〉。宅不毛田不耕者，其地當作別用，故稅之較重，非必遊惰不事事之罰也。

　　賦以足兵，別於論軍制時言之。力役之法：《周官》小司徒云：「上地家七人，可任也者家三人。中地家六人，可任也者二家五人。下地家五人，可任也者家二人。凡起徒役，毋過家一人，以其餘為羨，唯田與追胥竭作。」《注》云：「可任，謂丁強任力役之事者，出老者一人。其餘男女強弱相半，其大數。」案古女子亦應役，[162] 觀第五節所言可知，此古應役之人數也。其年限：則鄉大夫云：「國中自七尺以及六十，野自六尺以及六十有五皆徵之。」《疏》云：「七尺，謂年二十。知者？案《韓詩外傳》二十行役，與此國中七尺同。《後漢書·班超傳注》引《韓詩外傳》曰：「二十行役，六十免役。」六尺，謂年十五，《論語》云：可以託六尺之孤，鄭《注》云年十五以下。所徵稅者，謂築作、挽引、道渠之役，及口率出錢。若田獵五十則免，是以〈祭義〉云五十不為甸徒。若征伐六十乃免，是以〈王制〉云六十不與服戎。」案〈王制〉又云「五十不從力政」，安得云事築作、挽引、道渠之役乎？則《戴記》、《周官》，說實不可強合也。服役日數：〈王制〉云：「用民之力，歲不過三日。」《周官》均人云：「凡均力政，以歲上下，豐年則公旬用三日焉，中年則公旬用二日焉，無年則公旬用一日焉，凶札則無力政。」二說相合。其免役者：鄉大夫云：「國中貴者、賢者、服公事者、老者、疾者皆舍。」〈王制〉云：「八十者一子不從政。九十者其家不從政。廢疾非人不養者，一人不從政。父母之喪，三年不從政。齊衰大功之喪，三月不從政。將徙於諸侯，三月不從政。自諸侯

---

[162]　賦稅：古女子亦應役。

來徙家，期不從政。」〈禮運〉曰：「三年之喪，與新有昏者，期不使。」《荀子·大略》：「八十者，一子不事。九十者，舉家不事。廢疾非人不養者，一人不事。父母之喪，三年不事。齊衰大功，三月不事。從諸侯不，與新有昏，期不事。」從諸侯不，《注》云：「不當為來。」案其下並有奪文。〈雜記〉云：「三年之喪，祥而從政。期之喪，卒哭而從政。九月之喪，既葬而從政。小功緦之喪，既殯而從政。」〈喪服大記〉曰：「君既葬，王政入於國，既卒哭而服王事。大夫士既葬，公政入於家，既卒哭，弁絰帶，金革之事無闕也。」按〈曾子問〉：「子夏問曰：三年之喪，卒哭，金革之事無闕也者，禮與？初有司與？孔子曰：夏后氏三年之喪，既殯而致事，殷人既葬而致事。《記》曰：君子不奪人之親，亦不可奪親也，此之謂乎？子夏曰：金革之事無闕也者，非與？孔子曰：吾聞諸老聃曰：昔者魯公伯禽，有為為之也。今以三年之喪從其利者，吾弗知也。」《公羊》宣西元年，「古者臣有大喪，君則三年不呼其門。已練，可以弁冕，服金革之事。君使之非也，臣行之禮也。閔子要絰而服事。既而曰：若此乎，古之道不即人心，退而致仕。孔子蓋善之也。」則古之所以優恤有喪者厚，而後世較薄也。《管子·入國》：「年七十已上，一子無徵。八十已上，二子無徵。九十已上，盡家無徵。有三幼者無婦徵。[163] 四幼者盡家無徵。士人死，子孤幼，無父母、所養，《注》：「既無父母，又無所養之親也。」不能自生者，屬之其鄉黨知識故人。養一孤者一子無徵。養二孤者二子無徵。養三孤者盡家無徵。丈夫無妻曰鰥，婦人無夫曰寡，取鰥寡而合和之，予田宅而家室之，三年然後事之。」言免役之法尤備也。

　　《周官》：大宰，「以九賦斂財賄：一曰邦中之賦。二曰四郊之賦。三曰邦甸之賦。四曰家削之賦。五曰邦縣之賦。六曰邦都之賦。七曰關市之賦。八曰山澤之賦。九曰弊餘之賦。」《注》：「財，泉穀也。鄭司農云：

---

[163]　賦稅：三幼無婦徵。

邦中之賦，二十而稅。」各有差也。弊餘，百工之餘。玄謂賦，口率出泉
也。[164] 今之筭泉，民或謂之賦，此其舊名與？鄉大夫歲時登其夫家之眾
寡，辨其可任者，國中自七尺以及六十，野自六尺以及六十有五皆徵之；
遂師之職，亦云以徵其財徵；皆謂此賦也。邦中，在城郭者。四郊，去國
百里。邦甸二百里。家削三百里。邦縣四百里。邦都五百里。《疏》云：「削
有大夫采地，謂之家，故名家削。大夫采地，賦稅入大夫家。采地外為
公邑，其民出泉入王家，縣都同。」此平民也。關市山澤，謂占會百物；
《疏》云：「關上以貨出入有稅物。市若泉府廛布總布之等，亦有稅物。山
澤，民人入山取材，亦有稅物。此人占會百物，為官出息。」弊餘，謂占
賣國中之斥弊；斥弊，謂此物不入大府，指斥出而賣之，故名斥弊。皆末
作當增賦者，若今賈人倍筭矣。自邦中以至弊餘各入其所有穀物，以當賦
泉之數。」按司農即約載師以為言，後鄭則據漢法之口賦也。司會云「以
九賦令田野之材用」，恐所入者實非泉穀。大宰又云：「以九貢致邦國之用：
一曰祀貢，二曰嬪貢，三曰器貢，四曰弊貢，五曰材貢，六曰貨貢，七曰
服貢，八曰斿貢，九曰物貢。」此則取諸異國者。其初蓋僅僅取之邦畿之
內，遠國庸有貢者，然必甚稀，不能為經常之用。然及其後，則霸國亦遂
誅求之於小國矣。參看第一節自明。

　　田稅之所取，初蓋專於穀物，力役亦止於其身而已，然其後則無物不
取之於民，此民之所以重困也。孟子曰：「有布縷之徵，粟米之徵，力役
之徵。君子用其一，緩其二。用其二而民有殍，用其三而父子離。」《注》
云：「國有軍旅之事，則橫興此三賦也。」案《管子‧國蓄》云：「以室廡
藉，謂之毀成。以六畜藉，謂之止生。以田畝藉，謂之禁耕。以正人藉，
謂之離情。以正戶藉，謂之養贏。」正人、正戶，蓋謂有稅役之人與戶。
取於正人，人口將有隱匿；取於正戶，則重困有稅役之家，無稅役者顧邀

---

[164]　賦稅：賦似不必口率出泉。但口率出泉其遺耳，蓋粟米之外也。云各入所有穀物恐非。

寬免；故曰養贏形似而誤為贏也。此言其所取之人。〈山至數〉言：「肥藉斂則械器不奉。」又言：「皮、革、筋、骨、羽、毛、竹、箭、器、械、財物，苟合於國器君用者，皆有矩券於上。」此言其所藉之物。〈揆度〉言：「君朝令而夕求具，國之財物，盡在賈人。」則初不必軍興而後然。蓋古之封君，即後世之田主。此時尚未有私租。後世之田主，固多凡物雜取之於佃戶者。古代奢侈不甚，軍旅之事較少，故其取民也簡，後世一切反是，則取民者亦苛也。夫如是，與其多取之農，自不如廣徵他稅之為得。[165]〈國蓄〉曰：「中歲之穀，糶石十錢。大男食四石，月有四十之籍。大女食三石，月有三十之籍。吾子食二石，月有二十之籍。歲凶穀貴，糶石二十錢，則大男有八十之籍，大女有六十之籍，吾子有四十之籍。是人君非發號令收嗇而戶籍也。彼人君守其本委謹，而男女諸君吾子。無不服籍者也。」蓋山海池澤之地，非凡民所能有，君不取，利亦徒入於豪民，實不如收其利而善管之為得也。惜乎真能行此義者甚少，利權仍輾轉操之貨殖之家耳。《史記·貨殖列傳》所著貨殖之家，多占山海池澤之地者，蓋君先障管之，又以畀之此等人。

　　〈王制〉云：「名山大澤不以封。」《注》云：「其民同財，不得障管，亦賦稅之而已。」按〈王制〉又言，「澤梁無禁」，而《荀子·王制》言「山林澤梁，以時禁發而不稅」，則稅之亦非今文家意也。[166]《左氏》襄公十一年，同盟於亳，載書云：「毋壅利。」《注》云：「專山川之利。」芮良夫言：「榮夷公好利」，蓋即謂其專山川之利，參看第八章第八節。昭公二十年，晏子言：「山林之木，衡鹿守之。澤之萑蒲，舟鮫守之。藪之薪蒸，虞候守之。海之鹽蜃，祈望守之。」此即所謂障管者。《穀梁》莊公二十八年、成公十八年，兩言：「山林藪澤之利，所以與民共也，虞之非正也。」虞

---

[165]　生計：〈國畜〉大男食四石，大女三石，吾子二石。
[166]　賦稅：賦稅山澤非今文家意。

之即設官障管也。而三年又言陳氏厚施曰：「山木如市，弗加於山；魚鹽蜃蛤，弗加於海。」則春秋時猶有行之者，然其後則漸少矣。〈月令〉：季冬：「命水虞漁師，收水泉池澤之賦，毋或敢侵削眾庶兆民，以為天子斂怨於下。」《周官》：山師：「掌山材之名，辨其物與其利害，而頒之於邦國，使致其珍異之物。」川師：「掌川澤之名，辨其物與其利害，而頒之於邦國，使致其珍異之物。」皆稅之之法也。〈曲禮〉曰：「問國君之富，數地以對，山澤之所出。」蓋國君視山澤為私產久矣。[167]《史記・平準書》言漢時：「山川、園地、市井、租稅之入，自天子以至於封君湯沐邑，皆各為私奉養。」此制必沿自戰國，不然，秦、漢必不能一日而盡障管天下之林麓川澤也。《管子・戒篇》曰：「山林梁澤，以時禁發而不徵也，草封澤，鹽者之歸之也，若市之人。」此猶為舊說。〈海王〉曰：「十口之家，十人食鹽，百口之家，百人食鹽。終月，大男食鹽五升少半，大女食鹽三升少半，吾子食鹽二升少半，此其大曆也。鹽百升而釜。令鹽之重：升加分強，釜五十也。升加一強，釜百也。升加二強，釜二百也。鍾二千，十鍾二萬，百鍾二十萬，千鍾二百萬。萬乘之國，人數開口千萬也。禺筴之商，日二百萬，十日二千萬，一月六千萬。萬乘之國，正九百萬也，當作正人百萬也。月人三十錢之籍，為錢三千萬。今吾非籍之諸君吾子，而有二國之籍者六千萬。使君施令曰：吾將籍於諸君吾子，則必囂號。今夫給之鹽，則百倍歸於上，人無以避此者，數也。今鐵官之數曰：一女必有一鍼、一刀，若其事立。耕者必有一耒、一耜、一銚，若其事立。行服連軺輂者，必有一斤、一鋸、一錐、一鑿，若其事立。不爾而成事者，天下無有。令鍼之重加一也，三十鍼一人之籍。刀之重加六，五六三十，五刀一人之籍也。耜鐵之重加七，三耜鐵一人之籍也。其餘輕重皆準此而行。然則舉臂勝事，無不服籍者。」此官賣鹽鐵之說也。當時必有行之者，故漢

---

[167] 賦稅：君以山澤為私產。

世郡國，猶問有鹽鐵官也。

〈王制〉云：「市廛而不稅，關譏而不徵。」《管子・五輔》、〈小匡〉兩篇同。〈霸形〉云：「關譏而不徵，市書而不賦。」〈戒篇〉云：「關譏而不徵，市正而不布。」〈問篇〉云：「徵於關者勿徵於市，徵於市者勿徵於關。」《孟子・公孫丑上》云：「市廛而不徵，法而不廛。」《注》：「當以什一之法徵其地耳，不當徵其廛宅也。」「關譏而不徵。」蓋古之於關市，有不稅者，有稅其一者，有並稅之者；而市之稅，又有取其物與取其布二法；《周官》：大府，「關市之賦，以待王之膳服」，可見其所取者多實物。其不稅之而但收其地租者，亦有法與廛二法。晚周之世，徵稅蓋不免重疊，故諸子並以為戒也。《孟子・梁惠王》、《荀子・王制》、〈王霸〉並言「關市譏而不徵」，市不司稽察，蓋挾句連言之。孟子曰：「古之為關也，將以御暴。今之為關也，將以為暴。」〈盡心下〉。又曰：「古之為市也，以其所有，易其所無者，有司者治之耳。有賤丈夫焉，必求龍斷而登之，以左右望而罔市利。人皆以為賤，故從而徵之。徵商，自此賤丈夫始矣。」〈公孫丑下〉。則關市之徵，皆為後起之事。然春秋以後多有之。戴盈之曰：「什一，去關市之徵，今茲未能，請輕之，以待來年然後已，何如？」《孟子・滕文公下》。晉平公曰：「吾食客門左千人，門右千人。朝食不足，夕收市賦。暮食不足，朝收市賦。」《韓詩外傳》卷六。「李牧居代、雁門備匈奴，以便宜置吏，市租皆輸入莫府，為士卒費。」《史記・廉頗藺相如列傳》。其事也。〈月令〉：仲夏：「關市無索。」仲秋：「易關市，《注》謂輕其稅。來商旅，納貨賄，以便民事。四方來集，遠鄉皆至，則財不匱。上無乏用，百事乃遂。」《周官》：司市：「凡通貨賄，以璽節出入之。國凶荒札喪，則市無徵而作布。」司關：「掌國貨之節以聯門市。司貨賄之出入者，掌其治禁，與其徵廛。」《注》：「徵廛者，貨賄之稅，與所止邸舍也。關下亦有邸舍，其出布如市之廛。」「凡貨不出於關者，舉其貨，罰其人。國凶

札，則無關門之徵，猶幾。」參看第十二章第三節。二者皆戰國時書，故言之較詳也。《管子・幼官》：三會諸侯，令日：「市賦百取二，關賦百取一。」〈大匡〉日：「弛關市之徵，五十而稅一。」可見當時通行之稅率。然〈問篇〉又言：「虛車勿索，徒負勿入。」以來遠人，合「逼介之關，暴徵其私」之言觀之，見第十三章第四節。則當時之關，有需索及於行旅者矣，而謂其稅商人能謹守繩尺乎？《商君書・墾令》日：「貴酒肉之價，重其租，令十倍其樸，然則商賈少，農不能喜酣奭，大臣不為荒飽。」又日：「重關市之賦，則農惡商，商有疑惰之心。」此法家重農抑商之論，然能行之者亦少也。

▶ 第五節　兵制

古代兵制，當以春秋、戰國之間為一大變。春秋以前，為兵者率皆國都附近之人，戰國時乃擴及全國。而殺戮之慘，戰爭時創痍之甚，亦即與之俱進焉。

言古代兵制者，率依據《周官》，以其文獨完具也。然《周官》實已為後起之制矣。〈夏官序官〉云：「凡制軍，萬二千五百人為軍。王六軍，大國三軍，次國二軍，小國一軍。軍將皆命卿。二千有五百人為師，師帥皆中大夫。五百人為旅，旅帥皆下大夫。百人為卒，卒長皆上士。二十五人為兩，兩司馬皆中士。五人為伍，伍皆有長。」自來言古兵制者皆主之。然此說實與今文異。今文之說，見於《白虎通義・三軍篇》。其說日：「國必三軍何？所以戒非常，伐無道，尊宗廟，重社稷，安不忘危也。何以言有三軍也？《論語》日：子行三軍則誰與？《詩》云：周王於邁，六師及之。三軍者何？法天地人也。以為五人為伍，五伍為兩，四兩為卒，五卒為旅，五旅為師，師為一軍，六師一萬五千人也。《傳》日：一人必死，十人不能當；百人必死，千人不能當；千人必死，萬人不能當；萬人必死，

橫行於天下。雖有萬人，猶謙讓，自以為不足，故復加二千人，因法月數。月者群陰之長也，十二月足以窮盡陰陽，備物成功，萬二千人，亦足以征伐不義，致太平也。《穀梁傳》日：天子有六軍，諸侯上國三軍，次國二軍，下國一軍。」此文為人竄亂，幾不可讀。然其說仍有可考見者。《說文》以四千人為一軍，《一切經音義》引《字林》同，是萬二千人適三軍也。《魯頌》云：公徒三萬。《管子‧小匡》述作內政寄軍令之制日：「五人為伍，軌長率之。五十人為小戎，里有司率之。二百人為卒，連長率之。二千人為旅，鄉良人率之。萬人一軍，五鄉之師率之。」其所謂旅，即《白虎通義》所謂師，然則古實以萬人為軍，天子則又加二千人也。[168]《孟子‧告子下》言：「三不朝則六師移之。」亦以天子為六師。《說文》云：「軍，圜圍也。」則軍乃戰時屯駐之稱，其眾之多少，本無一定。戰時亦不論人數多寡，皆分為三。見《詩‧常武疏》。《公羊》隱公五年《解詁》：「二千五百人稱師，天子六師，方伯二師，諸侯一師。」二千五百人稱師句，必後人所改。《穀梁》襄公十一年，「古者天子六師，諸侯一軍」實與萬人為軍，天子又加二千人之說合，知今《通義》所引，亦必後人所改也。凡今文家所言制度，率較古文為早，觀《白虎通義》與《周官》所言兵數之不同，而可知兵數之漸增矣。《左氏》襄公十四年：「成國不過半天子之軍。」與《周官》合。

出兵之法：《周官》大司徒云：「令五家為比，五比為閭，四閭為族，五族為黨，五黨為州，五州為鄉。」小司徒云：「乃會萬民之卒伍而用之，五人為伍，五伍為兩，四兩為卒，五卒為旅，五旅為師，五師為軍。」又云：「凡起徒役，毋過家一人，以其餘為羨。唯田與追胥竭作。」《夏官序官注》云：「伍一比，兩一閭，卒一族，旅一黨，師一州，軍一鄉。家所出一人。」《遂人注》云：「遂之軍法，追胥，起徒役如六鄉。」是鄭謂鄉

---

[168] 兵制：古萬人為軍，天子加二千。

遂之人，皆服兵役也。出車之法：今文家謂：「十井共出兵車一乘。」《公羊》宣公十五年《解詁》，又哀公十二年《解詁》云：「禮：稅民不過十一，軍賦十並不過一乘。」「公侯封方百里，凡千乘。伯四百九十乘。子男二百五十乘。」昭西元年《解詁》。《論語‧學而》：「道千乘之國」，《集解》引包咸說同。古文家用《司馬法》。而《司馬法》又有兩說：一云：「六尺為步，步百為畮，畮百為夫，夫三為屋，屋三為井，井十為通。通為匹馬，三十家，士一人，徒二人。通十為成。成百井，三百家，革車一乘，士十人，徒二十人。十成為終。終千井，三千家，革車十乘，土百人，徒二百人。十終為同。同方百里，萬井，三萬家，革車百乘，士千人，徒二千人。」《小司徒疏》謂宮室、塗巷三分去一，再以不易、一易再易通率，三夫受六夫之地，故十井九十夫之地，唯有三千家。鄭注小司徒引之。又其一云：「九夫為井。四井為邑。四邑為丘，有戎馬一匹，牛三頭，是曰匹馬丘牛。四丘為甸，甸六十四井，出長轂一乘，甲士三人，步卒七十二人，馬四匹，牛十二頭。甲士三人，步卒七十二人，戈楯具備，謂之乘馬。」如此說，則地方千里，當得兵車萬乘，士三萬，卒七十二萬。《史記‧周本紀》：「帝紂聞武王來，亦發兵七十萬人距武王。」[169]《孫子‧用間》：「怠於道路者，七十萬家。」《淮南‧兵略》：「吳王夫差地方二千里，帶甲七十萬。」皆據此立言也。此說，《漢書‧刑法志》、鄭《注》、《論語》「道千乘之國」見《小司徒》及《禮記‧坊記疏》。服虔注《左氏》作丘甲成西元年，見《詩‧小雅‧信南山疏》。皆用之。鄭以前一說為采地制，後一說為畿外邦國法。《坊記疏》云：「凡出軍之法：鄉為正，遂為副。公邑出軍與鄉同。公卿大夫采地為井田，殊於鄉遂，則出軍亦異於鄉遂。王畿之外，諸侯大國三軍，次國二軍，小國一軍，皆出鄉遂。計地出軍則丘甸。」《小司徒疏》云：「凡出軍之法：先六鄉。不止，出六遂。猶

---

[169] 文例：紂兵七十萬，在於道路七十萬之由來。

不止，徵兵於公邑及三等採。猶不止，乃徵兵於諸侯。大國三軍，次國二軍，小國一軍，皆出鄉遂。猶不止，則諸侯有遍境出之法，則十乘之賦是也。」案如《司馬法》之說，一同之地，僅得百乘，與今文家說大國方百里千乘，天子畿方千里萬乘者不合，故《疏》必以遍地出軍之法通之。其實今古文說，本不可合。《司馬法》與《周官》亦不合。古文家既強據《周官》為周制，又強以《司馬法》說《周官疏》家雖曲為彌縫匡救，終不能自圓其說也。《詩・采芑》：「方叔蒞止，其車三千。」《箋》云：「《司馬法》兵車一乘，甲士三人，步卒七十二人。宣王乘亂，羨卒盡起。」《疏》云：「天子六軍千乘，今三千乘則十八軍矣。〈地官〉小司徒職，三等之家，通而率之，家有二人半耳。縱令盡起，唯二千五百家，所以得有三千者？蓋出六遂以足之也。且言家二人三人者，舉其大率言耳。人有死生，數有改易，六鄉之內不必常有千乘況羨卒豈能正滿二千五百也？當是於時出軍之數有三千耳。或出於公邑，不必皆鄉遂也。」又《禮記・坊記》言：「制國不過千乘。」《疏》云：「千乘之賦，地方三百一十六里有奇。案《周禮》：公五百里，侯四百里，則是過千乘，云不過千乘者？其地雖過，其兵賦為千乘，故《論語注》云：雖大國之賦，亦不是過焉。」又《詩・公劉疏》云：「夏、殷大國百里。周則大國五百里，大小縣絕，而軍數得同者？周之軍賦，皆出於鄉，家出一人，故鄉為一軍。諸侯一軍，出其三鄉而已。其餘公邑、采地，不以為軍。若夏、殷之世，則通計一國之人，以為軍數。大國百里，為方一里者萬，為田九萬夫。田有不易、一易、再易，通率二而當一，半之得四萬五千家。以三萬七千五百家為三軍，尚餘七千五百，舉大數，故得為三軍也。次國七十里，為方一里者四千九百，為田四萬四千四百夫。半之，得二萬二千五十家。二軍當用二萬五百人，少二千九百五十人，以羨卒充之。舉大數，亦得為二軍也。小國五十里，為方一里者二千五百，為田二萬二千五百夫。半之，得一萬一千二百五十

家。以萬二千五百人為軍，少一千二百五十人，不滿一軍。舉大數，亦得
為一軍也。」皆穿鑿之說也。古之民，有征服者與所征服者之別。征服者
居中央山險之地，服兵役，是為鄉。所征服者，居四面平夷之地。其人亦
非不能為兵，唯但使保衛閭里，不事征戍，如後世之鄉兵然。故《周官》
鄉列出兵法，無田制，遂人但陳田制，無出兵法。據朱大韶《實事求是齋
經義・司馬法非周制說》。古兵農不合一之說，江永《群經補義》首發之，
而此篇繼其後，其論皆極精闢者也。江氏云：「管仲參國伍鄙之法制國以
為二十一鄉，工商之鄉六，士鄉十五，公帥五鄉，國子、高子各帥五鄉，
是齊之三軍，悉出近國都之十五鄉，而野鄙之農不與也。」又言魯之士卒
車乘，皆近國都，故陽虎欲作亂，壬辰戒都車，令癸巳至。皆足為予征
服之族居中央為兵，所征服之族居四周不為兵之說之證。[170] 鄭謂遂之軍
法如六鄉，非也。〈小司徒職〉云：「乃經土地而井牧其田野。九夫為井，
四井為邑，四邑為丘，四丘為甸，四甸為縣，四縣為都，以任田事而令貢
賦。」亦與軍賦無涉。《周官》實無計地出車之法，兵車牛馬，亦皆公家所
給。亦據朱大韶說。案《坊記》及《左氏》成西元年《疏》，亦謂鄉遂之車
馬牛，為國家所給，特未能破《司馬法》之說耳。蓋至戰國，用兵益多，
軍賦益重，乃有如《司馬法》所云之制。《周官》雖六國時書，所言軍制猶
較舊，故其兵雖多於今文經，猶無《司馬法》遍地出軍之法也。此又可見
兵數之日增矣。

　　《春秋》成西元年，「作丘甲」。《左氏》杜《注》云：「此甸所賦，今使
丘出之。」哀公十二年，「用田賦」。杜《注》云：「丘賦之法，因其田財，
通出馬一疋，牛三頭。今欲別其家財，各為一賦，故言田賦。」《疏》：「賈
達以為欲令一井之間，出一丘之稅，多於常一十六倍。杜說則謂舊制丘賦
之法，田之所收，及家內資財，並共一馬三牛，今欲別其田及家資，令

---

[170] 兵制：近都 —— 全國。

出一馬三牛，又計田之所收，更出一馬三牛，是為所出倍於常也。」案賈逵所言之數大多，《國語》韋《注》已疑之。杜說亦無據。自以《異義》之說為得也。《左氏》昭公四年，「鄭子產作丘賦」。杜《注》亦云：「丘十六井，當出馬一匹，牛三頭，今子產別賦其田，如魯之田賦。」《疏》：「服度以為復古法，丘賦之法，不行久矣，今子產復修古法，民以為貪，故謗之。」案成西元年《穀梁》云：「古者立國家，百官具，農工皆有職以事上。古者有四民：有士民，有商民，有農民，有工民。夫甲非人人之所能為也。」《公羊》何《注》意同。非所能為之事，安能強之？然《左氏》僖公十五年，呂甥言：「徵繕以輔孺子，諸侯聞之，喪君有君，群臣輯睦，甲兵益多，好我者勸，惡我者懼，庶有益乎？眾說，晉於是乎作州兵。」又欲不謂為非使州作兵而不得也，是又何邪？案用田賦之事，《國語・魯語》載孔子之言曰：「先王制土，籍田以力，而砥其遠邇。賦里以入，而量其有無。任力以夫，而議其老幼。於是乎有鰥寡孤疾，有軍旅之出則徵之，無則已。其歲，《注》：「有軍旅之歲也。」收田一井，出稯禾秉芻缶米，不是過也。先王以為足，若子季孫欲其法也，則有周公之籍矣。若欲犯法，則苟而賦，又何訪焉？」《公羊・解詁》曰：「賦者，斂取其財物也。言用田賦者，若今漢家斂民錢，以田為率矣。」《五經異義》：「有軍旅之歲，一井九夫百畮之賦，出禾二百四十斛，芻秉二百四十筋，釜米十六斗。」則是加取其物，故《穀梁》云「古者公田十一，用田賦，非正也」。竊疑州兵丘甲，亦當是斂其財物，而別使工人作之。[171] 不然，甲縱凡民能勉為之，兵豈人人所能為邪？《左氏》襄公二十五年，「楚蔿掩為司馬。子木使庀賦，數甲兵。甲午，蔿掩書土田，度山林，鳩藪澤，辨京陵，表淳鹵，數疆潦，規偃瀦，町原防，牧隰臯，井衍沃，量入修賦，賦車籍馬，賦車兵徒甲楯之數，既成，以授子木，禮也。」此頗近乎《司馬法》所言之制，

---

[171]　兵制：州兵丘甲。

當是野鄙之民出賦之漸也。

　　《史記‧蘇秦列傳》：秦說六國之辭，於燕云：「帶甲數十萬，車六百乘，騎六千匹，粟支數年。」於趙云：「帶甲數十萬，車千乘，騎萬匹，粟支數年。」於韓云：「帶甲數十萬。」於魏云：「武士二十萬，蒼頭二十萬，奮擊二十萬，廝徒十萬，車六百乘，騎五千匹。」於齊云：「帶甲數十萬，粟如丘山。」於楚云：「帶甲百萬，車千乘，騎萬匹，粟支十年。」〈張儀列傳〉儀說六國之辭，亦不甚相遠。儀說楚，言秦虎賁之士百餘萬，說韓言秦帶甲百餘萬，車千乘，騎萬匹，積粟如丘。又韓卒悉之不過三十萬，而廝養在其中矣。又言魏卒不過三十萬。又〈范雎蔡澤列傳〉：雎言秦奮擊百萬，戰車千乘，澤言楚持戟百萬。〈穰侯列傳〉：須賈言魏氏悉其百縣勝甲以上戍大梁，臣以為不下三十萬。知其說頗得實。戰國時之大國，大率皆方千里，《孟子‧梁惠王》上言：「今海內之地，方千里者九，齊集有其一。」以辜較言之是也。當時大國，計其面積，皆不止千里，然多未開闢之地，於國力無與也。然其兵，則較之《周官》之六軍，又不啻數倍矣。此驟增之兵數，何自來邪？曰：皆春秋以前不隸卒伍之民也。鞌之戰，齊侯見保者曰：勉之，齊師敗矣。《左氏》成公二年。是齊之兵雖折於外，其四境守禦之兵仍在。乃蘇秦說齊宣王曰：「韓、魏戰而勝秦，則兵半折，四竟不守；戰而不勝，國以危亡隨其後。」則其情勢大異矣。張儀說魏王曰：「卒戍四方，守亭障者，不下十萬。」說韓王曰：「料大王之卒，悉之不過三十萬，而廝徒負養在其中矣。除守徼亭障塞，見卒不過二十萬而已矣。」其說齊湣王曰：「秦、趙戰於河、漳之上，再戰而趙再勝秦，戰於番吾之下，再戰又勝秦，四戰之後，趙之亡卒數十萬，邯鄲僅存，雖有戰勝之名，而國已破矣。」是則戰國時，危急之際，無不傾國以出者。不特此也，蘇秦北見燕王噲，謂：「齊異日濟西不役，所以備趙也。河北不師，所以備燕也。今濟西、河北，盡以役矣。」見《戰國策‧燕策》。

燕王噲乃昭王之誤。案蘇秦說齊宣王，謂：「臨菑之中七萬戶，戶不下三男子，三七二十一萬，不待發於遠縣，而臨菑之卒，固已二十一萬矣。」雖設說，亦可想見當時有空國出兵之事。王翦以六十萬人伐楚曰：「今空秦國甲士而委於我。」《史記》本傳。是逐利者亦或傾國而出也。〈王制〉曰：「五十不從力政，六十不與服戎。」《韓詩》說：「二十從政，三十受兵，六十還之。」見《詩・擊鼓疏》。《王制正義》引《五經異義》、《禮戴》、《易》孟氏說皆同。《白虎通義・三軍篇》：「年三十受兵何？重絕人世也。師行不必反，戰不必勝，故須其有世嗣也。年六十歸兵何？不忍並鬥人父子也。」《鹽鐵論・未通篇》亦云：「三十而娶，可以服戎事。」《後漢書・班超傳》，班昭上書曰：「妾聞古者十五受兵，六十還之。」則誤以從役之年，為受兵之年矣。[172] 而〈趙策〉：「燕王喜使慄腹以百金為趙孝成王壽。酒三日，反報曰：趙民，其壯者皆死於長平，其孤未壯，可伐也。王乃召昌國君樂閒而問曰：何如？對曰：趙四達之國也，其民皆習於兵，不可與戰。」此謂趙之民，雖未壯者，亦能執干戈以衛社稷也。觀長平之役，秦王自之河內，賜民爵各一級，發年十五以上，悉詣長平，遮趙救及糧食，《史記・白起王翦列傳》。則樂閒之言信矣。其兵數安得不增哉？然戰爭之酷，則亦於斯為烈矣。

　　荀子論六國之兵曰：「齊人隆技擊，其技也，得一首者，則賜贖錙金，無本賞矣。是事小敵毳，則偷可用也，事大敵堅，則渙焉離耳。是亡國之兵也。兵莫弱是矣。魏氏之武卒，以度取之，衣三屬之甲，贏三日之糧，日中而趨百里。中試則復其戶，利其田宅，是數年而衰，而未可奪也。改造則不易周也。是故地雖大，其稅必寡，是危國之兵也。秦人：其生民也陿厄，其使民也酷烈。劫之以勢，隱之以厄，忸之以慶賞， 之以刑罰。使天下之民，所以要利於上者，非鬥無由也。厄而用之，得而後功之。功

---

[172]　兵制：古服兵役之年。

賞相長也，五甲首而隸五家，是最為眾強長久，多地以正，故四世有勝，非幸也，數也。」〈議兵〉。蓋唯秦，真能驅全國之民使為兵，故其數多而且強也。《戰國策‧齊策》：「田單問趙奢曰：吾非不說將軍之兵法也，所以不服者，獨將軍之用眾。用眾者，使民不得耕作，糧食輓賃，不可給也。此坐而自破之道也。單聞之：帝王之兵，所用者不過三萬，此亦可見古以萬人為軍。今將軍必負十萬二十萬之眾乃用之，此單之所不服也。馬服君曰：君非徒不達於兵也，又不明其時勢。夫吳干之劍，肉試則斷牛馬，金試則截盤匜，薄之柱上而擊之，則折為三；質之石上而擊之，則碎為百。今以三萬之眾，而應強國之兵，是薄柱擊石之類也。且夫吳干之劍，材難夫毋脊之厚而鋒不入，無脾之薄而刃不斷。兼有是兩者，無鉤咢鐔蒙須之便，操其刃而刺，則未入而手斷。君無十萬二十萬之眾，而為此鉤號鐔蒙須之便，而徒以三萬行於天下，君焉能乎？此謂行軍必更有廝徒之屬。《公羊》宣公十二年，子重言南郢之與鄭，相去數千里，諸大夫死者數人，廝役扈養死者數百人。張儀言魏有廝徒十萬。可見古行軍頗以廝養為重。且古者四海之內，分為萬國，城雖大，無過三百丈者。人雖眾。無過三千家者。今取古之為萬國者，分以為戰國七；千丈之城，萬家之邑相望也；而索以三萬之眾，圍千丈之城，不存其一角；而野戰不足用也，君將以此何之？」此可見兵之所以多。然田單所言之禍，則亦無可免矣。[173]〈齊策〉：蘇秦說齊湣王曰：「彼戰者之為殘也：士聞戰，則輸私財而富軍市，輸飲食而待死士。令折轅而炊之，殺牛而觴士，則是路君之道也。中人禱祝，君翳釀；通都小縣，置社有市之邑，莫不止事而奉王；則此虛中之計也。夫戰之明日，屍死扶傷，雖若有功也，軍出費，中哭泣，則傷主心矣。死者破家而葬，夷傷者空財而共藥，完者內酺而華樂，故其費與死傷者鈞。故民之所費也，十年之田而不償也。軍之所出，矛戟折，鐶弦絕，傷弩，破

---

[173] 兵制：殺多、破壞甚。

車，罷馬，亡矢之大半；甲兵之具，官之所私出也，士大夫之所匿，廝養士之所竊，十年之田而不償也。天下有此再費者，而能從諸侯者寡矣。攻城之費，百姓理簣蔽，舉衝櫓，家雜總身窟穴，中罷於刀金，而士困於立功。將不釋甲，期數而能拔城者為亟耳。上倦於教，士斷於兵，故三下城而能勝敵者寡矣。」武安君亦言：「長平之事，秦民之死者厚葬，傷者厚養，勞者相饗，飲食餔饋，以靡其財。」見〈中山策〉。勝者之禍如此，況敗者乎？孫子言：「興師十萬，出征千里。百姓之費，公家之奉，日費千金。內外騷動，怠於道路，不得操事者，七十萬家。」〈用間〉。信矣。

　　《史記·魯仲連列傳》：連言「秦者，棄禮義而上首功之國也。」《集解》引譙周曰：「秦用衛鞅計，制爵二十等，以戰獲首級者計而受爵，是以秦人每戰勝老弱婦人皆死，計功賞至萬餘，天下謂之首功之國。」《商君書·竟內篇》：「人得一首則復。得三十三首以上，盈論。百長，屯長賜爵一級。有爵者乞無爵者為庶子，級一人。爵五大夫，或賜邑三百家，或賜稅三百家。能得一甲首者，賞爵一級，益田一頃，益宅九畝，除庶子一人。」即譙周之所云也。案泓之戰，《公羊》是之，《左》、《穀》非之，《公羊》儒家言，《左》、《穀》古文，戰國時說也。齊桓公遷邢於夷儀，封衛於楚丘，邢遷如歸，衛國忘亡；楚莊王還師而佚晉寇；則春秋時猶有能行仁義者。當時用兵，唯夷狄之國，較為野蠻，《穀梁》之狄秦，僖公三十三年，言秦亂人子女之教，無男女之別。《公羊》譏吳反夷狄是也。定公四年，吳入楚，君舍於君室，大夫舍於大夫室。陳之從楚伐鄭也，「當陳隧者，井堙木刊」，《左氏》襄公二十五年。蓋猶為報怨起見。魯之入邾也，畫掠，又宵掠，襄公七年。則利其所有矣。至秦，遂至於「主必死辱，民必死虜」，〈齊策〉陳軫之言。事勢之遷流，蓋非一朝一夕之故矣。孟子曰：「爭地以戰，殺人盈野，爭城以戰，殺人盈城，此所謂率土地而食人肉，罪不容於死。」〈離婁上〉。又曰：「梁惠王以土地之故，糜爛其民而

戰之，大敗，將復之，恐不能勝故驅其所愛子弟以殉之。」〈盡心下〉。
而淮南王言：七國之民，「枕人頭，食人肉，菹人肝，飲人血，甘之於芻
豢」。〈覽冥〉。蓋為刑罰所驅爵賞所誘，無不失其本心者矣。豈不哀哉？

　　《商君書‧兵守篇》言壯男為一軍，壯女為一軍，男女之老弱者為一
軍。[174]《墨子‧備城門》言守法：五十步，丈夫十人，丁女二十人，老小
十人。〈備穴篇〉：諸作穴者五十人，男女各半。則古女子亦從軍。故《周
官》司徒言家可任者，鄭《注》以男女老弱通計也。見上節。楚王之圍漢
滎陽也，漢王夜出女子東門二千人，《史記‧項羽本紀》。則楚、漢之間，
女子猶可調集。《史記‧田單平原君列傳》，皆言妻妾編於行伍之間，絕非
虛語矣。此亦見當時軍役之重也。《書‧費誓》：「馬牛其風，臣妾逋逃，
勿敢越逐。」《疏》謂「古人或以婦女從軍」，則廝徒中亦有女子矣。

　　車易為騎，蓋始於戰國之世；第十三章第四節引《日知錄》已言之。
案車戰之廢，與騎戰之興，實非一事。[175] 蓋騎便馳騁，利原野，中國內
地，古多溝洫阻固，騎戰固非所利，即戎狄居山林，騎亦無所用之也。
《左氏》隱公九年，北戎侵鄭，鄭伯御之。患戎師，曰：彼徒我車，懼其
侵軼我也。昭西元年（西元前 541 年），中行穆子敗狄於大原，亦不過毀
車崇卒而已。僖公二十八年，晉作三行以御狄。《周官》有輿司馬、行司
馬，孫詒讓《正義》，謂即《詩‧唐風》之公路、公行，行指步卒，其說是
也。〈大司馬職〉云：「險野人為主，易野車為主。」蘇秦、張儀言七國之
兵，雖皆有騎，然其數初不多。世皆謂趙武靈王胡服騎射，以取中山，其
實乃欲以臨胡貉。攻中山凡五軍，趙希將胡、代之兵為其一，《史記‧趙
世家》。初不言為騎兵。蓋中山亦小國，不利馳驟也。李牧居代、雁門備
匈奴，乃有選騎萬三千匹，《史記》本傳。逾於儀、秦所言秦、楚舉國之

---

[174]　賦稅：為兵。
[175]　兵制：車廢騎興非一事。

數矣，以所臨者為騎寇也。故車戰在春秋時稍替，騎戰至戰國時始興。言車騎徒之長短利害者，莫詳於《六韜》。車大抵利平地而忌險阻山澤汙下沮洳。騎雖不盡然，然亦慮人為深溝坑阜。唯徒兵依丘陵險阻，不則為行馬藜以自固，實最利於險也。

　　兵之始，或以木，黃帝之「弦木為弧，剡木為矢」是也。《禮記·內則》：「國君世子生，射人以桑弧蓬矢六。射天，地四方。」《注》曰：「桑弧蓬矢，本大古也。」此亦大古以木為兵之一證。或以石，肅慎氏石砮是也。唯蚩尤始以金屬為兵，說已見前。《管子·小匡》言：「美金以鑄戈劍矛戟，惡金以鑄斤斧鈕夷鋸欘。」美金者銅也，惡金者鐵也。《周官》：秋官職金，入其金錫於兵器之府。掌受士之金罰、貨罰，人於司兵。[176]《越絕書·寶劍篇》，薛燭論巨闕，謂「寶劍者金錫和同而不離」，則古之兵，皆以金與錫為之。然朱亥袖四十斤鐵椎椎殺晉鄙；《史記·信陵君列傳》。張良得力士，為鐵椎，重百二十斤，以椎擊秦皇帝於博浪沙中；〈留侯世家〉。則先秦之末，鐵之用稍廣，而銅之用稍微矣。偽《古文尚書·說命》曰：「唯甲冑起戎。」《偽傳》云：「甲，鎧；冑，兜鍪也。」《疏》曰：「經傳之文，無鎧與兜鍪，蓋秦、漢以末，始有此名，《傳》以今曉古也。古云甲冑，皆用犀兕，未有用鐵者，而鍪鎧之字皆從金，蓋後世始用鐵耳。」《費誓疏》云：「經典皆言甲冑，秦世以來，始有鎧兜鍪之文，古之作甲用皮，秦、漢以來用鐵，鎧、鍪二字皆從金，蓋用鐵為之，而因以作名也。」《周官·司甲注》：「今之鎧也。」《疏》：「古云皮，謂之甲；今用金，謂之鎧，從金為字也。」此亦鐵之用漸廣之徵也。《墨子·節用》曰：「古者聖人，為猛禽狡獸，暴人害民，於是教民以兵行。」《淮南·氾論》曰：「為摯禽猛獸之害傷人而無以禁御也，而作為之鑄金鍛鐵，以為兵刃。」[177]

---

[176] 兵器：銅鐵遞嬗，罰金為兵。

[177] 兵器：兵之始非施之人。

案今雲南之猓玀人，無不帶兵，然未有用之於人者，知墨子、淮南王之言，不我欺也。兵之始，有直刺者，有橫擊者。直刺者欲其不易脫，則又曲其刃之端。《考工記》所謂擊兵、刺兵、句兵是也。其及遠者則為矢。此皆以木者也。其以石者，則或桀以投，《左氏》成公二年，齊高固入晉師，桀石以投人。或乘高而下。乘高而下者，所謂壘石是也。《漢書·晁錯傳》：「以便為之高城深塹，具藺石。」如淳曰：「藺石，城上雷石也。」《李廣蘇建傳》：「單于遮其後，乘隅下壘石。」發之以機，則古謂之旝，亦後世以機發石之祖也。《左氏》桓公五年，「旝動而鼓。」《疏》云：「賈逵以為發石，一曰飛石，引范蠡《兵法》作飛石之事為證。《說文》亦云：建大木，置石其上，發其機以槌敵，與賈同也。」《明史·兵志》云：古之炮皆以機發石，至明成祖徵交阯，始得火器，為神機營肄之。以為攻具者，登高以望曰巢車。以之攻城，則曰雲梯。在上臨下曰臨，從旁衝突曰衝。《詩·大雅·皇矣》：「以爾鉤援，與爾臨衝，以伐崇墉。」毛《傳》云：「鉤，鉤梯也。所以鉤引上城者。臨，臨車也。衝，衝車也。」疏云：「鉤援一物，正謂梯也。以梯倚城，相鉤引而上。援，即引也。雲鉤鉤梯，所以鉤引上城者？墨子稱公輸般作雲梯以攻宋，蓋此之謂也。臨者，在上臨下之名，衝者，從旁衝突之稱，故知二車不同。兵書有作臨車、衝車之法，墨子有《備衝》之篇，知臨衝俱是車也。」《左氏》成公十六年《注》曰：「巢車，車上為櫓。」《疏》曰：「《說文》云：轈，兵高車，加巢以望敵也。櫓，澤中守草樓也。」《史記·鄭世家集解》引服虔《左氏注》：「樓車，所以窺望敵軍，兵法所謂雲梯。」蓋巢車與鉤援，為相類之物也。軍營所處，築土自衛，謂之為壘。《左氏》文公十二年《疏》。築土為山，以窺城內，曰距堙。《書·費誓疏》。作高木櫓，櫓上作桔槔兜零，以薪置其中，謂之烽。常視之，有寇，即火然舉之以相告。《史記·信陵君列傳集解》引文穎。又有以水火毒藥相虧害者。見《墨子》：案《公羊》莊公十七年，

遂人以藥殲齊戍，《左氏》襄公十四年，晉以諸侯伐秦，秦人毒涇上流是也。案《考工記》云：「攻國之兵欲短，守國之兵欲長。攻國之人眾，行地遠，食飲飢，且涉山林之阻，是故兵欲短。守國之人寡，食飲飽，且不涉山林之阻，是故兵欲長。」然則短兵者，利於山林者也。而山林者，禽獸之所處也。兵之短者莫如劍。《考工記》又曰：「戈柲六尺有六寸。殳長尋有四尺。車戟常，酋矛常有四尺。夷矛三尋。劍：上制長三尺，中制二尺二寸，下制五尺。」蓋兵以劍為最短。然人人佩之者唯劍耳。夫人人所佩者，唯行山林之兵，則兵之始，固所以御異類也。墨子、淮南王之言，豈欺我哉？

▶ 第六節　刑法

　　言古代刑法者，每喜考中國之有成文法，始於何時，其實此乃無甚關係之事也。邃古之時，人與人之利害，不甚相違，眾所共由之事，自能率循而不越。若此者，就眾所共由言之，則曰俗。就一人之踐履言之，則曰禮。古有禮而已矣，[178] 無法也。迨群治演進，人人之利害，稍不相同，始有悍然違眾者。自其人言之，則曰違禮。違禮者，眾不能不加以裁制，然其裁制也，亦不過誹議指摘而已。利害之相違日甚，悍然犯禮者非復誹議指摘所能止，乃不得不制之以力。於是有所謂法。法強人以必行之力強於禮，然其所強者，不能如禮之廣。於其所必不容己者則強之，可出可入者則聽之，此法之所以異於禮也。顧此亦必以漸致。愈古則法所干涉者愈多，即實不能干涉者，在時人之意，亦以為當干涉，特力有不逮耳。所謂「出於禮者入於刑」也。〈呂刑〉曰：「墨罰之屬千。劓罰之屬千。荆罰之屬五百。宮罰之屬三百。大辟之罰，其屬二百。五刑之屬三千。」[179]

---

[178]　刑：古有禮而已，違禮制裁心誹議，並不嫌多難知。
[179]　刑：五刑之屬三千解，此仍禮。

《周官》司刑曰：「墨罪五百。劓罪五百。宮罪五百。刖罪五百。殺罪五百。」案集先秦法律之大成者為《法經》，不過六篇，見下。安得有三千或二千五百條？古言曲禮三千，《禮記·禮器》。則五刑之屬三千，猶言出於禮者入於刑耳，古以三為多數；不可以百計則云千；以千計之而猶覺其多，則曰三千。云墨罰之屬千，劓罰之屬千者，猶言其各居都數三之一；曰腓罰之屬五百者，言其居都數六之一；曰宮罰之屬三百，大辟之罰其屬二百者，猶言此二刑合居都數六之一，而宮與大辟，又若三比二也。此其所犯者，必為社會之習俗，而非國家之法令審矣。然則是時為日用尋常之軌範者，猶是習俗而非法令也。《周官》大司寇：「以五刑糾萬民：一曰野刑，上功糾力。二曰軍刑，上命糾守。三曰鄉刑，上德糾孝。四曰官刑，上能糾職。五曰國刑，上願糾暴。」所謂鄉刑者？大司徒：「以鄉八刑糾萬民：一曰不孝之刑。二曰不睦之刑。三曰不婣之刑，四曰不弟之刑。五曰不任之刑。六曰不恤之刑。七曰造言之刑。八曰亂民之刑。」猶是社會之習俗也。「禁殺戮，掌司斬殺戮者。凡傷人見血而不以告者，攘獄者，遏訟者，以告而誅之。」「禁暴氏，掌禁庶民之亂暴力正者，撟誣犯禁者，作言語而不信者，以告而誅之。凡國聚眾庶，則戮其犯禁者，以徇。凡奚隸聚而出入者則司牧之，戮其犯禁者。」此等蓋所謂國刑，近乎今之警察，乃以治者之力，強制人民者也。

　　禮之繁如此，而曰出於禮者入於刑，在今人，必以為生其時者，將無所措手足，其實不然也。三千特言其多，云出於禮者入於刑，不過謂理當如是，斷不能一有出入，即隨之以刑也。今日尋常日用之間，所當遵守之科條，奚翅千百？然絕未有苦其繁者，則以其童而習之也。所難者，轉在今日之所謂法，本非人民所習，乃不顧其知與不知，而一切行之耳。此等法何自起乎？曰：其必起於有國有家者之所求矣。有國有家者之所求，本非民之所知，而亦非其所欲，如是，則非有強力焉以守之不可，此今所謂

法律者之緣起也。《左氏》昭公六年，叔向詒子產書曰：「夏有亂政而作《禹刑》，商有亂政而作《湯刑》，周有亂政而作《九刑》。」九刑，[180] 又見文公十八年，《周書・嘗麥》：「令大正正刑書九篇。」疑即其物。《周官・司刑疏》，引鄭注〈堯典〉云：「正刑五，加之流宥、鞭、樸、贖刑，此之謂九刑。」「賈、服以正刑一加之以八議」，附會不足據。時則子產作《刑書》。二十九年，晉趙鞅鑄刑鼎。定公九年，鄭駟歂殺鄧析而用其《竹刑》。又昭公七年，楚陳無宇引周文王之法。又謂楚文王有《僕區之法》。《韓非子・外儲說上》，謂楚莊王有《茅門之法》。皆刑書之名之可考者也。此等法律，其詳已不可得聞，其稍有可知者，始於李悝之《法經》。〈魏律序〉云：悝為魏文侯相，撰次諸國法為之，曰盜、賊、網、捕、雜律，又以一篇著其加減，凡六篇。商君取之以相秦。見《晉書・邢法志》。此律為漢人所沿用。以其少而不周於用也，遞增至六十篇，又益以令甲及比。繁雜不可名狀，奸吏因得上下其手，屢圖刪定，訖未有成。至魏世，乃定為十八篇，未及行而亡。晉初又加修正為二十篇，於泰始三年（西元 267 年），民國紀元前一千六百四十五年。大赦天下行之。南北朝、隋、唐之律，咸以為本。唐以後定律者，金與明皆本於唐，清律又本於明，實仍本於晉也。晉律當多取漢時之令及比等，然李悝之《法經》，必仍有存於其中者，即謂所存甚寡，然自商君以後，法典遂前後相承，有修改而無創制矣。故《法經》實吾圍法律之本也。

　　古有所謂布憲者，《周官》有其官，《管子・立政篇》亦言其事。《周官》職文云：「掌憲邦之刑禁。正月之吉，執邦之旌節，以宣布於四方。」〈立政篇〉言正月之朔，百吏在朝，君乃出令，布憲於國。五鄉之師，五屬大夫，皆受憲於太史，而遂於其所屬。案〈小匡篇〉言：「修舊法，擇其善者而嚴用之。」而〈月令〉：季冬之月：「天子與公卿大夫，共飭國典，

---

[180]　刑：九刑亦刑書之一。悝撰次諸國……

論時令，以待來歲之宜。」則正月之所布者，乃君與大夫所擇焉而行之於一歲之中者也。〈立政〉又曰：「凡將舉事，令必先出。其賞罰之數，必先明之。」此為臨事所發。《墨子・非命》言：「古之聖王，發憲出令，設為賞罰以勸賢。」《韓非・定法》云：「憲令著於官府。」則憲與令，乃上所求於下之兩大端。其使之不得為者，則謂之禁。〈曲禮〉言「入竟而問禁，入國而問俗」是也。此為古書各舉一邊之例。入竟者亦問俗，入國者亦問禁也。此等皆不原於俗，非其民所素知，故必表而縣之「憲謂表而縣之」，見《周官》小宰《注》。又或徇以木鐸；小宰、小司徒、小司寇、士師等，咸有其文。而州長、黨正、族師、閭胥，又有屬民讀法之舉也。違憲令或犯禁者，則治之以法，其初蓋臨事審度。故孔子謂「先王議事以制，不為刑辟。」《左氏》昭公二十九年。後因其輕重失宜，且執法者不免上下其手，則必著其輕重。[181] 叔向、仲尼之言，乃當時一派議論，不必合於時勢也。法不公布，《義疏》亦疑之，見昭公六年。

　　刑之始，蓋所以待異族。古之言刑與今異。漢人恆言「刑者不可復屬」，亦曰「斷者不可復屬」，則必殊其體乃謂之刑，拘禁罰作等，不稱刑也。此為刑字之初義，其後自不盡如此，勿泥。然初義仍並行，如《周官》司圜曰「凡圜土之刑人也不虧體，其罰人也不虧其財」是也。虧財蓋原於贖刑，本無肉刑，自不得有贖也。《國語・魯語》：臧文仲言：「大刑用甲兵，其次用斧鉞。中刑用刀鋸，其次用鑽笮。薄刑用鞭撲。大者陳之原野，小者肆之市朝，五刑三次，是無隱也。」陳之原野，指戰陳言，可見古以兵刑為一。[182] 此《漢書》述兵制，所以猶在《刑法志》中也。〈堯典〉曰：「象以典刑。流宥五刑。鞭作官刑。撲作教刑。金作贖刑。」象以典刑，蓋即《周官》之縣法象魏。《周官・天官》大宰：「正月之吉，始和，

---

[181]　刑：因輕重失宜上下其手而定法。
[182]　刑：兵刑是一。

布治於邦國都鄙，乃縣治象之法於象魏，使萬民觀治象，挾日而斂之。」
〈地官〉作教象，〈夏官〉作政象，〈秋官〉作刑象，其文咸同。唯〈春官〉
無文，以其事與民無涉也。魏，闕名，蓋以其縣象，故稱象魏。《左氏》
哀公三年：「司鐸火，季桓子至，御公立於象魏之外，命藏《象魏》，曰：
舊章不可亡也。」「命藏象魏」之魏字，疑涉上文而衍，杜《注》「謂其書
為象魏」，非也。其初蓋縣行刑之狀以恐怖人。五刑，即〈呂刑〉所云墨、
劓、腓、宮、大辟。大辟者，臧文仲所謂用斧鉞；劓、腓、宮，其所謂用
刀鋸；墨其所謂用鑽窄；宮刑、教刑，其所謂用鞭樸；金作贖刑，即〈呂
刑〉之所言也。〈呂刑〉云：「苗民弗用靈，制以刑，唯作五虐之刑曰法。
爰始淫為劓、刵、椓、黥。」[183] 劓、刵、椓、黥，《書疏》云：「歐陽、大
小夏侯作臏、宮、劓、割頭、庶剠。」見卷二《虞書》標目下，庶字未詳。
《說文・攴部》：「𢼸，去陰之刑也。《周書》曰刖、劓、跛、黥。」則今本
之刖乃誤字。《書・康誥》之「刑人，殺人，劓刵人」，刑疑刖之誤。殺指
大辟，刑指宮，《左氏》襄公二十九年，「婦人無刑」，正指宮刑言也。[184]

　　五刑實自苗民至周穆王，未之有改。除婦人宮刑閉於宮中外，《周
官・司刑》鄭《注》：「宮者，丈夫則割其勢，女子閉於宮中。」《呂刑偽孔
傳》：「宮，淫刑也。男子割勢，婦人幽閉。」《疏》云：「大隋開皇之初，
始除男子宮刑，婦人猶閉於宮。」《左氏》僖公十五年杜《注》云：「古之
宮閉者，皆登臺以抗絕之。」餘皆殊其體。大辟則並絕其生命，故或稱為
死，與刑相對，又或稱為大刑也。《周官》司刑，有刖而無臏。鄭《注》云
「周改臏作刖」，未知何據。[185] 今《尚書》之剕，《周官》司刑注引《書傳》
作臏，則二者一字。襄公二十九年《公羊》疏引鄭駁《異義》云：「皋陶改
臏為剕，〈呂刑〉有剕，周改剕為刖。」其說與《周官注》不合，自當以《周

---

[183] 刑：劓、刵、椓、黥，刵當作刖。
[184] 刑：刑必虧體，唯婦人無刑指宮。
[185] 刑：腓臏刖。

官注》為是。《爾雅·釋言》:「髖，刖也。」《說文》:「跀，䠎也。䠎，斷足也。」皆以跀與䠎為一，而鄭氏以為二。《說文》又云:「髖，尌嵩也。」段《注》云:「臏者髖之俗，去尌頭骨也。明，漢之斬止。髖者廢不能行，䠎者尚可著踴而行。《莊子》:兀者叔山無趾踵見仲尼，崔譔云:無趾，故以踵行，是則䠎輕於髖。」案鄭說恐非是，《莊子·養生主》云:「公文軒見右師而驚曰:是何人也?惡乎介也?曰:天也，非人也。天之生是使獨也。」注曰:「介，偏刖之名，偏刖曰獨。」《釋文》:「介，一音兀，司馬云:刖也，向、郭云:偏刖也，崔本作兀，又作跀，云斷足也。」《管子·地數》:「苟山之見榮者，謹封而為禁。有動封山者，罪死而不赦。有犯令者，左足入，左足斷，右足入，右足斷。」即所謂偏刖。則陳喬樅《今文尚書經說考》，謂「者去左趾，䠎者並去右趾」，其說是也。易言噬嗑滅趾，即此。〈玉篇〉:「髖，骨也。又去膝蓋刑名。」說稍後。《白虎通義·五刑篇》:「腓者，脫其臏也。」此書為後人竄亂大多，恐不足據。鄭注《司刑》云:「夏刑大辟二百，臏闢三百，宮闢五百，劓墨各千，周則變焉。」即據〈呂刑〉、《周官》異同為說。其改臏作刖之言，疑亦如此，未必別有所據也。掌戮云:「墨者使守門。劓者使守關。宮者使守內。刖者使守囿。髡者使守積。」則又益一髡。案髡即越族之斷髮，黥則其紋身。[186] 苗民在江、淮、荊州，其初蓋俘異族以為奴婢，後則本族之犯罪者，亦以為奴婢而儕諸異族，因以異族之所以為飾者施之;後益暴虐，乃至以刀鋸斧鉞，加於人體，而有臏、宮、劓、割頭之刑也。刵即馘，其初亦施諸戰陳。此疑亦原於越族，越族本有儋耳之習也。《後漢書·南蠻傳》述珠崖儋耳之俗云:「其渠帥貴長耳，皆穿而縋之，垂肩三寸。」《左氏》僖公二十七年，楚子玉治兵，「貫三人耳」。所謂貫耳，亦即穿耳也。〈堯典〉曰:「帝曰:皋陶，蠻夷猾夏，寇賊奸宄。汝作士。五刑有服，五服三就。五流有宅，

---

[186] 刑:髡、越之斷髮，黥其紋身，後五刑效越，刷疑亦原焉。

五宅三居。」三就即臧文仲所謂三次，五流即所謂流宥五刑。《周官》：司
戮：「掌斬殺賊謀而搏之。《注》：「斬以鈇鉞，若今要斬也。殺以刀刃，若
今棄市也。搏當為為膊諸城上之膊，字之誤也。膊謂去衣磔之。」案「膊
諸城上」，見《左氏》成公二年。斬亦曰斮，見《公羊》成公二年。凡殺其
親者焚之。《注》：「焚，燒也，《易》曰：焚如死如棄如。」《左氏》昭公
二十二年，鄂胅伐皇，大敗，獲鄂聆，焚諸王城之市。又古刑有烹，《公
羊》莊公四年：「哀公亨乎周。」《注》：「亨，煮而殺之。」即《漢書·刑法
志》所謂秦有鑊烹之刑者也。《左氏》襄公二十六年，宋亨伊戾。哀公十六
年，楚亨石乞。殺王之親者辜之。《注》：「辜之言枯也，謂磔之。」案《荀
子·正論》云：「斬斷枯磔。」《史記·李斯列傳》：「十公主矺死於杜。」《索
隱》：「矺音宅，與磔同，古今字異耳，磔，謂裂其肢體而殺之。」殺人者
踣諸市，肆之三日。」賊謀即所謂奸宄。士本戰士，士師者，士之長，其
初皆軍官。肉刑又有輮。《周官》條狼氏：「誓僕右曰殺，誓馭曰車輮。」《墨
子·號令》：「歸敵者，父母、妻子、同產皆車裂。」然則殊體之刑，初由
異族貤及軍中，後乃行之平時也。案古死刑又有脯醢。《史記·殷本紀》：
紂醢九侯、脯鄂侯是也。〈檀弓〉：「孔子哭子路於中庭，既哭，進使者而
問故。使者曰：醢之矣。遂命覆醢。」《左氏》莊公十二年，宋人醢猛獲、
南宮萬。襄公十五年，鄭人醢堵女父、尉翩、司齊，十九年，齊人醢夙沙
衛。哀公二年，趙簡子誓曰：「若其有罪，絞縊以戮。」《注》：「絞，所以
縊人物。」宣公八年，「晉人獲秦諜，殺諸絳市，六日而蘇」，此必不殊其
體，疑即絞殺之也。又炮格之刑，見《呂覽·順民》。高《注》云：「紂嘗
熨爛人手，因作銅烙，布火其下，令人走其上，人墮火而死。」畢校云：
「烙當作格。」然《列女孽嬖傳》亦作烙。此亦焚之類也。《周官》大司徒：
「凡萬民之不服教而有獄訟者，與有地治者聽而斷之，其附於刑者，歸於
士。」此刑之初不施諸本族之證。書家有像刑之說，後人多疑之。見《荀

子·正論篇》。《漢書·刑法志》本之。案其說曰：「上刑赭衣不純。中刑
雜屨。下刑墨幪。」《白帖》引《尚書大傳》。又曰：「以幪巾當墨。以草纓
當劓。以菲屨當刖。以艾韠當宮。以布衣無領當大辟。」《太平御覽》引
《慎子》。此即《周官》所謂明刑明梏。明刑，見下。掌囚曰：「及刑殺，告
刑於王。奉而適朝，士加明梏以適市而殺之。」《注》：「士加明梏者，謂
著其姓名及其罪於梏而箸之也。」《論衡·四諱》曰：「俗諱被刑，不上丘
墓。古者肉刑，形毀不全，乃不可耳。方今象刑[187]，象刑重者，髡鉗之
法也，若完城旦以下，施刑，施，疑當作弛。采衣系躬，冠帶與俗人殊何
為不可？」則漢世猶行之矣。〈玉藻〉曰：「垂緌五寸，惰遊之士也。玄冠
縞武，不齒之服也。」《注》謂：惰遊即罷民。不齒，謂所放不帥教者。案
〈王制〉言：「命鄉簡不帥教者以告，耆老皆朝於庠。元日習射上功，習鄉
尚齒。大司徒帥國之俊士，與執事焉。不變，命國之右鄉簡不帥教者移之
左；命國之左鄉，簡不帥教者移之右；如初禮。不變，移之郊，如初禮。
不變，移之遂，如初禮。不變，屏之遠方終身不齒。」又曰：「將出學，小
胥、大胥、小樂正簡不帥教者，以告於大樂正。大樂正以告於王。王命三
公、九卿、大夫、元士皆入學。不變，王親視學。不變，王三日不舉，屏
之遠方：西方曰棘，東方曰寄，終身不齒。」[188]《大學》曰：「唯仁人放
流之，屏諸四夷，不與同中國。」中國即國中。古所謂四夷者，去中國本
不甚遠。《周官》入於圜土而能改過者，反於中國不齒三年，則屏之遠方
者，未必無還期，還而猶為之刑，則所謂不齒者也，此即〈堯典〉所謂流
宥五刑。語云：教笞不可廢於家，則其所謂鞭樸。鞭樸固初施於家，流亦
猶之「子放婦出」耳。見《禮記·內則》。知古之待本族者，不過如此而已
矣。《唐書·吐蕃傳》曰：「重兵死，以累世戰歿為甲門。敗懦者垂狐尾於

---

[187]　刑：象刑漢猶行之。
[188]　刑：屏四方不必遠，即古之流，蓋待貴族，贖蓋亦然。

首，示辱，不得列於人。」此亦所謂不齒。淺演之群，風俗每相類，知象刑為古所可有，不必驚怖其言若河漢而無極也。

〈曲禮〉曰：「刑不上大夫。」《五經異義》：「古《周禮》說：士屍肆諸市，大夫屍肆諸朝，是大夫有刑。」案刑不上大夫者？刑之始，乃以為奴婢而儕諸異族，大夫以上，不可以為奴，故亦不容施刑也。《公羊》宣西元年云：「古者大夫已去，三年待放。」《解詁》曰：「古者刑不上大夫，故有罪，放之而已。」然則流宥五刑，其初乃所以待貴族。即贖刑亦然。《管子·中匡》曰：「甲兵未足也，請薄刑罰以厚甲兵。於是死罪不殺，刑罪不罰，使以甲兵贖：死罪以犀甲一戟，刑罰以脅盾一戟，過罰以金鈞。無所計而訟者，成以束矢。」〈小匡〉曰：「制重罪入以兵甲犀脅二戟。輕罪入蘭盾鞈革二戟。小罪入以金鈞。分宥薄罪入以半鈞。無坐抑而訟獄者，正三禁之而不直，則入一束矢以罰之。」案《周官》大司寇：「以兩造禁民訟。入束矢於朝，然後聽之。以兩劑禁民獄，入鈞金三日乃致於朝，然後聽之。」亦以為足兵之謀也。鈞三十斤。〈呂刑〉之制：墨闢百鍰。劓闢唯倍。剕闢倍差。宮闢六百鍰。大辟千鍰。鍰六兩。夏侯、歐陽說，見《周官》職金疏。古二十四銖為兩，十六兩為斤。則周大辟之罰，以金之重計之，當秦半兩錢萬，漢五銖錢二萬三千餘。幣價誠不必與金同，然當圜法初立時，民信未孚，往往計金之重以定錢價，相去亦不能甚遠。《史記·貨殖列傳》言：「糶二十病農，九十病末，上不過八十，下不過三十，則農末俱利。」然則周大辟之贖，以漢最上之糶計之，直三百石，夫豈平民所能堪？故知其始，乃所以待貴族也。《禮記·文王世子》：「公族：其有死罪，則磬於甸人。其刑罪，則纖剸，亦告於甸人。」所與庶族異者，亦僅「無宮刑」而已矣。《周官》：王之同族與有爵者不即市，刑殺於甸師氏，見天官甸師、秋官小司寇、掌囚、掌戮。此刑法之漸峻，而亦等級之漸平也。

《孟子·梁惠王》下，言文王之治岐也，「罪人不孥」，《左氏》昭公

二十年，苑何忌引〈康誥〉，亦曰「父子兄弟，罪不相及」。而《書·甘誓》、〈湯誓〉，皆有「孥戮」之文。〈湯誓〉鄭《注》，引《周官》「男子入於罪隸，女子入於舂藁」。見《疏》。〈費誓〉云：「女則有無餘刑，非殺。」《疏》引王肅云：「父母、妻子、同產皆坐之，入於罪隸。」又引鄭玄云：「謂盡奴其妻子，在軍使給廝役，反則入於罪隸舂藁。」然則孥戮之始，乃軍刑也。[189]《史記·秦本紀》：文公二十年（西元前 746 年），「法初有三族之罪」。《集解》引張晏曰：「父母、兄弟、妻子」，即王肅之說，蓋以軍刑施之平時也。商君「令民為什伍，而相收司連坐」，《史記》本傳。世皆以為暴政。然《周官》族師職云：「五家為比，十家為聯。五人為伍，十人為聯。四閭為族，八閭為聯。使之相保相受，刑罪慶賞，相及相共。」比長職云：「五家相受，相和親，有罪奇邪則相及。」鄰長職云：「掌相糾相受。」士師職云：「掌鄉合州黨族閭比之聯，與其民人之什伍，使之相安相受，以比追胥之事，以施刑罰慶賞。」《墨子·尚同》引〈大誓〉云：「小人見奸巧，乃聞不言也，發罪鈞。」《繁露·王道》曰：「梁使民比地為伍，一家亡，五家殺刑。」《公羊解詁》說同。見僖公十九年。皆相收司連坐之法也；其非起於商君，審矣。古居民有兩法：一什伍之制，與軍制相應。一鄰朋之制，與井田相應。什伍之民服兵役，井地之民初不為兵。觀第二第五兩節可明。然則鄰比相坐，其初亦軍法也。

父子兄弟，罪不相及，然謀叛者往往族誅，則以此為兩族之爭，猶之兩國交戰，非復於犯法禁之事也。部族林立之時，有怨唯自相報。故《書》有「非富天下，為匹夫匹婦復仇」之義。見《孟子·滕文公下篇》。上文引《書》曰：「葛伯仇餉」，故知此為《書》說也。其後雖有國法，此風仍不能絕。君父、師長、朋友、昆弟復仇之隆殺，禮文明著等差。《禮記·曲禮》：「父之仇，弗與共戴天。兄弟之仇不反兵。交遊之仇不同國。」

---

[189] 刑：孥戮始軍刑，相司連坐亦然，《周官》等已有。

《注》云：「交遊，或為朋友。」〈檀弓〉：「子夏問於孔子曰：居父母之仇如之何？夫子曰：寢苫，枕干，不仕，弗與共天下也。遇諸市朝，不反兵而鬥。曰：請問居昆弟之仇如之何？曰：仕，弗與共國。銜君命而使，雖遇之不鬥。曰：請問居從父昆弟之仇如之何？曰：不為魁，主人能，則執兵而陪其後。」《大戴禮記・曾子制言上》：「父母之仇，不與同生。兄弟之仇，不與聚國。朋友之仇，不與敘鄉。族人之仇，不與聚鄰。」《公羊》莊公四年《解詁》：「禮：父母之仇，不同戴天。兄弟之仇不同國。九族之仇，不同鄉黨。朋友之仇，不同市朝。」《周官》：調人凡和難：父之仇，辟諸海外。兄弟之仇，辟諸千里之外。從父兄弟之仇不同國。君之仇視父，師長之仇視兄弟，主友之仇視從父兄弟。且有「不討賊非臣，不復仇非子」之義。《公羊》隱公十一年，子沈子曰：「君弒，臣不討賊，非臣也；不復仇，非子也！《春秋》，君弒，賊不討，不書葬，以為不繫乎臣子也。」此猶以義理言之。《管子・大匡》曰：「君謂國子：凡貴賤之義，入與父俱，出與師俱，上與君俱，凡三者，遇賊不死，不知賊，則無赦。」則並明著刑誅矣。《公羊》隱公四年：「衛人殺州籲於濮。其稱人何？討賊之辭也」。《解詁》曰：「明國中人人得討之，所以廣忠孝之路。」此即〈檀弓〉邾婁定公言「臣弒君，凡在官者殺無赦；子弒父，凡在宮者殺無赦」之義；所以激厲臣子之復仇者至矣。《周官》有調人，亦不過禁其不直，使之相闢而已，不能逕絕之也。調人職云：「凡過而殺傷人者，以民成之，鳥獸亦如之。凡和難者，皆使之闢。弗闢，然後予之瑞節而以執之。凡殺人，有反殺者邦國交仇之。凡殺人而義者，不同國，令弗仇。仇之則死。凡有鬥怒者，成之。不可成者則書之。先動者誅之。」又朝士云：「凡報仇者書於上，殺之無罪。」皆所以限制復仇，稍殺私鬥之禍者也。《注》引鄭司農云：「成之，謂和之也。和之，猶今二千石以令解仇怨，後復相報，移徙

之。」[190] 則漢世猶有其法矣。《公羊》大復百世之仇，亦必以「上無天子，下無方伯」為限。又曰：「父不受誅，子復仇可也。父受誅，子復仇，推刃之道。」又曰：「復仇不除害，朋友相衛而不相迿」，皆此義。見莊公四年、定公四年。部族之外，使其自相報，則部族之內相殘殺，自非所問。《白虎通義·誅伐篇》曰：「父殺其子當誅。」即因其時父殺子之事甚多故也。《左氏》成公三年，知罃對楚子曰：「首其請於寡君，而以戮於宗，亦死且不朽。」昭公二十一年，宋華費遂曰：「吾有讒子而弗能殺。」皆父得專殺其子之證。

　　《說文》曰：「廌，解廌，獸也。似山牛，一角。古者決訟，令觸不直者。」段《注》刪山字，云：「〈玉篇〉、《廣韻》及《太平御覽》引皆無。」然又引《論衡》云：「獬豸者，一角之羊，性識有罪，皋陶治獄，有罪者令羊觸之。」案《墨子·明鬼》云：「齊莊君之臣，有王里國、中里徼者，訟三年而獄不斷。乃使人共一羊，盟齊之神社。讀王里國之辭，既畢矣，讀中里徼之辭，未半也，羊起而觸之，殪之盟所。」此羊即解廌之流。山牛二字，疑羊字之誤分，《篇》、《韻》、《御覽》刪之，亦未是也。《詩·何人斯》云：「取彼譖人，投畀豺虎。豺虎不受，投畀有北。有北不受，投畀有昊。」蓋皆所謂神斷之流，其詳已不可考矣。至後世之聽斷則有獄訟之別。「爭罪曰獄，爭財曰訟」，《周官》大司徒鄭《注》，又大司寇《注》云：「訟，謂以資財相告者。獄，謂相告以罪名者。」頗近今日刑民事之分。[191] 其聽斷之官，則有屬於地官者，有屬於秋官者。[192] 屬於地官者，所謂地治者是也。屬於秋官者，有鄉士掌國中，遂士掌四郊，縣士掌野，方士掌都家，訝士掌四方之獄訟。地官本以教為主，故其所治者，亦以不服教為重。其所施者，至圜土嘉石而止。地官司救：「掌萬民之邪惡過失而誅讓

---

[190]　刑：漢二千石以令解仇怨，復相報，移徙之，見《周官·朝士注》。
[191]　刑：刑民事之分古已有之。
[192]　刑：聽斷或屬地官，或屬秋官，其用刑異。

之。以禮防禁而救之，凡民之有邪惡者，三讓三罰，而士加明刑，恥諸嘉石，役諸司空，其有過失者，三讓而罰，三罰而歸於圜土。」《注》：「罰，謂撻擊之也。明刑，去其冠飾，而書其邪惡之狀，著之背也。」大司寇：「以圜土聚教罷民，凡害人者，寘之圜土，而施職事焉。以明刑恥之。其能改過，反於中國，不齒三年。其不能改而出圜土者殺。」司圜：「掌收教罷民。凡害人者，弗使冠飾而加明刑焉。任之以事而收教之。能改者，上罪三年而舍，中罪二年而舍，下罪一年而舍。其不能改而出圜土者殺。雖出，三年不齒。」大司寇職又云：「以嘉石平罷民，凡萬民之有罪過，而未麗於法，而害於州里者，桎梏而坐諸嘉石，役諸司空。重罪旬有三日坐，期役。其次九日坐，九月役。其次七日坐，七月役。其次五日坐，五月役。其下三日坐，三月役。使州里任之，則宥而舍之。」案圜土嘉石之法，蓋初屬司徒，後乃移於司寇。故其所治，為未麗於法而害於州里者。使州里任之，則宥而舍之。其後移於司寇者？《墨子・尚賢》云：「昔者傅說居北海之洲，圜土之上，衣褐帶索，庸築於傅巖之城。」蓋使之作苦於邊竟，故言能改則反於中國。庸作於邊竟，當與兵事有關，故又屬司寇也。涉刑殺之罪，皆屬秋官。〈呂刑〉：「王曰：嗟四方司政，典獄。」司政蓋指司徒之屬，司獄指司寇之屬。〈王制〉曰：「成獄辭，史以獄之成告於正。《注》：「正，於周鄉師之屬。」正聽之。正以獄之成告於大司寇。大司寇聽之棘木之下。大司寇以獄之成告於王。王命三公參聽之。三公以獄之成告於王。王三又，《注》：「又當作宥。」然後製刑。」其說亦與《周官》同也。此為人民之獄訟，其貴人之獄訟，則人君自聽之，如《左氏》載王叔之宰，與伯輿之大夫，坐獄於王庭；案見襄公十年。叔孫昭子朝而命吏曰「婼將與季氏訟」是也。案見昭公十二年，說本崔氏述。見《豐鎬考信別錄》。下不能斷之獄，亦可上於朝，[193] 如昭公二十八年，梗陽人有獄，

---

[193] 刑：下不能斷之獄，可上於朝。訝士掌四方之獄訟。

魏戊不能斷，以獄上是也。《周官》訝士：「掌四方之獄訟，諭罪刑於邦國。凡四方之有治於士者造焉。四方有亂獄，則往而成之。」則審斷之權，稍集於中樞矣。又有此國之臣，訟於彼國者。如《左氏》文公十四年，周公與王孫蘇訟於晉；王叔陳生與伯輿之爭，亦訟於士匄是也。此則古者有土之君，於其上皆非純臣，猶之兩小國訟於大國，如鄭與許訟於楚，衛侯與元咺訟於晉。事涉外交，非復可以國法論矣。

　　古斷獄有與後世大異者，重意是也。《春秋繁露·精華篇》曰：「《春秋》之聽獄也，必本其事而原其志。志邪不待成，首惡者罪特重，本直者其論輕。折獄而是也，理益明，教益行。折獄而非也，闇理迷眾，與教相妨。教，政之本也。獄，政之末也。其事異域，其用一也，不可以不相順，故君子重之也。」蓋事之善惡，判於意之善惡。古之明刑，將以弼教，非如後世徒欲保治者之所謂治安及其權利，故其言如是也。[194]〈王制〉曰：「凡聽五刑之訟，必原父子之親，立君臣之義以權之。意論輕重之序，慎測淺深之量以別之。悉其聰明，致其忠愛以盡之。」即《繁露》所謂「本其事而原其志」者也。「孟氏使陽膚為士師。問於曾子。曾子曰：上失其道，民散久矣。如得其情，則哀矜而勿喜。」《論語·子張》。謂本其事，原其志，則所見之善惡，與徒觀其表者不同也。「子曰：聽訟，吾猶人也，必也，使無訟乎？無情者不得盡其辭，大畏民志，此謂知本。」《大學》。謂斷獄者能推原人之本心，則人不敢懷惡意，而風俗因之而淳，所謂與教相順者此也。此等議論，今人必以為迂，然如今日之所謂司法者，明知其意之惡而弗能誅，明知其意之善而弗能救，愈善訟之人，其心愈不可問。以維持治者之所謂治安，及其權利則得矣，於社會公益何有焉？則古人所言，正未可以深譏也。然此非徒聽訟者之咎也，社會風氣之變遷則為之。〈王制〉曰：「有旨無簡，不聽。」注：「簡，誠也。」案蓋指事狀。

[194]　刑：重體則明刑，所以弼教，故重意徒在上，所求則不然矣。

又曰：「凡執禁以齊眾，不赦過。」此為不重意而重事之漸。蓋風俗稍偷，人藏其心，不可測度，而折獄者亦不必皆公正，徒據其意，不足服人，乃不得不側重於事也。〈王制〉又曰：「必三刺。」三刺者？「一曰訊群臣，二曰訊群吏，三曰訊萬民。」[195]《周官》小司寇及司刺，咸有其文。孟子曰：「左右皆曰可殺，勿聽，諸大夫皆曰可殺，勿聽，國人皆曰可殺，然後察之，見可殺焉，然後殺之。」〈梁惠王下〉。左右即群臣，諸大夫即群吏，國人即萬民，蓋古自有此法，非作《周官》、〈王制〉者之臆說也。司刺，掌三刺、三宥、三赦之法，三宥者？一宥曰不識，再宥曰過失，三宥曰遺忘。三赦，一曰幼弱，再曰老旄，三曰蠢愚。亦誠本其事而原其意，非貌為寬大也。欺法吏於一時易，蔽萬人之耳目難。「疑獄泛與眾共之，眾疑赦之」，亦〈王制〉文。意正在此，此亦猶選舉之重鄉評也。然亦唯風氣純樸之世為可行。若在後世，則有愈兼聽並觀，而愈益其惑亂者矣。故凡制度之實，未有不隨社會為變遷者也。《莊子》所謂藏舟於壑，夜半，有力者負之而走也。

　　《說文・犬部》：「犴，胡地野狗。」其或體從犬。引《詩》曰宜犴宜獄。今《毛詩》作犴，《釋文》云：《韓詩》作犴，云鄉亭之系曰犴，朝廷曰獄。狀部：「獄從犬言，二犬所以守也。」此最古之監獄也。《周官》掌囚：「掌守盜賊，凡囚者，上罪梏拲而桎。中罪桎梏。下罪梏。王之同族拲。有爵者桎。以待弊罪。」《注》：「鄭司農云：拲者，兩手共一木也。桎梏者，兩手各一木也。玄謂在手曰梏，在足曰桎。中罪不拲，手足各一木耳。下罪又去桎，王同族及命士以上，雖有上罪，或拲或桎而已。」《易・噬嗑》，初九，「履校滅趾」。上九，「何校滅耳」。《說文》：「校，木囚也。」段《注》云：「履校，若今軍流犯人新到箸木靴。何校，若今犯人帶枷也。」又《坎卦》上六：「系用徽纆，實於叢棘。」纆，《說文》作𫄧，云「索也」。

---

[195]　刑：三刺即左右、諸士夫、國人。

《論語・公冶長》:「雖在縲絏之中。」《集解》引孔曰:「縲,黑索,絏,
攣也,所以拘罪人。」蓋即縲也。《左氏》哀公八年:「邾子又無道,吳子
使大宰子餘討之,囚諸樓臺,栫之以棘。」《注》:「栫,雍也。」此即所謂
寘於叢棘也。《周官》大司馬,「以九伐之法正邦國,暴內陵外則壇之」,
即所謂囚諸樓臺者,合僖公十五年杜《注》,「古之宮閉者,皆登臺以抗絕
之」之文觀之,可見古者拘繫之制。[196] 觀《周官》圜土之文,又可想見既
有宮室後監獄營造之法。《管子・小匡》:「遂生束縛而柙以予齊。」此則所
謂檻車也。

---

[196] 刑:無宮室時之拘禁。

第十五章　宗教學術

▶ 第一節　文字

　　人何以靈長萬物？曰智。然一大古之人之智，與高等動物相去果幾何？則難言之矣。然則人之能靈長萬物也，非以其獨智，而實以其能群。何則？動物無語言，即有之，亦與人類相去懸絕。前輩之所得者，不能付諸後輩，事事須從頭學起，故其所得殊淺，而人則不然也。文字者，賦語言以形者也。自有文字，而語言之所及愈廣，其傳之亦愈久矣。謂文字之作，為人類演進中一大事，誠不誣也。

　　夫如是，則語言文字，必為社會之公器。其成也，實由無數人通力合作，今日造一語，明日造一語，此人造一字，彼人造一字，積之久而其數乃有可觀。謂有一人焉，創製文字，頒諸全群，使人遵用，於理必不可通。然今之言文字者，尚多懷此等見解。倉頡造字之說，童稚皆知，即通人碩儒，亦罕能正其繆，或且為之推波助瀾焉。庸詎知此說本非古之所有，而出於後人之附會乎？

　　《易‧繫辭傳》曰：「上古結繩而治，後世聖人易之以書契，百官以治，萬民以察。」此但言文字之用而已，未嘗及其創造也。《漢書‧藝文志》祖之。《荀子‧解蔽》曰：「故好書者眾矣，而倉頡獨傳者一也。」亦以倉頡為好書之人，而非作書之人。《呂覽‧君守》曰：「倉頡造書。」則墮古人附會之習，以善其事者為始創之人矣。《詩‧何人斯正義》引《世本》云「暴辛公作塤，蘇咸公作簧」，即此類。降逮漢儒，附會彌甚。許慎〈說文解字序〉曰：「古者庖犧氏之王天下也，仰則觀象於天，俯則觀法於地；觀鳥獸之文，與地之宜；近取諸身，遠取諸物；於是始作《易》八卦，以

垂憲象。及神農氏，結繩為治，而統其事。[197] 李鼎祚《周易集解》引《九家易》曰：「古者無文字。其有約誓之事，事大大其繩，事小小其繩，結之多少，隨物眾寡。各執以相考，亦足以相治也。」《書序疏》引鄭《注》亦云：「為約事大大其繩，事小小其繩。」《繫辭傳疏》引則作：「事大大結其繩，事小小結其繩。」庶業其繁，飾偽萌生。黃帝之史倉頡，見鳥獸蹏遠之跡，知分理之可相別異也，初造書契。百工以乂，萬品以察。」倉頡，漢人傳說多以為古帝。倉頡為黃帝史官，後儒多以為出於《世本》，其實《世本》無是言，而出於宋衷之注，見《路史》。《路史》引《春秋演孔圖》及《春秋元命苞》，敘帝王之相云「倉頡四目，是謂並明」，與顓帝、帝嚳、堯、舜、禹、湯、文、武並舉。《河圖玉版》云：「倉頡為帝，南巡狩，登陽虛之山，臨於玄扈。洛汭之水，靈龜負書，丹甲青文以授。」《河圖說徵》云：「倉帝起，天雨粟，青雲扶日。」亦見《洛書說河》。《春秋河圖》、《揆命篇》云：「蒼、羲、農、黃，三陽翊天德聖明。」皆不以為人臣。《淮南子‧本經訓》云：「昔者倉頡作書而天雨粟，鬼夜哭。」與《河圖說徵》同。〈修務訓〉云「史皇產而能書」，亦見《隨巢子》。皆無史官之說也。熹平六年（西元 177 年）《倉頡碑》云：「天生德於大聖，四目重光，為百王作憲。」尚與《演孔圖》、《元命苞》同。許獨以為黃帝史者？緯書言三皇無文。[198]

　　《周官‧外史注》引《孝經緯》云：「三皇無文，五帝畫像，三王肉刑。」《公羊》襄公二十九年《解詁》引《孝經說》云：「孔子曰：三皇設言民不違，五帝畫像世順機，三王肉刑揆漸加，應世黠巧奸偽多。」此本指文法，漢儒附會，因以為文字，司文字者為史官，遂臆說倉頡為黃帝史矣。其言伏羲、神農，蓋沿《易傳》之舊，以見庶業其繁，其來有漸，非謂垂憲、

---

[197]　文字：作結繩。或與記事無關。
[198]　文字：三皇無文非指文字。

結繩，與造字有關涉也。自《尚書・偽孔傳》出，欲以羲、農、黃帝為三皇，少昊、顓頊、高辛、唐、虞為五帝，乃謂三皇之書，名曰三墳，五帝之書，稱為五典。見〈偽孔傳序〉，參看第六章第一節。於是文字之作，遠在伏羲之時；畫卦，造文，二事併為一談矣。要皆無徵不信之辭也。

　　文字至後世，所以代表語言，而其初起也，則與語言同表物象。〈檀弓〉曰：「孔子之喪，公西赤為志焉」。「子張之喪，公明儀為志焉。」《注》曰：「志，為章幟。」此即〈禮運〉「大道之行也，與三代之英，丘未之逮也，而有志焉」之志。《注》曰：「志為識。」志、識、幟實同字也。此即許〈序〉所謂「鳥獸蹏迒之跡，分理可相別異」者。知文字之起，實與圖畫同原也。此等字即六書中之象形、指事字，物固多無形可像，無事可指者，欲舉一切字，一一以象形、指事之法造之，雖神聖有所不能，即能之，其字亦將繁不可識。且以文字語言，同表意象者，終必進至以語言表意象，文字表語言，此六書之中，形聲字之所以獨多也。許〈序〉曰：「倉頡之初作書，蓋依類象形，故謂之文。其後形聲相益，即謂之字。」象形為文，指事、會意、形聲皆字。指事舊以為獨體之文，實誤也。許說指事曰：「視而可識，察而見意。」其說未甚明瞭。其所舉之例，又僅上下二字。次於許君者為衛恆。其說曰：「在上為上，在下為下。」其言彌不可解。[199] 今案衛恆而下，說指事最古者，莫如賈公彥。公彥《周官疏》曰：「人在一上為上，人在一下為下。」知今所傳四體書勢，實有奪文。篆文上下二字，皆當從人從一，今本篆形實訛也。六書之說，議論紛繁，欲知其略者，可參看拙撰《字例略說》。商務印書館本。許書明指為指事者，唯上下二名，即會意字亦寥寥無幾，而唯形聲獨多。此乃事勢之自然，凡造字者皆遵循焉而莫能外，所謂百姓與能者也。又有所謂轉註者，蓋因言語遷變，雙聲相演，疊韻相迆，而為之別制一字，此乃文字孳乳之由，實非

---

[199]　文字：在上為上，在下為下，有奪文。

造字之法。假借則字異聲同，就固有之字以為用，而不別造；即已造者，亦或廢之；所以減文字之數，省仞識之勞者也。六書之名，見於《周官》保氏。鄭司農以象形、會意、轉註、處事、假借、諧聲說之。其實保氏所謂六書，即《漢志》所謂六體，猶今日篆刻題署，字各有體，非造字之六法也。許氏及先鄭所言六書，亦見於《漢書・藝文志》。《漢志》曰：「古者八歲入小學，故《周官》保氏，掌養國子，教之六書。謂象形、象事、象意、象聲、轉註、假借，造字之本也。[200] 漢興，蕭何草律，亦著其法，曰：太史試學童，能諷書九千字以上，乃得為史。又以六體試之。課最者以為尚書、御史史書令史。吏民上書，字或不正，輒舉劾。六體者，古文、奇字、篆書、隸書、繆篆、蟲書，皆所以通知古今文字，摹印章，書幡信也。」唯保氏所教與太史所試是一，故云亦著其法。夾入「謂象形者」十八字，豈不與下六體者云云相矛盾乎？故知此十八字必後人竄入也。許〈序〉云：「秦書有八體：一曰大篆，二曰小篆，三曰刻符，四曰蟲書，五曰摹印，六曰署書，七曰殳書，八曰隸書。」隸之初興，與篆實非二體，見下。大小篆之名，許〈序〉始有，《漢志》尚稱秦篆，知其不能別為二體，八體去大小篆，即仍為六體矣。書體分為六種，蓋自古相沿，迄於亡新，未之有改也。許氏及先鄭六書之說，蓋興於兩漢之間，乃研求文字條例者之所為。前此說字者，如許書所引一貫三為王，推十合一為士之類，多藉以說義理，本非說字，然亦可謂為造字之一端。即會意字。象形指事之理，亦淺而易見。形聲尤人人所知。即轉註、假借之理，亦非人所不能曉。舊蓋本有此等說，特於文字條理，莫或措意，則亦等閒視之。逮兩漢間，研求文字條例者出，乃薈萃舊說，立為六書之目也。中國字書：漢初以秦李斯所作之《倉頡篇》，趙高所作之《爰歷篇》，胡母敬所作之《博學篇》為三倉。其後揚雄作《訓纂篇》。班固作《十三章》。和帝永元中，郎

---

[200]　文字：六書指書體，《漢志》謂象形十八字，後人竄入。

中賈魴又作《滂喜篇》。梁庾元成云：《倉頡》五十五章為上卷，揚雄作《訓纂》記《滂喜》為中卷，賈升郎更續記《彥均》為下卷，人稱為三倉。江式亦云：是為三倉。揚雄《訓纂》，終於滂喜二字，賈魴用此二字為篇目，而終於彥均二字，故庾氏云揚記《滂喜》，賈記《彥均》。《隋志》則云揚作《訓纂》，賈魴《滂喜》，其實一也。自《倉頡》至《彥均》，皆四言。又有司馬相如之《凡將篇》，七言，史游之《急就篇》，前多三言，後多七言。唯李長之《元尚篇》無考。段玉裁說，見《說文解字序注》。蓋教學童識字，實以韻語便諷誦者為易，故歷代字書，體例皆然。史籀為周時史官教學童書，體例亦不得有異。然則以字形分別部居，實始許慎之《說文解字》。此可見西漢以前，治文字者率多識其形、音、義以應用，而於造字之法，初不究心；至西漢之末，始有留意於此者也。

　　文字改易之劇，增加之多，蓋皆在東周之世。許〈序〉言「五帝三王之世，改易殊體」，此固勢所必然。然其時文字之用尚少，變遷當不甚速，故人不以是為病。至於東周之世，則不然矣。子曰：「吾猶及史之闕文也，有馬者借人乘之，今亡已夫！」《論語‧衛靈公》。班《志》許〈序〉皆引之，說以「是非無正，人用其私」，其說蓋是。蓋前此文字之用少，故率舊而已足。此時文字之用多，昔時未著簡牘者，一一須筆之於書，既為舊文所無，自不得不以意造作。正猶今日譯書而欲造新名，問之老師宿儒亦無益，故不復闕文待問。此亦事理宜然。孔子之言，已為不達。許〈序〉又云：七國之時，「言語異聲，文字異形」，則尤附會失實矣。音讀本有楚、夏之殊，《荀子》謂「居夏語夏，居楚語楚」。《孟子》曰：「一齊人傅，眾楚人咻，雖日撻而求其齊，亦不可得。」又詆許行為「南蠻鴃舌之人」。知南北語音不同，由來甚舊。然其異，亦不過如今日之方言而已。[201]《說文‧牛部》：「㹀，黃牛虎文，讀若塗。」王氏筠謂「《左氏》楚

---

[201]　文字：古南北語言之異，不過如今日。

人謂虎於菟，《釋草》藩虎杖，皆與（牜余）同音。」又口部：「咷，楚謂兒泣不止曰嗷咷。」亦與《易》「先號咷而後笑」同。《左氏》：「吳人獲衛侯，衛侯歸，效夷言。」必其言語本無大異，乃能暫聞而即效之。《穀梁》：「吳謂善伊，謂稻緩。」《說文》：「沛國謂稻曰稬。」此即今日之糯字，北方亦無異言也。何待七國之世？所謂文字異形者，真理亦與孔子謂時人不肯闕文同，一由增造者之多，一亦由舊字形音義漸變，又或此用本文，彼行借字，遂覺其不相合。至於舊有習熟之文，彼此必無同異，故《中庸》言「今天下書同文」也。

[202] 許〈序〉云：「秦始皇帝初兼天下，丞相李斯乃奏同之，罷其不與秦文合者。」此即《史記・秦始皇本紀》二十六年所謂「書同文字」。所罷者蓋即此等字。然此令能行之官獄間，已侈矣。民間日用，必非其力之所及。許〈序〉又云：「李斯作《倉頡篇》。中車府令趙高作《爰歷篇》。太史令胡母敬作《博學篇》。皆取史籀大篆，或頗省改，所謂小篆者也。」皆取者，始於盡取之辭，或頗者，偶或有之之謂。今籀文見於許氏書者，不過二百二十餘，豈有周時教學童之書，數止於此之理？則知許書不著其異者，籀文皆同小篆也。《漢志》言閭里書師，合《倉頡》、《爰歷》、《博學》三篇，斷六十四字以為一章，凡五十五章，合為《倉頡篇》。又云：《訓纂篇》順續《倉頡》，又易《倉頡》中重複之字，凡八十九章。臣復續揚雄作十三章，凡一百二章，無復字。然則《倉頡》、《爰歷》、《博學》三篇，合復字僅三千三百，揚雄、班固所增者，三千六十有七字，許書九千三百十三字，又增三千有十三。豈皆漢人新造？蓋李斯之所奏罷者，實無不存於許書中矣。然則所謂奏罷者曷嘗能罷？而亦曷嘗見為異形而不可識乎？故知漢時古學家之言，無一非支離滅裂之談也。

孔子病史不闕文，許〈序〉言七國時文字異形，此指字型言之。許

---

[202]　文字：新字增於春秋時，舊字改易亦然，無大異。李斯奏同，不過如此，實亦未廢。

〈序〉又云：秦時「官獄職務繁，初有隸書，以趣約易」，此指筆畫形狀言之。秦隸傳於後世者，皆平直無波勢，即挑法。世多誤以為篆，西漢猶沿用之。至東漢，乃有有挑法者，謂之八分，亦謂之楷法。用之銘石等事。其尋常記識所用，則仍平直無波勢。謂之章程書，亦曰正書。對行草之名也。又曰真書。魏、晉以降，工正書者，史多稱其善隸書，實以八分變秦，而正書則仍秦之舊也。隸之初，蓋篆書之率易者。衛恆《四體書勢》，謂秦令隸人佐書，故曰隸書。此猶今日令不能作書者為鈔胥，所作之字，遂不得盡如法耳。本為工拙之異，絕非體制之殊。乃蔡邕《聖皇篇》云：「程邈刪古立隸文。」後人多從之，一若別為一體，有其創製之人者，則又許〈序〉所不言，而傳訛彌甚者也。許〈序〉述亡新六書云：「三曰篆書，即小篆，秦始皇帝使下杜人程邈所作也。」論者多以為非。若知隸之初興，與篆本無大別，則此語原不為誤也。[203]

　　最可怪者，許〈序〉謂「秦燒滅經書，滌除舊典」，「初有隸書，以趨約易，而古文由此絕矣」。所謂古文者，果何種文字邪？許〈序〉曰：「亡新居攝，使大司空甄豐等校文書之部，自以為應製作，頗改定古文。時有六書：一曰古文，孔子壁中書也。二曰奇字，即古文而異者也。」「壁中書者，魯共王壞孔子宅，而得《禮記》、《尚書》、《春秋》、《論語》、《孝經》。又北平侯張蒼獻《春秋左氏傳》。郡國亦往往於山川得鼎彝，其銘即前代之古文，皆自相似。」然則古文原本，不外三端：一孔壁所得書，二張蒼所獻書，三鼎彝之銘也。今許書實無一鼎彝中字，以後世所得鼎彝之文，案許書之字，又多不相仇，故吳大澂謂郡國所出鼎彝，許氏實未之見。《說文古籀補序》。張蒼獻書，不見《史記》本傳，觀於孔壁得書事之子虛烏有，其說亦殆不足信。孔壁得書一役，市三成虎，幾成信史矣。然核其實，則皆子虛烏有之談也。說見拙撰《中國文字變遷考》及《燕石札

---

[203] 文字：小篆程邈作不誤。

記》中《孔壁》條。今更言其略。則此事唯見《漢書‧藝文志》、《景十三王
傳》及《楚元王傳》中劉歆移《大常博士書》。《景十三王傳》，初言共王好
治宮室，下不接敘壞壁得書事，直待述其後嗣既竟，乃更補敘，沾綴之跡
顯然。《志》云：武帝末，共王壞孔子宅。共王之年，實不及武帝末也。
漢時，鄒、魯為文學之邦，孔子故居，尤儒生所薈萃。孔子宅果見壞，壞
孔子宅果得古文經傳，自為當時一大事安得他處別無散見之文，而唯見此
三篇中乎？況此三篇，《移大常博士》本劉歆之言，《志》亦本諸歆之《七
略》者邪？秦有天下僅十五年，漢高帝誅項籍，舉兵圍魯，魯中諸儒，尚
講誦，習禮樂，絃歌之音不絕，然則秦、漢之間，魯實未嘗破壞。孔襄為
孝惠帝博士，孝惠之立，距秦之亡一紀耳，孔壁藏書非少，不應至漢初遂
無知者也。此皆不待深求，衡以尋常事理，而即知其不可通者也。然則所
謂古文，蓋即新室之所改定者耳。[204] 奇字則其不能說以六書條理者也。
《漢志》云：「元始中，徵天下通小學者以百數，各令記字於庭中，揚雄取
其有用者，以作《訓纂篇》。」有用二字，最可玩味。雄書合《倉頡》、《爰
歷》、《博學》，凡五千三百四十名，少於《許書》者尚三千有餘。自皇古
以來，字之孳乳寖多者，自不止此。雄蓋取日用所急，以為字書，餘則棄
置之。亡新製作，又頗取之，以改舊所謂六書者耳。今許書中所載古文奇
字，數實寥寥無幾。亡新六書所有，或當不止此數。然亦必不能甚多。何
則？鄭玄注《儀禮》，備著今古異文，數亦寥寥無幾也。故知自先秦至於
漢世，文字實一線相承。其隨歲月而變遷，新者漸增，舊者漸廢，其情
形，亦必與後世無以異。自漢人妄誇其所謂古文經，後遂有謂孔壁得書，
時人莫能讀，必待以已通諸篇，與之校讎，乃可得多通十六篇者。說愈神
奇，而其去情實亦彌遠矣。其罅隙至易見也，乃世竟莫之能發，為所惑者
幾二千年，豈不異哉？近世王國維作《漢代古文考》，謂周、秦間東西文

---

[204]　文字：古文即新室所改。

字有異，[205] 西方秦人所用者，即籀文。東方六國所用者，則體勢殊異，即許〈序〉謂孔子書六經，左丘明作《春秋傳》所用也。司馬遷云：秦撥去古文。揚雄云：秦劃滅古文。許慎云：古文由秦絕。秦滅古文，史無明文，有之唯一文字與焚詩書二事，蓋其所焚者，即用此等文字之書。故漢人所謂古文者，即六國之文也。此說羌無證據。王氏乃謂「《史籀》一書，秦人作之以教學僮，而不傳於東方諸國」。又謂「六藝之書，行於齊、魯，爰及趙、魏，而未嘗流布於秦」。又謂「秦行峻法以同文字，民間日用，非秦文不得行」。「十餘年間，六國文字，遂遏而不行。」鑿鑿言之，幾於臆造史實矣。詳見拙撰《中國文字變遷考》。

　　作書之具，昔人所用者，有竹木二種。木曰牘，亦曰版，又曰方。版長尺，《玉海》。故曰尺牘。小者曰札。《漢書・郊祀志注》：「札，木簡之薄小者也。」亦曰牒。《說文》牒札互訓。大者曰槧。〈釋名〉：槧長三尺。方而有八角，或八面或六面可書者曰觚。《急就篇注》。亦曰稜。《史記・酷吏列傳注》：「觚八稜有隅者。」刻木：以記事曰契。《漢書・古今人表注》。分而為二亦曰券。〈曲禮〉曰：「獻粟者執右契。」《老子》曰：「執左契而不責於人。」《史記・田敬仲世家》言：「公常執左券。」蓋以右為尊，故自執其左也。竹曰簡，亦曰策，《儀禮・既夕禮疏》曰：「編連為策，不連為簡。」此乃對文則別，若散文則簡策通稱也。其編之也以韋，故《史記》言孔子讀《易》，韋編三絕。〈孔子世家〉。書於簡牘以漆，誤則以刀削去，故曰「筆則筆，削則削」。〈孔子世家〉。《曲禮疏》云：「削，書刀。」則刀亦可稱削也。此為尋常所用。欲傳諸久遠者，則刻諸金石。又有書之於帛者，則後世用紙之漸也。《說文》：「紙，絮也。」紙本縑素之名。後世物雖殊，名則仍其舊耳。

---

[205]　文字：王國維東西文字之說之繆。

▶ 第二節　古代宗教學術上

　　古代之文明在宗教，後世之文明在學術；學術主智，宗教主情；此人之恆言也。然學術宗教，亦無判然之界。無論何等宗教，莫不各有其理。世之詆為迷信者，謂其所謂理，無當於學術之家所謂理耳。然理無窮而境有限，後人之所謂理者，易一境焉，亦豈得謂為是？而古人之所謂理者，在彼其時，亦安得謂之非邪？學術雖云主智，然其從事研求，亦必出於好尚。好之深，斯信之篤；信之篤，斯執之固。世固有棄祿利，冒危難，齊死生，以申其所信者矣。與教徒之殉教，亦何以異？故曰：二者無判然之界也。

　　邃初之民，知識淺陋。外物情狀，概非所知。不特動物，即植物、礦物，亦皆以為有神靈而敬畏之。於是有所謂拜物之教焉。其愚昧誠若可哀，然高等之宗教，實道原於是。何則？以為萬物皆有神靈，寖假其神靈又可以離其身而獨存，不特無形之鬼神，由是而立，即泛神、無神之論，實亦隱伏於是也。人之謂神靈可離其體而獨存也，蓋由於夢與死。明明臥而未動也，而忽有所周曆，所見聞；猶是四肢百骸也，而忽焉失其知覺運動；則以為知覺運動，必別有物焉以為之主，而其物且可離體而獨存矣。其為物不可見也，則設想以為極微之氣。微則輕，輕則浮游自如，乃狀其絪縕之態而謂之魂。魂去則形體塊然不可知，同於月之失其明而不可見，則謂之為魄。其實月魄之魄，當由魂魄之魄引伸。《墨子》曰：「有天鬼，亦有山水鬼神者，亦有人死而為鬼神者。」〈明鬼下〉。可見古謂凡物皆有神靈，不獨人，並不獨生物。《國語‧魯語》：仲尼曰：「木石之怪曰夔、罔兩，水之怪曰龍、罔象。」《左氏》宣公三年《疏》引賈逵說，謂「罔兩、罔象，有夔龍之形而無實體」，[206] 此即神靈之離體而獨立者也。《中庸》

---

[206] 哲學宗教：有形而無實體。案火如是。

曰：「鬼神之為德，其盛矣乎？視之而不見，聽之而不聞，體物而不可遺。
使天下之人，齊明盛服，以承祭祀。洋洋乎，如在其上，如在其左右。」
此為泛神論中精粹之言，然溯其原，固由罔兩、罔象等見解蛻化而出也。

〈郊特牲〉曰：「祭有祈焉，有報焉，有由辟焉。」《注》。「由，用也。
辟讀為弭，謂弭災兵，遠罪戾也。」人之自媚於神，其意不外此三端而
已。所以自媚者。必本諸身之所欲以為推。《爾雅》曰：「祭天曰燔柴，祭
地曰瘞埋，祭山曰庪縣，祭川曰浮沉，祭星曰布，祭風曰磔。」〈釋天〉。
皆以神所好之物奉之也。蓋人之所急，莫如飲食，則以為神亦然。故曰
「神嗜飲食」，《詩·小雅·楚茨》。又曰：「鬼猶求食。」《左氏》宣公四年。
神之所在，雖不可知，然以恆情度之，則多謂在遼遠之處，如〈招魂〉之
於遠方是也。然有可招而致之者，屍是也。屍與巫同理。古蓋謂神可降於
人身。[207] 所異者，巫能知神所在而致之，屍則無是術，只能聽神之來降
耳。祭人鬼必以同姓為屍，且必以孫行，蓋由古有半部族之制，父子為異
部族人，祖孫則同部族也。見第十一章第二節。古祭天地、社稷、山川、
五祀等皆有屍，不問同異姓，卜吉則為之。《公羊》說：祭天無屍，《左》
氏有，見《曲禮疏》。祭殤無屍，所謂陰厭、陽厭，見〈曾子問〉。足見可
附麗於人身者，不獨人鬼也。巫與屍之降神，皆一時事，在平時亦可棲於
木石，於是乎有主。《論語·八佾》：「哀公問社於宰我。宰我對曰：夏后
氏以松。殷人以柏。周人以慄。」社，張、包、周本皆作主。《淮南·齊
俗》云：「有虞之祀，其社用土。夏后氏其社用松。殷人之禮，其社用石。
周人之禮，其社用慄。」《左氏》昭公八年，「石言於晉魏榆。晉侯問於師
曠。對曰：石不能言，或馮焉。」此神靈可棲於石之證。莊公二十四年，
原繁曰：「先君桓公，命我先人典司宗祏。」哀公十六年，孔悝使貳車反
祏於西圃，蓋皆謂以石為主。《義疏》云：「於廟之北壁內為石室，以藏木

---

[207]　宗教：尸巫皆可降神，但巫能致之尸不能。神亦可棲於木石。

主。」非也。木石所以能為神之所棲者，以古人視木石等物本皆有神也。

《漢書・郊祀志》曰：「民之精爽不貳，齊肅聰明者，神或降之。在男曰覡，在女曰巫，使制神之處位，為之牲器。使先聖之後，能知山川。敬於禮儀，明神之事者以為祝，能知四時犧牲，壇場上下，氏姓所出者以為宗。」說本〈楚語〉觀射父之言。所謂先聖，蓋即巫覡，此古巫覡之世其官者也。《左氏》僖公十年，狐突適下國，見大子。大子曰：「七日，新城西偏，將有巫者而見我焉。」此神降於巫之證。《周官》司巫，所屬有男巫、女巫，掌旱暵舞雩。邦之大災，歌哭而請。又有大祝、小祝、喪祝、甸祝、詛祝。[208] 鄭《注》曰：「詛祝，謂祝之使喪敗也。」〈郊特牲〉曰：「祝，將命也。」蓋祝主傳人意於神，故盟詛之事，由之而起。盟禮見《左氏》隱西元年《疏》。盟大而詛小，故有土之君，多行盟禮，而詛則民間用之特多。《周官》司盟盟萬民之犯命者，詛其不信者。《左氏》襄公十一年，季武子將作三軍，盟諸僖閎，詛諸五父之衢。定公六年，陽虎盟國人於亳社，詛於五父之衢，其事也。《詩・何人斯》：出此三物，以詛爾斯。《左氏》隱公十一年，鄭伯使卒出豭，行出犬雞，以詛射潁考叔者，其事也。〈曲禮〉曰：「約信曰誓，蒞牲曰盟。」《左氏》隱西元年，鄭伯寘姜氏於城潁而誓之曰：不及黃泉，無相是也。卒用潁考叔之言，掘地及泉，隧而想見。可見古人視盟誓之重。

古者親愛之情，限於部族之內，故有「神不歆非類，民不祀非族」之語，《左氏》僖公十年。此非獨人鬼，即他神亦然，彼其所崇奉者，率皆一部族所私尊而已。交通漸啟，各部族互相往來，所崇奉之神，亦因之互相傳播。〈楚語〉言「少皞之衰，九黎亂德，夫人作享，家為巫史，民匱於祀，而不知其福」，蓋即此時代之情形也。於斯時也，自不得不有以拯其弊。然所以拯其弊者，亦非所謂聖王者之所能為也。人群之所以相維相

---

[208] 宗教：詛祝。女真人有是術。

繫者愈切，則其分職愈備，而其統屬亦愈明。不獨一群之內，即群與群之間亦如是。本此以推諸神，則神亦有其分職統屬，而所謂多神教者成焉。《禮記·禮運》曰：「祭帝於郊，所以定天位也。祀社於國，所以列地利也。祖廟，所以本仁也。山川，所以儐鬼神也。五祀，所以本事也。」〈祭法〉曰：「燔柴於泰壇，祭天也。瘞埋於泰折，祭地也。埋少牢於泰昭，祭時也。相近於坎壇，祭寒暑也。王宮，祭日也。夜明，祭月也。幽宗，祭星也。雩宗，祭水旱也。四坎壇，祭四方也。山林、川谷、丘陵，能出雲，為風雨，見怪物，皆曰神。有天下者祭百神。諸侯在其地則祭之，亡其地則不祭。」又曰：「聖王之制祭祀也：法施於民則祀之。以死勤事則祀之。以勞定國則祀之。能御大災則祀之。能捍大患則祀之。」「及夫日、月、星辰，民所瞻仰也。山林、川谷、丘陵，民所取材用也。非此族也，不在祀典。」《周官》大宗伯，有天神、人鬼、地只、物魅之名。〈曲禮〉曰：「天子祭天地，祭四方，祭山川，祭五祀，歲遍。諸侯方祀，祭山川祭五祀，歲遍。大夫祭五祀，歲遍。士祭其先。」〈王制〉曰：「天子祭天地。諸侯祭社稷。大夫祭五祀。天子祭天下名山大川。諸侯祭名山大川之在其地者。」《公羊》曰：「天子祭天。諸侯祭土。天子有方望之事，無所不通。諸侯山川有不在其竟內者，則不祭也。」僖公三十一年。皆所以定其孰當祭，孰不當祭；某當祭某，某不得祭某；以免於瀆亂者也。〈曲禮〉曰：「非其所祭而祭之，謂之淫祀，淫祀無福。」「楚昭王有疾。卜曰：河為祟。王弗祭。大夫請祭諸郊。王曰：三代命祀，祭不越望。江漢、雎、漳，楚之望也。禍福所至，不是過也。不穀雖不德，河非所獲罪也。遂弗祭。」《左氏》昭公六年。則能謹守典禮者，頗不乏矣。此所以部族雖多，所崇奉之神雖雜，而卒免於瀆亂之禍與？

　　所謂天子祭天地者，天地果何所指邪？斯言也，聞者將莫不駭且笑，然而無足異也，諸經皆稱祭天曰郊，無所謂五帝。《周官》則大宗伯以禋祀

祀昊天上帝，小宗伯兆五帝於四郊。〈司服〉：「王祀昊天上帝，則大裘而冕。祀五帝亦如之。」又大司樂：「冬日至，於地上之圜丘奏之，若樂六變，則天神皆降。夏日至，於澤中之方丘奏之，若樂八變，則地只皆出。」鄭玄云：天有六，其祭有九。圜丘祭昊天上帝耀魄寶，一也。蒼帝靈威仰，立春之日，祭之於東郊，二也。赤帝赤熛怒，立夏之日祭之於南郊，三也。黃帝含樞紐，季夏六月土王之日，亦祭之於南郊，四也。白帝白招拒，立秋之日，祭之於西郊，五也。黑帝汁光紀，立冬之日，祭之於北郊，六也。王者各稟五帝之精氣而王天下，於夏正之月，祭於南郊，七也。四月龍星見而雩，總祭五帝於南郊，八也。季秋大饗五帝於明堂，九也。地神有二，歲有二祭：夏至之日，祭崑崙之神於方澤，一也。夏正之月，祭神州地只於北郊，二也。〈曲禮〉天子祭天地《疏》。王肅謂天一而已，何得有六？郊丘是一。《祭法疏》。案〈郊特牲〉言祭天亦在冬至，肅說似是。然〈郊特牲〉又曰：「郊之祭也，大報本反始也。」又曰：「天子大社，必受霜露風雨，以達天地之氣也。社所以神地之道也。地載萬物，天垂象，取材於地，取法於天，是以尊天而親地也。故教民美報焉。家主中霤而國主社，示本也。唯為社事，單出里。唯為社田，國人畢作。唯社，丘乘共粢盛。所以報本反始也。」其言報本反始郊社同，而郊與社之大小則大異。〈祭法〉曰：「王為群姓立社曰大社，王自為立社曰王社。諸侯為百姓立社曰國社，諸侯自為立社曰侯社。大夫以下成群立社曰置社。」〈月令〉：仲春：「擇元日，命民社。」〈祭法〉王為群姓所立，即〈郊特牲〉所謂必受霜露風雨；〈月令〉所命民祭，亦即〈郊特牲〉所謂教民美報者。天子之所立，不獨不能苞括諸侯、大夫、凡民，並其身與群姓，亦分為二安有所謂大地之神邪？《左氏》昭公二十九年《疏》引劉炫云：「天子祭地，祭大地之神也。諸侯不得祭地，使之祭社也。家又不得祭社，使祭中霤也。」蓋所謂父天母地者，實男系氏族既立後之說，前此固無是也。生物之功，必

歸於女，故野蠻人恆以地與日為女神。[209] 中國後世，雖以日為大陽，月為大陰，然離為日；為中女；《易・說卦傳》。《山海經・大荒南經》、《淮南子・天文訓》，以生日、馭日者為女神；〈大荒南經〉：「東南海之外，甘水之間，有羲和之國。有女子名羲和方浴日於甘淵：羲和者，帝俊之妻，生十日。」又〈大荒西經〉：「有女子，方浴日，帝俊妻常羲，生月十有二，此始浴之。」《淮南・天文》：「至於悲泉，爰止其女，爰息其馬，是為縣車。」又季秋「青女乃出，以降霜雪」。仲春：「女夷鼓歌，以司天和。」猶存荒古之遺跡。〈郊特牲〉曰：「郊之祭也，迎長日之至也，大報天而主日也。兆於南郊，就陽位也。」蓋其始特祭日神，後乃以為報天而主日耳。採日本田崎仁義之說。見所著《中國古代經濟思想及制度》。王學文譯。商務印書館本。五帝座星在大微宮，昊天上帝在紫微宮，見《郊特牲疏》引《春秋緯》。五帝之名，見《周官》小宗伯《注》。大宗伯及《曲禮疏》云：本於《文耀鉤》。亦後人附會之說。〈禮運〉曰：「因名山以升中於天，因吉土以饗帝於郊。」《周官》而外，天與帝分言者，僅此一見。然未嘗有耀魄寶、靈威仰等名目也。蓋民之所祀，必其利害切於己者。生物之功，后土而外，厥唯四時，故古之人謹祀焉。升中於天，即〈堯典〉之柴於岱宗，特王者巡守之時行之，固非國之常祀也。《史記・封禪書》：齊之八神：[210]「一曰天主，祠天齊。天齊淵水，居臨菑南郊山下者。二曰地主，祠泰山、梁父。蓋天好陰，祠之必於高山之下，小山之上，命曰畤。地貴陽，祭之必於澤中圜丘云。」此即《周官》圜丘方丘之類，然其義較《周官》為古。至秦之時，則所祭者是五帝，而《春秋繁露・郊祭篇》譏秦不事天，可見天與帝非一。古部族各有封畛，所美報者，安得出於封畛之外？況又以崑崙之神與神州之神相對，於理絕不可通乎？其為讖緯之妄言，不竢論矣。

---

[209]　宗教：矢初祀日，日為女神。
[210]　宗教：八神中，天地即圜丘方丘之類。

　　古所謂國者，諸侯之私產也。所謂家者，卿大夫之私產也。故古言國家，義與今日大異。其為群之人所共託命，而義略近於今日之國家者，則社稷也。故以社稷並稱，其義較古，以郊社並言，其辭必較晚也。「今《孝經》說：社者，土地之主。土地廣博，不可遍敬，封五土以為社。古《左氏》說：共工為后土，后土為社。今《孝經》說：稷者五穀之長，穀眾多，不可遍敬，故立稷而祭之。古《左氏》說：烈山氏之子曰柱，死祀以為稷。稷是田正，周棄亦為稷，自商以來祀之。」《郊特牲疏》。案民之重粒食久矣。如古說，將共工、烈山以前，遂無社稷之祭乎？《淮南・氾論》曰：「炎帝於火而死為竈，禹勞天下而死為社。后稷作稼穡而死為稷。羿除天下之害而死為宗布。」豈得謂炎帝、夷羿以前，無竈與宗布之祭？蓋古之有功德於民者，民懷之不能忘，則因明神之祭而祀之，亦猶功臣之配享於廟耳。《書・盤庚上》：「茲予大享於先王，爾祖其從與享之。」《公羊》文公二年《解詁》云：「禘功臣皆祭。」趙氏祀安於於廟，見《左氏》定公十四年。遂以此奪明神之席則誤矣。王肅等以五天帝為五人帝，誤亦同此。五人帝系據〈月令〉，謂其帝大皞即伏羲氏，炎帝即神農氏，黃帝即軒轅氏，少皞即金天氏，顓頊即高陽氏。

　　《公羊》云：「山川有能潤於百里者，天子秩而祭之。」僖公三十一年。此即諸侯祭其竟內名山大川之義。又云：「河海潤於千里。」千里者，天子之畿。知所謂天子祭天下名山大川者，天下二字，初亦指畿內言之也。[211]《解詁》說方望之義云：「謂郊時所望祭四方群神、日、月、星辰、風伯、雨師、五嶽、四瀆及餘山川，凡三十六所。」此即〈曲禮〉所謂「祭四方」，亦即〈堯典〉所謂「望於山川，遍於群神」者。〈堯典〉又云：「肆類於上帝，禋於六宗。」肆類於上帝，即〈王制〉所謂「天子將出征，類乎上帝」。六宗者？「《異義》：今歐陽、夏侯說：上不及天，下不及地，旁

[211]　宗教：天子祭天下名山大川亦畿內。

不及四時，居中央，恍惚無有，神助陰陽變化，有益於人，故郊祭之。古《尚書》說：六宗，天地神之尊者，謂天宗三，地宗三。天宗日、月、星辰。地宗岱山、河、海。日月為陰陽宗。北辰為星宗。岱為山宗。河為水宗。海為澤宗。許從古說。鄭玄據《周官》大宗伯，以禋祀祀昊天上帝，以實柴祀日、月、星辰，以槱燎祀司中、司命、風師、雨師。〈祭義〉曰：郊之祭，大報天而主日，配以月，則郊祭並祭日月可知。其餘星也、辰也、司中、司命、風師、雨師，此之謂六宗。劉歆、孔昭以為《易》震巽等六子之卦為六宗。魏明帝時，詔令王肅議六宗，取《家語》宰我問六宗，孔子曰：所宗者六，泰昭、坎壇、王宮、夜明、幽禁、雩禜。孔安國注《尚書》與此同。」《大宗伯疏》。《家語》偽物不足據。《尚書》明與望於山川分言，鄭駁許說是也，而妄牽合《周官》則亦非。《禮經‧覲禮》，有方明之祭。「方明者，木也。方四尺。設六色：東方青，南方赤，西方白，北方黑，上玄，下黃」，此即所謂六宗。〈覲禮〉所言，為會諸侯於方岳之禮，鄭《注》。知歐陽、夏侯之說極確。蓋天子諸侯，其後侈然以人民之代表自居，遂舉封內之神，凡有益於人民者，悉秩而祭之，其初則無是也。《國語‧周語》：幽王二年（西元前780年），西周三川皆震。伯陽父曰：「周將亡矣。昔伊、洛竭而夏亡，河竭而商亡。」《左氏》成公五年，重人言：「國必依山川，山崩川竭，君為之不舉，降服，乘縵，徹樂，出次；祝幣，史辭以禮焉。」所謂國主山川國必依山川者，則巖險之地，戰勝之族，初據之以立邑者耳。參看第十一章第四節、第十三章第三節自明。

五祀者？春祀戶，夏祀竈，中央祀中霤，秋祀門冬祀行，見於〈月令〉。〈祭法〉曰：「王為群姓立七祀：曰司命，曰中霤，曰國門，曰國行，曰泰厲，曰戶，曰竈。王自為立七祀。諸侯為國立五祀：曰司命，曰中霤，曰國門，曰國行，曰公厲。諸侯自為立五祀。大夫立三祀：曰族厲，曰門，曰行。適士立二祀：曰門，曰行。庶士庶人立一祀，或立戶，或

立竈。」則益以司命及屬耳。司中、司命，先後鄭皆以三臺及文昌宮星說之，其實非是。《莊子・至樂》云：「莊子之楚，見髑髏而問之。夜半，髑髏見夢。莊子曰：吾使司命復生子形，為子骨肉肌膚。」知古謂人生死，皆司命主之，故古人甚嚴畏焉。[212]《風俗通》云：「今民間獨祀司命。刻木，長尺二寸，為人像。行者儋篋中，居者則作小屋。齊天地，大尊重之。」是其事也。《周書・命訓》：「天生民而成大命，立司德正之以禍福。」此篇所言，皆善惡壽夭之事。中德同聲，疑司中即司德，察民之善惡，而司命據之以定壽夭也。鄭注〈祭法〉曰：「此非大神，所祈報大事者也，小神居人之間，司察小過，作譴告者耳。」說自與其《周官注》相違，《祭法注》是也。多神之教，神有大小。大神之位雖尊，然不親細事於人生關係不切，故人所崇奉者，轉以小神為多。神既有分職統屬，初不虞其瀆亂。或以一神教善於多神，亦偏見也。

　　所謂五祀者，特當時祀典之所秩者耳。古人所奉此等小神甚多。如在室則有儺，〈郊特牲〉：「鄉人禓，孔子朝服立於阼，存室神也。」《注》曰：「禓，強鬼也。謂時儺，索室毆疫，逐強鬼。禓或為獻，或為儺。」《論語・鄉黨》：「鄉人難，朝服而立於阼階。」《釋文》云：「難魯為獻，今從古。」案〈月令〉：季春、仲秋、季冬皆有難。鄭《注》引《王居明堂禮》，謂仲秋九門磔攘，以發陳氣，御止疾疫。《周官》方相氏，掌帥百隸而時難，以索室毆疫，則難者，所以逐室中疫鬼者也。出行則有軷是也。祭道路之神。委土為山，伏牲其上，酒脯祈告。禮畢，轢之而行。見〈聘禮〉鄭《注》。此等難遍疏舉。其切於農民，而為後世所沿襲者，蠟是也。〈郊特牲〉曰：「天子大蠟八。伊耆氏始為蠟。蠟也者，索也。歲十二月，合萬物而索饗之也。」八者？據鄭《注》，則先嗇一，司嗇二，農三，《注》：「田畯。」郵表畷四，《注》：「謂田畯所以督約百姓於井間之處也。」貓、虎五，

---

[212]　宗教：司命。

坊六，水庸七，昆蟲八也。蠟雖類乎拜物之教，然「使之必報之」，所謂
「仁之至，義之盡」，轉非貴族為淫祀以求福者之所及矣。古者將食，先以
少許祭先造食者，謂之祭食。見《周官・大祝九祭》。又有先炊之祭，學校
有先聖先師，義皆如此。

　　宗廟有四時之祭，《爾雅・釋天》曰祠、禴、烝、嘗。〈王制〉作禴、
禘、嘗、烝。《祭統》同。《公羊》桓公八年，《繁露・四祭篇》作祠、禴、
烝、嘗。《周官》大宗伯同。〈郊特牲〉曰：「故春禘而秋嘗。」又有禘祫。
禘各就其廟，祫則「毀廟之主，陳於大祖，未毀廟之主，皆升合食於大
祖」。見《公羊》文公二年。故「禘大於四時而小於祫」。《詩・雍序箋》。
三年一祫，五年一禘。《雍序疏》引《禮緯》，《公羊疏》引《春秋說文》。《雍
序疏》云：「每五年中為此二禮，自相距各五年，非祫多禘少。」《公羊疏》
則云：「三五參差，隨數而下，何妨或有同年時乎？」疑《公羊疏》之說是
也。〈王制〉云：「天子七廟，三昭三穆，與大祖之廟而七。諸侯五廟，二
昭二穆，與大祖之廟而五。大夫三廟，一昭一穆，與大祖之廟而三。士一
廟。庶人祭於寢。」〈禮運〉曰：「天子七廟，諸侯五，大夫三，士一。」
僖公十五年《穀梁》作士二。《喪服小記》曰：「王者禘其祖之所自出，而
以其祖配之，而立四廟。」〈祭法〉曰：「王立七廟，一壇，一墠。曰考廟，
曰王考廟，曰皇考廟，曰顯考廟，曰祖考廟，皆月祭之。遠廟為祧。有二
祧，享嘗乃止。去祧為壇。去壇為墠。曰考廟，曰王考廟，曰皇考廟，曰
顯考廟，曰祖考廟，皆月祭之。遠廟為祧。有二祧，享嘗乃止。去祧為
壇。去壇為墠。壇墠，有禱焉祭之，無禱乃止。去墠曰鬼。注：「凡鬼者，
薦而不祭。」諸侯立五廟，一壇，一墠。曰考廟，曰王考廟，曰皇考廟，
皆月祭之。顯考廟，祖考廟，享嘗乃止。去祖為壇，去壇為墠。壇墠，有
禱焉祭之，無禱乃止，去墠為鬼。大夫立三廟，二壇，曰考廟，曰王考
廟，曰皇考廟，享嘗乃止。顯考祖考無廟。有禱焉，為壇祭之。去壇為

鬼。適士二廟，一罈。曰考廟，曰王考廟，享嘗乃止。顯考無廟。《注》：
「顯當為皇。」有禱焉，為壇祭之。去壇為鬼。官師一廟，曰考廟。王考無
廟而祭之。去王考為鬼。庶士庶人無廟，死曰鬼。」其說互異。《公羊》成
公六年《解詁》曰：「禮：天子諸侯立五廟，受命始封之君立一廟，至於子
孫，過高祖不得復立廟，周家祖有功，尊有德，立后稷、文、武廟。至於
子孫，自高祖以下而七廟。天子卿大夫三廟，元士二廟。諸侯之卿大夫比
元士，二廟。諸侯之士一廟。」說與《白虎通義》同。古天子、諸侯，本
無大異，謂其親廟止四是也。鄭注〈王制〉亦同。唯又據〈稽命徵〉、〈鉤
命決〉，謂夏五廟，殷六廟，未免穿鑿。見《疏》。又謂諸侯上士二廟，以
通〈祭法〉，亦嫌牽合。月祭群經不見，唯《國語‧周語》有日祭、月祀之
文，明為異說，不可合也。王肅以高祖之父祖為二祧，並始祖及親廟四為
七，皆次第而遷，文、武為祖宗不改，鄭祧即文、武廟，先公之遷主，
藏於后稷之廟，先王之遷主，藏於文、武之廟。見《周官》守祧《注》。觀
〈王制〉之文似是，其實恐不然也。古諸侯不敢祖天子，然《左氏》文公二
年云：「宋祖帝乙，鄭祖厲王。」則經說不必與事實合也。「禘其祖之所自
出，而以其祖配之」者，以古有感生之說，即《史記》所言契、后稷之事
見第八章第二、第五節。今文家說：聖人皆無父，感天而生，見《五經異
義》。王者自謂其先祖皆出於天帝，故然。[213] 案此義由來蓋甚古。然謂商
以水德王，所感者為汁光紀，周以木德王，所感者為靈威仰，則五德終始
之說既盛後附會之辭，非古義也。《周官》大司樂：「乃奏夷則，歌小呂，
舞大濩，以享先妣。」《注》云：「先妣，姜嫄也。周立廟自后稷，為始祖。
姜嫄無所妃，是以特立廟祭之，謂之閟宮。」案閟宮，《詩‧毛傳》引孟仲
子說，以為高禖之祀，鄭《注》恐非也。

---

[213] 宗教：感生之義，蓋古五感生帝不必古。

▶ 第三節　古代宗教學術下

宗教非無其理，特非學術之家所謂理，上節已言之矣。然則宗教家之所謂理，果何如邪？曰：其研求所得者，與學術之家異，其所研求者，則無不同也。宇宙事物，莫不有其定則可求。人而睢睢盱盱，不知求之，則亦已耳。苟其知之則有所求必有所得，其所得如何，可勿論也。事物之可資研求者，大別為二：一曰自然，一曰人為。自然之事，有其一定不易之則，至易見也。人為之事則不然，觀其會通，固亦有其定則，就一時一地而觀之，則儼若絕無定則，可以自由者。後世研究漸深，舉人事之紛紜繁變者，亦欲求其定則而駕馭之。古人則不獨不知人事之有定則且視自然之事，亦若有人焉以為之主。此其所以於木石等無知之物，亦皆視為有知也。然智識隨經驗而進，閱一時焉，則知自然之可以定則求。更閱一時焉，遂並欲推之人事矣。其研求所得者，今人庸或視為可笑。然椎輪大輅，理固宜然。今所謂自然科學、社會科學者，究不能不謂其基已奠於數千年前也。故曰：學術與宗教，實無判然之界也。

中國最古之書目，莫如《七略》。讀之，不獨可知古代之載籍，並可知古代之學術流別，第二章已言之矣。《七略》中之《輯略》，為群書總要。《詩賦略》為文辭。《六藝》、《諸子》、《兵書》三略，為研求社會見象之書。《數術》、《方技》二略，則研求自然見象者也。

數術略之書，凡分六家：曰天文，曰曆譜，曰五行，曰蓍龜，曰雜占，曰形法。其中天文、曆譜，實乃一家之言也。天象雖云高遠，然極著明，且不差忒，故其發明特早。《史記‧曆書》言黃帝考定星曆，《禮記‧祭法》言帝嚳能序星辰以著眾，雖乏確證，然天文曆法，各民族發明皆甚早，則謂黃帝、帝嚳之時，已有此等知識，理固非不可通也。唯〈堯典〉謂堯命羲和四子，分宅嵎夷、南交及西北二方，以資推步；並命其以閏月

定四時成歲，則似近附會。《公羊》言天子有靈臺以觀天文，時臺以觀四時施化，諸侯無靈臺而有時臺；《左氏》亦言天子有靈臺，諸侯有觀臺；《五經異義》。則古之觀象者，不過就國中以人力為臺，安能分駐四方？《史記·秦始皇本紀》後附〈秦紀〉，謂宣公初志閏月。《管子·五行篇》，以甲子木行，丙子火行，戊子土行，庚子金行，王子水行各七十二日為紀。凡三百六十日。〈輕重己篇〉，冬至後九十二日而春至，自春徂夏，自夏徂秋，自秋徂冬皆然。凡三百六十八日。〈幼官篇〉則每閱十二日而布政，而中方云五和時節，東方云八舉時節，夏云七舉時節，秋云九和時節，冬云六行時節，甚似春九十六日，夏八十四日，秋百有八日，冬七十二日，又別加五日凡三百六十五日。以成歲者。皆主日而不及月，安得謂堯時已知置閏之法乎？[214] 閏法始於何時不可知，要為曆法一大發明。蓋月為紀時自然節度，雖蠻人亦知之，且早已習用之，而歲則非其所知，故古代明堂行政之法，必有待於廟堂之出令，而非如後世農人，皆能置一曆本，按節氣而行事。二十四氣之名，始見於《周書·時訓解》。後世農人之所以能明於曆法者，實因置閏之法，主日而仍不廢月，有以調和之也。曆法之所謂歲，始於冬至。於平地立表測之，冬至日景最短，夏至最長。《周官》大司徒，以土圭測日景，是其法。其定正朔，則有三法：《公羊》隱西元年《解詁》，謂夏以斗建寅之月為正，平旦為朔；殷以建丑之月為正，雞鳴為朔；周以建子之月為正，夜半為朔是也。古國家所理者皆民事，政令或宜按時舉行或戒非時興作，與人民利害，關係殊切。《禮記·月令》、《管子·幼官》、《呂覽·十二紀》、《淮南·時則訓》，所勤勤焉者，皆此一事。故一言行夏之時，則一切要政，罔不該焉。初非徒爭以某月為歲首也。古天文之學，有蓋天、渾天、宣夜三家。蓋天謂天如蓋在上。渾天形如彈丸，地在其中，天苞其外，如雞卵白之繞黃。據《月令疏》。宣夜之法不傳。

---

[214] 曆法：《管子》言專主日者，故知堯不能知閏。

歷則有黃帝、顓頊、夏、殷、周、魯六家。見《漢志》。古天文曆法之學，《禮記·月令疏》曾總論之，惜多采緯候家言，頗雜漢人之說，非儘先秦之舊耳。分一日為十二時之法，起於漢人，古人計日之早暮，但云日中日昃等而已。見《日知錄》卷二十。刻漏之法，見《周官》挈壺氏。《史記·司馬穰苴列傳》，言其「立表下漏」，以待莊賈，其法亦非尋常所用也。

　　天官家言，亦有落入迷信者，《周官》保章氏：「掌天星，以志星辰日月之變動，以觀天下之遷，辨其吉凶。以星土辨九州之地。所封之域，皆有分星，以觀妖祥。以十有二歲之相觀天下之妖祥。以五雲之物辨吉凶，水旱降，豐荒之祲象。以十有二風察天地之和，命乖別之妖祥。」視祲，「掌十輝之法，以觀妖祥，辨吉凶」。此占星望氣之術也。《漢志》天文家，有《圖書祕記》十卷。圖書者，《易·繫辭傳》言「河出圖，洛出書」。《禮記·禮運》言：「天降膏露，地出醴泉，山出器車，河出馬圖。」《論語·子罕》言：「鳳鳥不至，河不出圖，吾已矣夫！」《淮南·俶真》言：「洛出丹書，河出綠圖。」皆先秦舊文，不能謂無其事。諸說皆僅以為瑞應，然《呂覽·觀表》曰：「聖人上知千歲，下知千歲，非意之也，蓋自有云也。綠圖幡薄，從此生矣。」似已有如漢世讖緯家言以圖書為記帝王興亡之錄者。然則讖緯怪妄之說，或亦前有所承。劉歆以河圖為八卦，雒書為五行，或反嫌平正邪？言帝王興亡曆數者，瑞應雖出天文，年代必涉曆譜，然則漢代之讖書，亦天文曆譜二家之公言也。《說文》：「讖，驗也，有徵驗之書。河、雒所出書曰讖。」後七字自是東漢人語。《淮南·說山》曰：「六畜生多耳目者不祥，讖書著之。」僅言家人之事而已。然〈趙世家〉言秦穆公夢之帝所，而曰：「秦讖於是出。」則其所謂讖者，已涉國家興亡矣。

　　陰陽五行之說，為後世迷信者所取資，轇轕，紛紜者數千歲，然溯其始，則實不可謂之迷信也。凡研究物理者，必就其物而分析之，以求其原

質。既得其原質，乃持是以觀一切物。天下之物雖繁，而原質則簡，執簡以馭繁，於物理自易明矣。各國學者，研求之初，莫不如此，如印度以地、水、火、風為四大是也。中國之言五行，亦猶印度之言四大也。就五行而求其變化，於是有生勝之說，亦曰生剋。水生木，木生火，火生土，土生金，金生水。水克火，火克金，金克木，木克土，土克水。而五德終始之說出焉。見第五節。古人於一切事物變化，皆以五行生勝為說，見《白虎通義·五行篇》。五行既能變化，則其原本是一，於是順古人萬物原質皆為極微之說，而名之曰氣。氣何以能變化？觀於生物之蠢動，皆不外乎牝牡之相求，則又以是推之，而陰陽之說立焉。既分陰陽，更求其本，則終必至於大極。《易》曰：「《易》有大極，是生兩儀；兩儀生四象；四象生八卦。」八卦之始，蓋古所奉八方之神，加以大一，則為九宮。《後漢書·張衡傳注》引〈乾鑿度〉鄭《注》：「太乙者，北辰神名也。下行八卦之宮，每四乃還於中央。中央者，地神之所居，故謂之九宮。天數大分，以陽出，以陰入。陽起於子，陰起於午，是以太乙下行九宮，從坎宮始。自此而坤，而震，而巽，所行者半矣。還息於中央之宮，既又自此而乾，而兌，而艮，而離，行則周矣。上游，息於太一之星，而反紫宮也。」就八方之中而專取其四正，則可以配四時。益以中央為五方，更加上方成六合，於是五帝六天之說出。見上節。蓋前此宗教家之所崇奉，無不為所網羅，且皆傅之以哲理矣。此等說，在後世沿襲之，則成為迷信，在當時，固不得謂非宗教學術之一發明也。《漢志》五行家之書，有大一，有天一，有陰陽，知諸說皆相一貫。所謂五行家言，初非專就五行立說也。五行家言，所以落入迷信者，則因其後專就哲理立言，而不復措心於物質，抑且天文曆譜等，皆只能占國家大事，唯五行為人人所稟，藉其生勝，可以說萬事萬物之吉凶，於是以禍福惑人者，群取資焉，遂至於不可究詰。然非始創此說者之意也。

　　宇宙事物，本同一體，故知此即可以知彼。學術之所求，亦即彼此間之關係耳。然事物雖屬一體，而就人之知識言之，則有知此可以知彼者，有知此必不能知彼者。前者如天文與農田之關係，後者如鴉鳴雀噪與人事吉凶之關係是也。此等區別，非古人之所知，故於其本無關係者，亦從而研究之，如蓍龜與雜占是也。龜卜之法：以木為契，爇以灼龜，觀其璺罅，是之為兆。龜焦則兆不成，見《左氏》哀公二年。蓍者，蒿屬，《說文》。揲其數以為占。見《易‧繫辭傳》「大衍之數五十」一節。雜占則一切異常之事皆屬焉。如嚏、耳鳴、六畜變怪等，《漢志》皆有其書。《漢志》曰：「眾占非一，而夢為大，故周有其官。」今案《周官》大卜，掌三兆、三易、三夢之法，其下有卜師、卜人、龜人、菙氏、占人、簭人等，蓋蓍龜雜占兩家之事皆屬焉。三兆：一曰玉兆，二曰瓦兆，三曰原兆。其經兆之體，皆百有二十；其頌皆千二百。《注》云：「頌，繇也。」三易：一曰《連山》，二曰《歸藏》，三曰《周易》。杜子春云：「玉兆，帝顓頊之兆。瓦兆，帝堯之兆。原兆，有周之兆。《連山》伏犧，《歸藏》黃帝。」鄭釋三兆為璺罅似玉、瓦、原。原謂田。又從近師，以《連山》為夏，《歸藏》為殷。見《疏》。與杜說同為無據。〈太史公自序〉，謂「齊、楚、秦、趙，為日者各有法」；又云「三王不同龜，四夷各異卜」；則古蓍龜、雜占，法本錯雜不一，唯其原出於一，仍當小異大同。《周官》之三卜三易，蓋亦並存數家之法，不必其為先代之遺也。[215] 龜書之繇，蓋猶《易》之卦爻辭，《左氏》僖公四年、襄公十年、十七年、哀公九年皆載之。其體相類。其物皆並無深意，即《易》之卦爻辭亦然。其哲理皆在十翼，則後人就其所見，加以發揮，初非作《易》者之本意也。〈曲禮〉曰：「疑而筮之，則勿非也，日而行事，則必踐之。」《表記》言三代明王，「不犯日月，不違龜筮」；而《史記》有〈日者〉、〈龜策〉二傳；則時日卜筮，實為古人趨吉避凶之術之

---

[215]　宗教：《周官》三卜三易蓋並存數法，不必傳諸先代。

兩大端，蓋事有可豫測其吉凶而趨避之者，時日是也。有無從豫見，必待臨事求其徵兆；或徵兆先見，從而占其吉凶者；龜筮、雜占是也。吉凶既可豫知，自可從事禳解，故《周官》占夢，有贈惡夢之法；而《漢志》雜占家，亦有執不祥，劾鬼物，請官除妖祥及禳、祀、請、禱諸書焉。

　　數術六家中，最近自然科學者，莫如形法。《漢志》論形法之學云：「大舉九州之勢，以立城郭宮舍。此蓋度地居民及營國之術，《山海經》十三篇，《國朝》七卷，《宮室地形》二十卷其書也。於此可見今之《山海經》，必非《漢志》著錄之舊，參看第二章。形人及六畜骨法之度數，器物之形容，以求其聲氣貴賤吉凶。猶律有長短，而各徵其聲。非有鬼神，數自然也。」《繁露·同類相動篇》曰：「平地水肉，去燥就溼；均薪施火，去溼就燥；百物去所與異，而從所與同。故氣同則會，聲比則應，其驗嗷然也。試調琴瑟而錯之，鼓其宮則他宮應之，鼓其商則他商應之。五音比而自鳴，非有神，其數然也。知此，則可以制物而用之矣。」《繁露》此說，略同《呂覽·應同》。《易·文言》亦曰：「同聲相應，同氣相求。水流溼，火就燥，雲從龍，風從虎。聖人作而萬物睹，本乎天者親上，本乎地者親下，則各從其類也。」知古自有此專重形質之學也。[216] 由此而深求之，物理必可漸明。然後遂停滯不進，而專以相人及六畜等術，流傳於世焉。案相術較之時日卜筮等，實為有據，[217] 故學術之家，樂道之者較多。如王充著《論衡》，於相術即不甚排斥。然相法只可定人之智愚賢不肖，而不能定其貴賤吉凶，以貴賤吉凶，初不與智愚賢不肖相應也。昔人之有取於相者，多就前者立說，而世人之有求於相者，則多唯後者之求。於是言相法者，不得不捨其有憑，言其無據，遂與時日卜筮之本不足信者等矣。然則學術之墮落，亦社會使之也。相人之術，見於古書者，如《左氏》文公二

---

[216]　學術：古重形質之說。
[217]　宗教：相最有據有後墮落。

年，子上謂商臣蜂目而豺聲；宣公四年，子文謂子越椒熊虎之狀，而豺狼之聲；昭公二十八年，叔向之母謂伯石豺狼之聲；本皆以性格言。文西元年，叔服相公孫敖之子，謂「谷也豐下，必有後於魯國」，則以禍福言矣。

　　方技四家：醫經，今所謂醫學也。經方，今所謂藥學也。房中關涉醫學，無待於言。神仙家雖若宗教，然無所信而有所求；[218] 又方士多知醫藥；《素問》中多載方士之言。服食練藥，又為其求仙之法之兩大端；《漢志》與醫經、經方、房中同列一略，誠得其實也。醫之初，操於巫覡之手，故古恆以巫醫並稱。《素問・移精變氣論》：黃帝問曰：「古之治病者，唯其移精變氣，可祝由而已。」祝由，《說文》作祝福。又《言部》：「禱，誩也。誩，詛也。詛，誩也。詷，詷也。」詷福亦一字。祝由即咒詛耳。[219] 蓋古人視萬物皆有知，故有疾病，不求諸物理，而求諸鬼神，乃欲以咒詛已之也。然迷信雖深，真知識仍與時俱進。古之人雖信巫不信醫，其時之巫，亦多知醫者。後來所謂方士，蓋即其人也。醫之始，蓋因解剖而知藏府、經脈。《靈樞經・水篇》云：「人死則可解剖而視之。」案《漢書・王莽傳》。載莽誅翟義，捕得其黨，使大醫尚方與巧屠共刳剝之，量度五藏，以竹筵道其脈，知所終始，其事必有所本。又疏食之世，所食之物甚雜，乃漸知草木之性，於是有《本草》之書。〈曲禮〉：「醫不三世，不服其藥。」《疏》引舊說云：「三世者，一曰黃帝鍼灸灸；二曰神農本草；三曰素女脈訣，又云夫子脈訣。」神農乃農業之名，參看第六章第二節。神農本草，猶言農家原本草木之書。《淮南・修務》言：「神農嘗百草之滋味，水泉之甘苦，一日而遇七十毒。」乃附會之辭也。古書之傳於後者：《神農本草經》即神農本草之學，蓋《漢志》所謂經方家言；《靈樞經》為黃帝鍼灸之學；《難經》為素女脈訣之學；此書《隋書・經籍志》稱《黃

---

[218]　宗教：神仙家無所信有所求。
[219]　學術：祝由即咒詛。

帝八十一難》。《史記·扁鵲列傳正義》引楊玄操說，以為秦越人作，未知
何據。則醫經家言也。《素問》雜以陰陽五行之論，蓋方士兼通哲學者之
所為。古之以醫名者：《漢志》云：「大古有岐伯、俞跗，中世有扁鵲、秦
和。」《周官》疾醫：「以五味、五穀、五藥善其病。」鄭《注》云：「其治
合之齊，存乎神農、子儀之術。」岐伯、《素問》書中，設為其與黃帝問對
之辭。扁鵲《史記》有傳。俞跗事即見其傳中。醫和見《左氏》昭西元年。
成公十年又有醫緩。子儀，《疏》引《中經簿》有《子義本草經》一卷，云
儀與義一人，則亦經方家。諸家事蹟可考見者，唯醫和有天有六氣之論，
可見醫學與哲學相合，起於戰國之世也。醫緩之言，與晉侯夢見二豎子之
言相合。扁鵲遇長桑君，予以藥，曰：飲是以上池之水，三十日，當知物
矣。乃悉取其禁方書盡與扁鵲。忽然不見，殆非人也。扁鵲以其言飲藥，
三十日，視見垣一方人，以此視病，盡見五藏癥結。特以診脈為名耳，猶
是巫覡本色。《周官》有醫師，其屬有食醫、疾醫、瘍醫、獸醫；〈扁鵲傳〉
言其過邯鄲為帶下醫，過洛陽為耳目痺醫，入咸陽為小兒醫；頗可考見古
者醫學之分科也。

　　神仙家之說，其起於燕、齊之間乎？[220]《史記·封禪書》言：「自威、
宣、燕昭使人入海求蓬萊、方丈、瀛洲。」而《左氏》昭公二十年，載齊景
公問晏子曰：「古而無死，其樂如何？」古無為不死之說者，景公之所問，
亦必神仙家言也。[221]《莊子·刻意》曰：「吹呴呼吸，吐故納新，熊經鳥
申，為壽而已矣。此道引之士，養形之人，彭祖壽考者之所為也。」道引
之術，服餌之方，房中之祕，皆得之於醫家者也。神仙家言，疑因燕、齊
之間，時有海市而起。睹其象而不知其理，則以為人可昇仙。其理雖不足
憑，其象自為人人所睹，故威、宣、燕昭等皆雄主，猶甘心焉也。神仙家

---

[220]　宗教：神仙家疑起燕齊，因海市。
[221]　宗教：古而無死，蓋亦信神仙。

雖荒誕，然於藥物必多有發明。[222] 金石之齊尤甚。此非本草家所知，唯神仙家疑神仙之壽考，由其體質特異，久不變壞，乃欲以金石裨益其身。葛洪之論，即如此也。

　　以上諸家，皆研究自然見象者。其考索人事者，則出於理民行政之官。其學視九流蓋具體而微，章炳麟言官人守要，而九流究宣其義，及其發舒，王官之所弗能與。於第五節中詳之，茲不更及。欲考索行事者，必於人事多所記識，此為史家之職。古無史學，觀《漢志》，《太史公書》猶附《春秋》之末可知，然不知其為學者，不必遂無其學。[223]《七略》之不列史家，亦或由秦火以後，官家之書，焚毀已盡，私家則本無此項著作，非必不知其可為一學也。行事之記識，實為一切社會科學之本，固不容置諸不論也。今於此略述之。案古史有官私二種：官家之史：左史記事，右史記言，言為《尚書》，事為《春秋》。又有小史，掌奠繫世。太史所職，則為圖法之倫。私家之史，概稱為語。已見第二章。《周官》小史掌邦國之志，蓋指內諸侯言。外史掌四方之志，則指外諸侯。掌三皇五帝之書，蓋指異代史。則古之名國，於史籍收藏頗富。《史記·六國表》云：「秦既得意，燒天下詩書，諸侯史記尤甚，《詩》、《書》所以復見者，多藏人家，而史記獨藏周室，以故滅。」此周室二字，固古人言語以偏概全之法，非謂周室能盡藏列國之史，然當時名國，所藏者皆不止本國之史，則於此可見矣。史官所記，蓋僅國家大事，十口傳述，本來散在民間，古亦有收集之者。[224]《周官》誦訓，「掌道方誌，以詔觀事」。《注》：說四方所識久遠之事。訓方氏，「誦四方之傳道」，《注》：世世所傳說往古之事也。其事也。古史官頗重直筆，如董狐、南史則是。見《左氏》宣公二年、襄公二十五年。故於行事多能存其真。而士大夫亦多能取材於是，如申叔時論教大

---

[222]　宗教：(醫藥) 金石之齊，蓋神仙家所發明。
[223]　史學：古有史學？
[224]　史學：古大國藏史籍頗多。收集民間傳說。

子之法，謂教之《春秋》，教之《志》，教之《語》，教之《故志》是也。《國語·楚語》。史籍雖經秦火而亡，然昔人治史所得者，則永存不滅矣。

　　以萬物為有知，與以萬物為無知，實為人心一大變。蓋視萬物為有知，則凡事皆無可測度，除恐懼祈求而外，別無可以自處之方。視萬物為無知，則彼自有其定則，我但能得其定則，即可從而駕馭之矣，復崇奉之何為？此知愚之一大界也。宗教家受此感動，其論遂亦自擬人之神，進為泛神，自有神入於無神焉。何以言之？蓋在視萬物為有知之世，其視一切皆為神之所為，而其所謂神者，亦自有其實體。墨子〈天志〉、〈明鬼〉之論，所謂天，所謂鬼者，皆有喜怒欲惡如人，則其證也。至於陰陽五行之家，則不然矣。五行家視一切變化，皆為五行生勝，陰陽家視一切變化，皆為二氣乘除，安得有一人焉以屍之？二說相合，更求其原，則宇宙之本，實為一種動力。[225]〈乾鑿度〉曰：「有大易，有大初，有大始，有大素。大易者，未見氣也；大初者，氣之始也；大始者，形之始也；大素者，質之始也。氣形質具而未相離，謂之渾沌。」《易正義》八論第一引。渾沌開闢，則輕清者上為天，重濁者下為地，沖和氣者為人。自未見氣以至於有人，則此一氣之鼓盪而已矣，《老子》曰：「有物混成，先天地生。寂兮寥兮，獨立而不改，周行而不殆，可以為天下母。吾不知其名，字之曰道。」《易》曰：「大哉乾元，萬物資始，乃統天。」《乾卦象辭》。《公羊解詁》曰：「《春秋》以元之氣，正天之端」，「天不深正其元，則不能成其化。」隱西元年。《繁露》曰：「元者，萬物之本，在乎天地之前。」〈重政〉。則是力之謂也。此等動力，豈能謂有物焉以為之主？則只可謂世界本來如此耳。世界本來如此，則世界之本體即神。所謂世界者，乃包括一切而言之，臭腐神奇，無所往而非是，然則一切皆神。此所謂泛神之說也。既一切皆神，復安有非神者與之相對？此則泛神之論，所以一轉而入於無神

---

[225] 哲學宗教：五行，陰陽，知自然有定則，再求則原為動力 —— 泛神 —— 轉入無神。

也。至此，所謂迷信者，安得不破？然人之所以自處者，則漸合乎自然之律矣，此宗教哲學之一大變也。

　　情感之泉，流為美術。美術可分動靜二端：動者音樂，靜者繪畫、雕刻等也。樂之原，蓋當溯諸伊耆氏之蕢桴土鼓，見第六章第二節。其後有垂之和鍾，叔之離磬，女媧之笙簧，《禮記‧明堂位》。舜之五絃琴，〈樂記〉。而樂器乃漸備焉。《漢書‧律曆志》曰：「聲者，宮、商、角、徵、羽也。八音：土曰壎，匏曰笙，皮曰鼓，竹曰管，絲曰弦，石曰磬，金曰鍾，木曰祝。五聲之本，生於黃鐘之律，九寸為宮，或損或益，以定商、角、徵、羽。律十有二，陽六為律，陰六為呂。《周官》大師作六同。律以統氣類物，一曰黃鐘，二曰大簇，三曰姑洗，四曰蕤賓，五曰夷則，六曰亡射。呂旅陽以宣氣，一曰林鐘，二曰南呂，三曰應鐘，四曰大呂，五曰夾鐘，六曰仲呂。」此古樂律之大略也。又謂黃鐘之律，乃黃帝使泠倫所作，則近於附會矣。樂之始，蓋唯按拍之器，為不可缺，餘則或有或無，後世野蠻之人，莫不如是。中國之樂，亦當隨世而備，謂有一人焉創意製作者，必妄也。古代樂名，見於《禮記‧樂記》、《周官‧大司樂》、《呂覽‧古樂》諸篇，其事當不盡誣。《周官》鞮鞻氏，又有四夷樂名，則古樂之淵源頗廣，故亦頗稱美備。觀〈樂記〉等言樂理之精，及其感化之力之大，而可知也。古樂至漢世猶有存者，《漢書‧禮樂志》，言漢興樂家有制氏，以雅樂聲律，世世在大樂官，但能記其鏗鎗鼓舞，而不能言其義。又云：文始舞本舜招舞，五行舞本周舞。以人心好尚之變，終至淪亡，而僅傳其歌辭於後，是為詩。

　　詩者，歌辭之與樂分離者也，是曰謠。《說文》：徒歌曰謠。大抵歌之始，所美者僅在音節，故可傳諸不同語言之族。至其辭，則多復重淺薄，如〈芣苢〉之詩即是也。其後美感日益發皇，技亦日進，則並其辭亦皆有深意存乎其間，遂可不歌而誦矣。左氏襄公十四年：「孫蒯入使，公飲之

酒，使大師歌《巧言》之卒章，大師辭，師曹請為之。初，公有嬖妾，使師曹誨之琴，師曹鞭之，公怒，鞭師曹三百，故師曹欲歌之以怒孫子，以報公。公使歌之，遂誦之。」《注》云：「恐孫子不解故。」可見古人聽歌，亦不能解其辭句，與今人同也。[226] 古之詩，大抵四言。《詩序疏》云：「自二言至九言。」此乃就意義論，非言歌誦之節。又有三七言者。如《荀子·成相篇》。楚辭又別成一體。至於賦，則文之主於敷張者耳。雖曰有韻，然古之文亦多有韻也。《詩》分風雅頌三體。已見第二章。賦之意，亦大抵主於諷諫，如《荀子》之〈賦篇〉是也。

文之初，大抵句簡短而整齊，亦多有韻，阮元所謂寡其辭，協其音，《研經室集·文方說》。以便諷誦，助記憶。與口語相合之散文，實至東周以後而始盛。今之先秦諸子中，尚有兩種體制相雜也。寡辭協音之文，大抵先世之遺，而東周人錄傳之者。

繪畫之始，本狀物形，其後意存簡略，又或遷就器形，則漸變而成幾何畫。中國古代，亦兩者兼有。狀物者或以繪故事，如楚先王廟及公卿祠堂，圖畫天地山川神靈，及古賢聖怪物行事是也。《楚辭·天問》。幾何畫多施於器物，如古器之雷文，及兩己相背等形是。雕刻除器物外，亦有施之宮室者。可參看第十三章第三節。南方除雕刻外，又有鑄金之技。《吳越春秋》言勾踐鑄金象范蠡之形是。〈勾踐伐吳外傳〉。蓋由其本精於冶鑄也。

▶ 第四節　宦學

古代學術之府，果安在乎？曰有二：一曰學校，一曰官守。

今之言教育史者，每好將今日之學校，與古代相比附，此全未知古代學校之性質者也。古代社會，有平民貴族之等級，其教育亦因之而異。貴

---

[226]　文學：不歌而誦為詩，離樂而獨立，古人聽歌亦不解其辭句。

族教育，又有大學與小學之分。貴族之小學，與平民之學校，皆僅授以日用之知識技藝，及當時所謂為人之道，絕不足語於學術。大學則本為宗教之府，教中之古籍，及高深之哲學在焉。然實用之學，亦無所有，而必求之於官守。此古代學術所在之大略也。

《禮記·內則》曰：「子能食食，教以右手。能言，男唯女俞。六年，教之數與方名。七年，男女不同席，不共食。八年，出入門戶，及即席飲食，必後長者。始教之讓。九年，教之數日。十年，出就外傅，居宿於外。學書計。衣不帛，襦袴。禮帥初。朝夕學幼儀，請肄簡諒。十有三年，學樂，誦詩，舞勺。成童，舞象，學射御。二十而冠。始學禮。可以衣裘帛。舞大夏。惇行孝弟。博學不教。內而不出。三十而有室。始理男事。博學無方。孫友視志。四十始仕。方物出謀發慮。道合則服從，不可則去。五十命為大夫，服官政。七十致事。女子十年不出。姆教婉娩聽從。執麻枲，治絲繭，織紝組紃，學女事，以共衣服。觀於祭祀，納酒漿、籩豆、菹醢，禮相助奠。十有五年而笄。二十而嫁，有故，二十三年而嫁。」此為貴族男女一生情形。七年為始化之年，參看第十一章第一節。故始教之以男女之別。十年為就學之始，女子始聽姆教，男子出就外傅，蓋始離其父母之手。此時男子所學者，當為灑掃應對等事。所謂〈幼儀〉。古之學莫重於禮樂，十三始學樂，二十始學禮，故《尚書大傳》言十三入小學，二十入大學。[227]《大戴禮記》〈保傅〉。《白虎通義》〈辟雍〉。《漢書》，〈食貨志〉。則追溯始化之年，故又以為八歲入小學，十五成童入大學也。〈學記〉曰：「古之教者家有塾。」塾為門側之室之通稱。已見第十三章第三節。《周官》師氏，掌以三德、六行及國中失之事教國子，居虎門之左，司王朝；保氏，掌養國子以道，教之六藝、六儀，使其屬守王闈；亦塾制也。塾為貴族之小學。至於大學，則初在王宮之中，後乃移於

---

[227] 學校：古入小學大學之年。

南郊。參看第十三章第三節。蔡邕《明堂論》曰：「《易傳・太初篇》曰：太子旦入東學，晝入南學，暮入西學。在中央曰大學，天子之所自學也。《禮記・保傅篇》曰：帝入東學，上親而貴仁；入西學，上賢而貴德；入南學，上齒而貴信，入北學，上貴而尊爵；入大學，承師而問道。與《易傳》同。《魏文侯孝經傳》曰：大學者中學，明堂之位也。《禮記・古大學明堂之禮》曰：膳夫是相禮，日中出南闈，見九侯，反問於相；日側出西闈，視五國之事；日暗出北闈，視帝節猶。」此為大學與明堂合一之世。〈王制〉曰：「小學在公宮南之左，大學在郊。」則與王宮分立矣。然其性質，仍沿先代之舊。〈王制〉言：「春秋教以禮樂。冬夏教以詩書。」〈文王世子〉曰：「春誦，夏弦，秋學禮，冬讀書。」禮樂所以祀神，詩即其歌辭，書則教中故典也。大學雖東周後不能盡廢，然未聞有一人焉，學成而出仕者，則以所肄皆宗教家言，非實用之事也。大學所教，既為宗教家言，故為涵養德性之地。子夏曰：「學而優則仕，仕而優則學。」《論語・子張》。即言德性、事功不可偏廢也。今世科學哲學分為二，往古則合為一。墨子最重實用，而其書中，《經》、《經說》、《大小取》諸篇，皆講哲學及自然科學，為名家所自出，在先秦諸子中，最稱玄遠，以墨學出於史角，史官即清廟之守故也。見第五節。〈學記〉曰：「君子如欲化民成俗，其必由學乎？」又曰：「能為師，然後能為長；能為長，然後能為君。師也者，所以學為君也。」又曰：「君子以大德不官，大道不器。」此即《漢志》所稱道家君人南面之學，其原固亦出於史官也。〈學記〉又曰：「君之所不臣於其臣者二：當其為尸，則弗臣也；當其為師，則弗臣也。」乞言養老之禮，執醬而饋，執爵而酳，所以隆重如此者，正以其所謂師者，其初乃教中尊宿耳。〈王制〉曰：「出征執有罪，反釋奠於學。」凱旋而釋奠於學者，以所謂學者本非學也。此為辟雍明堂合一之誠證。又曰：「有虞氏養國老於上庠，養庶老於下庠。夏后氏養國老於東序，養庶老於西序。殷人養國老

於右學，養庶老於左學。周人養國老於東膠，養庶老於虞庠。」鄭《注》以養國老者為大學，養庶老者為小學。小學中不得有乞言養老之禮，其說恐非。[228]

〈曲禮〉曰：「宦學事師，非禮不親。」《疏》引熊氏云：「宦謂學仕官之事。[229]此猶明世國子生之歷事，進士之觀政，皆居其官而學之，特歷事觀政者，皆在學成之後，古所謂宦者則不然耳。李斯曰「若有欲學，以吏為師」，即宦之謂也。古人實用之知識，皆由此得，故有重宦而輕學者。「子路使子羔為費宰。子曰：賊夫人之子。子路曰：有民人焉，有社稷焉，何必讀書，然後為學？」《論語·先進》。「子皮欲使尹何為邑，子產曰：少，未知可否？子皮曰：使夫往而學焉，夫亦愈知治矣。」《左氏》襄公三十年。皆此等見解也。諸子之學，出於王官者以此。

孟子曰：「夏曰校，殷曰序，周曰庠，學則三代共之。」〈滕文公上〉。〈學記〉曰：「古之教者，家有塾，黨有庠，術有序，國有學。」學者大學，塾者貴族之小學；校、庠、序皆平民之學也。《書傳》曰：「大夫七十而致仕，老於鄉里。大夫為父師，士為少師。穫稼已藏，祈樂已入，歲事畢，餘子皆入學。」《公羊解詁》曰：「一里八十戶，八家共一巷。中里為校室，選其耆老有高德者，名曰父老。十月事訖，父老教於校室。八歲者學小學，十五者學大學。」宣公十五年。孟子所謂：「校者，教也。」又曰：「序者，射也；庠者，養也。」蓋行鄉射及鄉飲酒禮之地。子曰：「君子無所爭，必也射乎？揖讓而升，下而飲，其爭也君子。」《禮記·射義》，又見《論語·季氏》。又曰：「吾觀於鄉，而知王道之易易也。主人親速賓及介，而眾賓自從之；至於門外，拜賓及介，而眾賓自入；貴賤之義別矣。三揖至於階，三讓以賓升，拜至獻酬辭讓之節繁；及介省矣；至於眾賓，升受，

[228]　學校：鄭以養庶老者為小學恐非。
[229]　學校：宦。

坐祭，立飲，不酢而降；隆殺之義辨矣。工人，升歌三終，主人獻之；笙
入三終，主人獻之；間歌三終，合樂三終，工告樂備，遂出；一人揚觶，
乃立司正焉：知其能和樂而不流也。賓酬主人，主人酬介，介酬眾賓，少
長以齒，終於沃洗者焉：知其能弟長而無遺矣。降，說屨升坐，修爵無
數，飲酒之節，朝不廢朝，莫不廢夕。賓出，主人拜送，節文終遂焉，知
其能安燕而不亂也。貴賤明，隆殺辨，和樂而不流，弟長而無遺，安燕而
不亂，此五行者，足以正身安國矣；彼國安而天下安；故曰：吾觀於鄉，
而知王道之易易也。」《禮記・鄉飲酒義》。蓋所謂庠序者，乃行禮觀化之
地，不徒非讀書之處，並非設教之所也。〈文王世子〉曰：「行一物而三善
皆得者，唯世子而已，其齒於學之謂也。故世子齒於學，國人觀之曰：將
君我，而與我齒讓，何也？曰：有父在則禮然，然而眾知父子之道矣。其
二曰：將君我，而與我齒讓，何也？曰：有君在則禮然，然而眾著於君臣
之義也。其三曰：將君我，而與我齒讓，何也？曰：長長也，然而眾知長
幼之節矣。」則大學亦未嘗不以行禮觀化為重也。故曰：「強不犯弱，眾不
暴寡，此由大學來者也。」〈祭義〉。世豈有空言而可以立教者哉？

唯然，故古之言教化者，必在衣食饒足之後。孟子曰：「明君制民之
產，必使仰足以事父母，俯足以畜妻子；樂歲終身飽，凶年免於死亡；然
後驅而之善，故民之從之也輕。今也，制民之產，仰不足以事父母，俯不
足以畜妻子，樂歲終身苦，凶年不免於死亡；此唯救死而恐不贍，奚暇治
禮義哉？」〈梁惠王上〉。故曰：「無曠土，無遊民，食節事時，民咸安其
居，樂事勸功，尊君親上，然後興學。」〈王制〉。

以上所言，皆封建之世之規模也。東周以後，封建之制漸壞，學校稍
以頹廢，士大夫亦多不說學。《左氏》昭公十八年：「葬曹平公，往者見周
原伯魯焉。與之語，不說學。」案此所謂不說學者，乃謂不說學校中之所
謂學，非謂凡事皆不肯問學也。蓋與子路、子皮同見。官失其守，疇人子

弟散之四方，本其所得，各自立說，於是王官之學，一變而為私家之學矣。而平民之有餘暇能從事於學問者亦稍多，於是有聚徒設教之人，有負笈從師之事，而學問乃自貴族而移於平民。

▶ 第五節　先秦諸子

　　中國學術，凡三大變：邃古之世，一切學術思想之根原，業已旁薄鬱積。至東周之世，九流並起，而臻於極盛，此其第一期也。秦、漢儒、道、法三家之學，及魏晉時之玄學，合儒道兩家。並不過衍其緒餘。渡江而後，佛學稍起，至隋、唐而極盛，此為一大變。宋、明之理學，則融合佛學與我之所固有者也。明中葉後，西學東來，至近四十年而風靡全國，此為其又一變。將來歸宿如何，今尚未可豫知。學問之事，每隨所處之境而異。各民族所處之境不同，故其所肆力、所成就者亦不同。採人之所長，以補我之所闕，此一民族之文化，所以日臻美備；而亦全世界之文化，所以漸趨統一也。語曰：「甘受和，白受採。」唯文化本高者，為能傳受他人之文化，先秦學術，我之所固有也，固不容不究心矣。

　　先秦學術之原，古有二說：一為《漢書·藝文志》，謂其皆王官之一守，一為《淮南子·要略》，謂其起於救時之弊，二說孰是？曰：皆是也。古代學術，為貴族所專有。然貴族亦非積有根柢，不能有所成就，王官專理一業，守之以世，歲月既久經驗自宏，其能有所成就，亦固其所。然非遭直世變，鄉學者不得如此其多，即其所成就，亦不得如此其大也。故《漢志》與《淮南》，可謂一言其因，一言其緣也。

　　凡人之思想，大抵不能無後於時者也。何則？世事只有日新，決無復演，而人之所知，囿於既往，所以逆億將來，策畫將來者，大抵本往事以立說。無論其所據若何，必不能與方來之事全合也。唯亦不至全不合，因演進乃徐徐蛻變，非一日而大異於其故。有時固似突變，然其暗中之變

遷，亦必已甚久也。先秦諸子，雖因救時之弊而起，然其說亦必有所本。
一為探求其本，而其說之由來，與其得失，概可見焉。

　　其所據最陳舊者，實唯農家。農家之書，真是講樹藝之術者，為《呂
覽》之〈任地〉、〈辨土〉、〈審時〉諸篇，然此非其所重。先秦諸子皆欲以
其道移易天下，非以百畝為己憂者也。《漢志》論農家之學云：「鄙者為之，
欲使君臣並耕，悖上下之序。」可見《孟子》所載之許行，實為農家鉅子。
〈滕文公上〉。許行之言有二：一君臣並耕，一則物價但論多少，不論精粗
也。此蓋皇古之俗，固不能謂古無其事，亦不能謂其必不可復，然復之必
有其方，許行之所以致之者，其道果何如乎？許行未嘗有言。如其有之，
則陳相當述之，孟子當駁之，不應徒就宗旨辯難。此則不能不令人疑其徒
為高論者也。

　　所託之古，次於農家者為道家。古書率以黃、老並稱。今《老子》書
皆三四言韻語；間有散句，是後人加入。書中有雌雄牝牡字，而無男女字；
又全書之義，女權率優於男權；足徵其時之古。此書絕非東周時之老聃
所為，蓋自古相傳，至老聃乃著之竹帛者也。今《列子》書〈天瑞篇〉，有
《黃帝書》兩條，其一文同《老子》。又有《黃帝之言》一條，〈力命篇〉有
《黃帝書》一條。《列子》雖偽物，亦多有古書為據，謂《老子》為黃帝時
書，蓋不誣矣。《老子》書之宗旨，一在守柔，一在無為。主守柔者，古
人率剛勇好鬥。[230] 其敗也，非以其弱而以其強。上古如蚩尤，中古如紂，
下古如齊頃公、楚靈王、晉厲公、吳夫差、宋王偃、齊湣王皆然。故以是
為戒。其立論之根據，則為禍福倚伏。蓋觀四時、晝夜，而以天道為循
環。此固淺演之民可有之知識也。無為猶言無化。化者？棄其故俗，慕效
他人。蓋物質文明，傳播最易，野蠻人與文明人遇，恆慕效如恐不及焉。
然役物之方既變，則人與人之關係，亦隨之而變。而是時之效法文明，不

---

[230] 史事：古人以剛毅好鬥而敗。案楚共工亦然，即位時年甚小也。

過任其遷流所至，非有策畫，改變社會之組織，以與之相應也，則物質文明日增，而社會組織隨之而壞矣。民間之慕效文明，隱而難見，君上之倡率，則顯而易明，故古人恆以是為戒，如由余對秦穆公之言是也。見第九章第四節。此等見解，誠不能謂為無理，然不能改變社會之組織，以與新文明相應，而徒欲阻遏文明，云胡可得？況習俗之變，由於在上者之倡率，不過就表面觀之則然。人之趨利，如水就下。慕效文明，其利顯而易見，社會組織變壞，其患隱而難知，亦且未必及己，人又孰肯念亂？「化而欲作」，雖「鎮之以無名之樸」，又何益邪？

　　道家中別一派為莊、列。莊、列之說，蓋鑑於世事之變化無方，其禍福殊不可知，故有齊物論之說。論同倫，類也。物論可齊，復何所欣羨？何所畏避？故主張委心任運。其書雖亟稱老聃，然其宗旨，實與老聃大異也。

　　所根據之道，稍後於老子者為墨。墨之道原於禹。讀孫星衍《墨子後序》，即可見之。《漢志》云：「墨家者流，蓋出於清廟之守。茅屋採椽，是以貴儉。養三老五更，是以兼愛。養三老五更者？所謂老人之老。選士大射，是以尚賢。選士所以助祭，見第十四章第三節。宗祀嚴父，是以右鬼。順四時而行，是以非命。此命蓋陰陽五行家所言之命，謂萬物變化，悉由二氣乘除，五行生勝者也。與墨子〈天志〉、〈明鬼〉之論。謂有天與鬼以主其賞罰者不同，順四時而行，即明堂月令之法，其法謂行令有誤，則天降之罰，與〈天志〉之言正合。以孝視天下，是以上同。」此數語若知古明堂清廟合一，自極易明。《呂覽・當染》言：「魯惠公使宰讓請郊廟之禮於天子，天子使史角往，惠公止之，其後在魯，墨子學焉。」史固辨於明堂行政之典者也。墨家之根本義曰兼愛，此即所謂夏尚忠。兼愛則不容剝民以自奉，是以貴儉，而節用、節葬、非樂之說出焉。兼愛則不容奪人所有，且使其民肝腦塗地，於是有非攻之論。何以戢攻者之心，則守禦

之術尚矣。非攻之說，《呂覽》力駁之，而主義兵，見〈蕩兵篇〉。其說誠辨。然究極言之，攻與守固不能判兵之義不義而自大體言之，攻兵究以不義者為多，墨子固取救時之弊，非作究極之論也。貴儉之論，荀子力駁之。見〈富國篇〉。其實墨子所行者，乃古凶荒札喪之變禮，本不謂平世亦當如是。荀子之難，彌不中理矣。然墨子之論，皆責難於王公大人，此非習於驕侈者所能從；欲以〈天志〉、〈明鬼〉之說歆動之，則此說又久為時人所不信矣；見上節。此其道之所以卒不能行也。

　　《淮南・要略》謂墨子學於孔子而不說，故背周道而用夏政。今觀《墨子》書，〈修身〉、〈親士〉、〈當染〉，純為儒家言，他篇又多引《詩》、《書》之文，則《淮南》之說是也。儒與墨，蓋當時失職之貴族。性好文者則為儒，性好武者則為俠，自成氣類，孔、墨就而施教焉，非孔、墨身所結合之徒黨也。儒之義為柔，若曾子之兢兢自守，言必信，行必果者，蓋其本來面目。孔子之道，則不盡於是。孔子之道，具於六《經》。六《經》者，《詩》、《書》、《禮》、《樂》、《易》、《春秋》。《詩》、《書》、《禮》、《樂》本大學之舊科，《易》、《春秋》則孔門之大道也。「《易》本隱以至顯，《春秋》推見至隱。」蓋一以明道，一就行事示人之措施，何如斯謂之合於道，二書實相表裡也。邃古社會，蕩平無黨類，孔子謂之大同。封建之世，雖已有君民等級之不同，然大同之世，社會之成規，尚多沿襲未廢，是為孔子所謂小康。春秋以後，則入於亂世矣。《春秋》三世之義，據亂而作，進於昇平，更進於大平，蓋欲逆挽世運，復於大同。今儒家所傳多小康之義，稱頌封建初期之治法，後人拘泥之，或且致弊，然此乃傳其道者不克負荷，不能歸咎於孔子也。儒家治民，最重教化，此為其出於司徒之官之本色。其處己之道，最高者為中庸。待人之道，最高者為絜矩。中庸者，隨時隨地，審處而求其至當。絜矩者，就所接之人，我所願於彼者，即彼之所願於我，而當以是先施之。其說簡而賅，為人人所能明，所易守，無

怪其能範圍人心數千年之久也。孔門龍象，厥唯孟荀。孟子言性善，辨義利，闡知言養氣之功，申民貴君輕之義，又重製民之產，有功於儒學極大。荀子晚出，持論少近刻核，然其隆禮、明分之論，亦極精闢也。

　　儒家有通三統之論，已見第十四章第一節。而陰陽家有五德終始之說，其意亦猶是也。陰陽家以鄒衍為大師，《史記・孟荀列傳》載其說甚怪迂，然其意，亦欲本所已知，推所未知而已。《漢書・嚴安傳》載安上書引鄒子之言曰：「政教文質者，所以云救也。當時則用，過則舍之，有易則易之。」則五德終始之說，猶儒家之通三統，謂有五種治法，當以時更易耳。《史記》曰：「奭也文具難施。」而《漢志》有《鄒奭子》十二篇，則已擬有實行之法。果難施與否，今不可知，要非如漢人之言五德者，徒以改正朔、易服色為盡其能事也。〈太史公自序〉述其父談之論，謂陰陽家言，「大祥而眾忌諱，使人拘而多所畏」，此乃陰陽家之流失，而非其道遂盡於是也。

　　以上諸家，辜較言之，可云農家之所願望者，為神農以前之世。道家之所稱誦者，為黃帝時之說。墨家所欲行者為夏道。儒家與陰陽家，則欲合西周以前之法，斟酌而損益之。切於東周事勢者，實唯法家。秦人之兼併六國，原因雖不一端，法家之功，要不可沒也。東周時之要務有二：一為富國強兵，一為裁抑貴族。前者為法家言，後者為術家言，說見《韓非子・定法篇》。申不害言術，公孫鞅為法，韓非蓋欲兼綜二派者。法家宗旨，在「法自然」，故戒釋法而任情。揆其意，固不主於寬縱，亦不容失之嚴酷。然專欲富國強兵，終不免以人為殉。《韓非子・備內篇》云：「王良愛馬，為其可以馳驅，勾踐愛人，乃欲用以戰鬥。」情見乎辭矣。在列國相爭，急求一統之時，可以暫用，治平一統之時而猶用之，則戀蘧廬而不捨矣。秦之速亡，亦不得謂非過用法家言之咎。後此之法學，則名為法，實乃術家言耳。

　　名家之學出於墨。已見上節。《漢志》推論，謂其出於禮官，蓋禮主差別，差別必有其由，深求差別之由，是為名家之學，督責之術，必求名實之相符，故名法二家，關係殊密也。顧名家之學，如臧三耳等，轉若與恆情相違者？則恆情但見其淺，深求之，其說固不得不如是；抑同異本亦相待，深求其異，或將反見為同，此惠施所以有「泛愛萬物，天地一體」之論。見《莊子·天下篇》。又疑此亦由其學原出墨家，故仍不離忠愛之旨也。名家之學，深奧難明，欲知其詳者，拙撰《先秦學術概論》下篇第六章似可參看。世界書局本。

　　縱橫家者流，《漢志》云出於行人之官，其學亦自古有之，而大盛於戰國之世。古之使者，「受命不受辭」，故行人之辭令特重，至戰國時，列國之間縱橫捭闔益甚，而其術亦愈工也。縱橫家之書，存者唯一《戰國策》。參看第二章。其書述策士行事，多類平話，殊不足信。其精義，存於《韓非子》之〈說難篇〉。扼要言之，則曰：視所說者為何如人，然後以吾說當之而已。

　　雜家者流，《漢志》曰：「出於議官，兼儒、墨，合名、法，知國體之有此，見王治之無不貫。」蓋專門之學，往往蔽於其所不知。西漢以前，學多專門，實宜有以袪其弊，故雜家但綜合諸家，即可自成一學也。雜家蓋後世通學之原，所謂議官，則嘖室之類也。見第十四章第二節。

　　以上所述，時為九流，見《劉子·九流篇》，《後漢書·張衡傳注》同。益以小說，則成十家。《漢志》曰：「小說家者流，蓋出於稗官，街談巷議，道聽途說者之所造也。」疑《周官》誦訓、訓方氏之所採者正此類。九流之學，皆出士大夫，唯此為人民所造。《漢志》所載，書已盡亡。《御覽》卷八百六十六引《風俗通》，謂宋城門失火，汲池中水以沃之，魚悉露見，但就取之。說出百家，猶可略見其面目也。

　　諸子十家，為先秦學術之中堅。兵書數術、方技三略，其為專門之

學，亦與諸子同。數術、方技見上節，兵書略見第二章。《漢志》所以別為略者，蓋以校書者之異其人，非意有所軒輊也。獨列六藝於儒家，則為漢世古文家之私言。今文家之所傳者，為儒家之學，雖涉歷代制度，乃以其為儒家之說而傳之，非講歷史也。古文家本無師說，自以其意求之古書，則伏羲、神農、堯、舜、禹、湯、文、武、周公，皆與孔子等耳。此以治學論，固無所不可，然古代學術之源流，則不如是也。

結論

　　中國夙以崇古稱。昔時讀書之人，幾於共仭三代以前有一黃金世界，今則雖三尺童子，亦知笑其誣矣。雖然，昔人之抱此見解，亦自有其由，不得笑為愚癡也。人必有其所蘄至之竟。所蘄至之竟，大抵心所願望，非必事所曾有也。然無徵不信，立教者往往設為昔曾有是，以誘導人。即微立教者，合眾人之心力，亦自能構成一實竟，以自慰藉，自鼓勵。佛教之淨土，耶教之天國，皆是物也。一人之所願欲如此，一群之所願欲，亦何獨不然？昔所謂唐、虞、三代云者，則言治化之人，所蘄至之竟耳。身所經歷，有不滿者，輒虛構一相反之竟，而日：三代以前如是，此猶今之自憾貧弱者，有所不滿，輒日：並世富強之國如何如何，其說原不盡實，然亦究非如天國淨土等說，全出於人之虛構也。治化之升降，必合役物以自養及人與人相處兩端言之。以役物之智論，後人恆勝於前人。以人與人相處之道言，則後世誠有不如古昔者。無怪身受其禍之人有此遐想也。中國社會之遷變，可以《春秋》三世及《禮》家大同、小康之說明之。《春秋》據亂而作，進於昇平，更進於大平。禮家則說大同降為小康。小康之治，迄於成王、周公，蓋以自此以後為亂世。《禮》家慨其遞降，《春秋》。欲逆挽世運，躋於郅隆。其所謂昇平者即小康，所謂大平者即大同，無足疑也。《春秋》之義，雖若徒存願望，《禮》家之說，則實以行事為根據矣。然則《春秋》之義，亦非虛立也。孔子所謂大同者，蓋今社會學家所謂農業公產社會。斯時之人，群以內既康樂和親，群以外亦能講信修睦。先秦諸子所知之治化，蓋以此為最高，故多慨慕焉。如老子所云郅治之世，亦即孔子所謂大同也。然當斯時也，治化下降之機，即已隱伏於其中。蓋世運恆自塞而趨於通。隆古社會，因其處竟之不同，仁暴初非一致。其相遇

也，或不免於以力相君，則有征服者與所征服者之殊，而入於小康之世矣。治化之前進也，非一日可幾於上理，而固有之良規，亦非一朝夕之間所能盡毀，大同之世之規制，留遺於後者，蓋猶歷若干時，此其所以獲稱小康也。其後在上之人，淫侈日甚。外之則爭城爭地，甚或以珠玉重器之故，糜爛其民而戰之。內之所以虐使之苛取之者亦愈甚。耕作之術稍精，所治之土益狹，於是有所謂井田。井田，昔之論者以為至公，實則土地私有之制之根原也。耕墾之事既勞，益知人力之可貴，而奴婢之制，亦於是起焉。其尤甚者，則為商業。交易之道，所以使人分工協力，用力少而成功多。然相扶助之事，而以相胶削之道行之。在以其所有易其所無之世已然，至有所謂商人者興，而人之相胶削乃愈甚矣。於是謀交易之便，而有所謂泉幣。泉幣行而物之變易彌易，人之貪慾滋甚。終至公產之世之分職盡壞，人不復能恃其群以生，群亦不復能顧卹其人，一聽其互相爭奪，而人與人相處之道苦矣。記曰：「強者脅弱，眾者暴寡，知者詐愚，勇者苦怯；疾病不養；老、幼、孤、獨不得其所：此大亂之道也。」苟以是為治亂之衡，後世所謂治平，如漢之文帝、唐之大宗之世，亦曷嘗能免於大亂之譏乎？寧復有人，敢縣《禮記》之所云者，以為治亂之鵠，而譏漢、唐之治為不足云者乎？然人之不甘以「強者脅弱，眾者暴寡，知者詐愚，勇者苦怯；疾病不養，老、幼、孤、獨不得其所」為已足也，則其心卒不可移易也。亦曷怪其縣一竟焉，以為想望之鵠乎？故曰：昔人所抱之見解，未可盡笑為愚痴也。然欲至其所至之竟，必有其所由至之途。徒存其願而不審其途，將如說食之不能獲飽。唯社會組織之遷變，為能說明社會情狀之不同，他皆偏而不全，而歷史則所以記載社會之變遷者也。舉國人鄉所想望之竟，稽求其實，俾得明於既往，因以指示將來，此治古史者所當常目在之者也。不然，所聞雖多，終不免於玩物喪志而已矣，抑無當於史學之本旨也。

先秦史——社會組織至宗教學術

作　　者：呂思勉

發 行 人：黃振庭

出 版 者：複刻文化事業有限公司

發 行 者：複刻文化事業有限公司

E-mail：sonbookservice@gmail.com

粉 絲 頁：https://www.facebook.com/
　　　　　sonbookss/

網　　址：https://sonbook.net/

地　　址：台北市中正區重慶南路一段六十一號八樓
　　　　　815 室

Rm. 815, 8F., No.61, Sec. 1, Chongqing S. Rd.,
Zhongzheng Dist., Taipei City 100, Taiwan

電　　話：(02)2370-3310

傳　　真：(02)2388-1990

印　　刷：京峯數位服務有限公司

律師顧問：廣華律師事務所 張珮琦律師

定　　價：320 元

發行日期：2024 年 03 月第一版

◎本書以 POD 印製

國家圖書館出版品預行編目資料

先秦史——社會組織至宗教學術 /
呂思勉 著 . -- 第一版 . -- 臺北市：
複刻文化事業有限公司 , 2024.03
面；　公分
POD 版
SBN 978-626-7426-59-3(平裝)
1.CST: 先秦史
621　　　　113002725

電子書購買

臉書

爽讀 APP